DEL RINCÓN
A LOS MEDIOS

Fernando Del Rincón

DEL RINCÓN
A LOS MEDIOS

Autobiografía de un hombre apasionado por el periodismo
y su lucha constante por dar voz a quien no la tiene.

PRIMERA EDICIÓN

(Mes 2020)

Edición: Marta Grillasca
Director Ejecutivo: Peter M. Robles Jr.
Diseño y portada: Kike Flores (@kikefloresphoto)
Montaje y diagramación: Karys Acosta, Mónica Candelas
Fotografía de Fernando para portada y contraportada: Kike San Martin

ISBN: 978-1-09837-142-5

Registration Number: TXU 2-141-055
Effective Date of Registration
February 18, 2019

D.R. ®2020, Fernando Del Rincón
D.R. ®2020, Fernando Del Rincón, Peter Robles
D.R. ®2020, derechos de edición mundiales en lengua castellana:
      20533 Biscayne Blvd. #153,
      Aventura, Florida 33180

Comentarios sobre esta edición y el contenido de este libro:
contact@aquosentertainment.com

www.aquosentertainment.com

Impreso en Miami-USA/ *Printed in Miami-USA*

A ustedes, quienes me han dejado existir entre sus vidas e historias, quienes me han dado la confianza de ser su portavoz

A esos seres de luz que me regalaron su sabiduría, a mis indígenas mexicanos, a mi Latinoamérica

A la familia, los amigos, los conocidos, los desconocidos, los enemigos, los amores y desamores, a la vida misma por darme una oportunidad

A mi Jullye amada, mis padres, mis hermanos y hermanas

A Peter por confiar en este escrito

DEL RINCÓN
A LOS MEDIOS

Fernando Del Rincón

ÍNDICE

"Las cosas son como son,
no como nosotros quisiéramos".

OASIS, ESPEJISMOS Y REALIDADES

Esta era la parte más difícil de vencer: decidir sentarme un día frente a mi computadora para empezar a presionar teclas, una detrás de la otra, y esforzarme por obtener un resultado coherente sobre las diferentes experiencias en mi vida profesional y personal derivadas de la primera.

Pasaron muchos días y noches para poder conseguirlo. Siempre pensaba en ello, y cada vez que llegaba a casa con la intención de hacerlo alguna cosa terminaba cambiando mi decisión. Era el cansancio después de un día largo de trabajo o de ver algún noticiario en televisión, un documental o una película, o simplemente no tenía ganas de hacerlo. Después de haber escrito tantas notas y de haber leído tantos cables, lo que menos quería era saber de computadoras, pero algo me quedaba muy claro, las excusas siempre aparecían como consecuencia del gran miedo que me provocaba ver una página en blanco. ¿Cómo llenarla? ¿Cuáles serían las cosas coherentes que podría escribir y que podrían interesarle a cualquier otro ser humano sobre lo que del Rincón ha vivido o ha pasado?

Hasta esa noche en la que ISIS o el Estado Islámico había llegado hasta el fútbol, como una muestra más de sus alcances y crecimiento; en la que en Venezuela fue asesinado un diputado del oficialismo, días después de que Eric Holder anunciara su potencial renuncia como secretario de Justicia de Estados Unidos; cuando el ébola se extendía por el mundo y preocupaba a las potencias mundiales dejándonos saber lo insignificantes que somos ante la madre naturaleza, entre otros hechos que me inquietaban de manera extrema: fue ahí que decidí escribir este libro.

Para mi sorpresa todo el proceso de producción, edición y demás menesteres finalizó en medio de una pandemia mundial por el COVID-19. Nunca imaginé que sería una cuarentena llena de ansiedad, estrés y tragedia, por los cientos de miles que fallecían infectados por el Coronavirus, la que me diera el tiempo y espacio para poner punto final a esto que hoy les entrego. Sabiendo que nuestras vidas nunca volverán a ser las mismas y nosotros tampoco, con la esperanza de que esta tragedia global nos permita ser mejores.

Tal vez, el impacto que tuvo en mí el ver cómo se nos puede ir la vida en un instante despertó mi necesidad de querer dejar alguna huella, para que cuando llegue ese día en el que me pidan que devuelva el equipo, por lo menos, el orden de las letras que forman frases y renglones y aterrizan en ideas o cuentan vidas me sobreviva.

La idea de que algún estudiante o universitario, después de que mi presencia física se borre de este planeta, se pueda encontrar un poco entre mis escritos me inspira. Me di cuenta de que el tiempo se puede terminar en cualquier momento. Así que ¿qué sería lo peor que podría pasar? ¡Nada! Salvo que solo se alcanzaran a vender unos cuantos ejemplares de mi libro y que nunca más una editorial quisiera invertir su dinero en mis renglones. La ventaja es que esta vez, al menos, no pensaba en el negocio, sino en la necesidad de transmitir a mis congéneres. Sí, a usted, a él, a ella o a quien quiera que se tome la molestia de pedir prestado el libro para echarle una ojeada —como decimos en mi México— a algo de lo que fui, he sido y quisiera llegar a ser.

Así fue como por fin me senté y decidí continuar tecleando lo que había dejado en suspenso por más de tres años. Y así también es como empieza casi todo en mi vida y en mi carrera. Con esa sensación de duda y de angustia por saber si soy alguien o no lo soy: si pasaré desapercibido como muchos otros. Al menos eso era lo que pensaba cuando tenía dieciséis años y en mi recámara dejaba que mis sueños y sentimientos trazaran una línea ideal de lo que sería mi vida. ¿Sería alguien?, es decir, ¿lograría tener un nombre a nivel profesional? ¡Por supuesto! De eso estaba seguro. Encontraría la forma, pero ¿qué demonios quería ser? ¡Vaya comienzo!, ¿no? Sabía que quería ser alguien, pero ni siquiera sabía qué quería ser. Así pasaba los días, las noches y las horas convencido de que sería algo, pero hasta ahí. Tal vez a muchos de ustedes les resulte un pensamiento muy familiar —y no lo dudo—. En mí, este pensamiento era muy recurrente y no fue hasta varios años más tarde que descubrí qué quería ser. Y como en ese entonces no quería complicarme más la vida, decidí dejarme llevar por la corriente, pero nadie me dijo cómo sería el camino: si la corriente sería fuerte o qué tan grande sería el caudal del río por el que viajaría. Es más, el bote estaba ya en el agua y yo ni siquiera sabía que tenía que hacerme cargo del navío.

Yo siempre pensé que durante el recorrido habría sol y que me encontraría con aguas serenas. ¡Qué inocente! Las tormentas que se avecinaban nunca las imaginé y mucho menos las veces que remaría contra la corriente. Piedras, remolinos, caídas, tormentas, huracanes... De todo ha habido y sigue habiendo. Qué bueno hubiera sido tener uno de esos guías con el rostro seco, recio, marcado por el sol y con esa voz que de solo escucharla te deja claro que la sabiduría y la experiencia emergen de cada palabra que pronuncia. Uno de esos guías que con frases místicas y pruebas extrañas te hacen crecer y sacar lo mejor de ti: la casta, como a los gallos de pelea. Frases que van tallando tu madera para que cuando llegue el gran día estés preparado para iniciar tu recorrido solo.

A nivel profesional, en mi caso, no fue así. Cuando todo empezó era como estar parado en medio de un desierto con mucho silencio, mucho sol y una sed insaciable. Sabiendo que por mis propios medios tendría que encontrar un oasis que me permitiera acercarme a la población más cercana. ¡Uf, qué sudor, qué cansancio, qué desgano y qué distracciones tan grandes encontré en el camino! Eso sin tomar en cuenta los grandes grupos de cactáceas que me impedían seguir en línea recta hacia el punto más próximo, y las veces que en el intento de pasarles por el medio sangré y lloré por días. ¡Cómo fui dejando restos, partes de mí en cada uno de esos obstáculos! Pero eso sí, siempre seguro de lo que quería: llegar hasta ese lugar en el que el agua fresca mojara mis labios y en el que pudiera sumergirme para sentir esa agradable sensación que brinda ese vital líquido y poder lavar cada una de mis heridas y sanarlas, descansar por un momento y después preocuparme por lo que vendría. Al menos eso era lo que quería. Aunque después me llevé la gran sorpresa de que las cosas no son así. Se parecen, definitivamente. Yo no estaba tan mal, pero son muchos los oasis y muchos los desiertos que se deben atravesar. Y me lo crean o no, hasta la fecha, no he llegado a ese oasis ideal en el que pueda echar raíces y ver pasar las noches y los días.

Durante este recorrido, nunca apareció el famoso guía, gurú, brujo, ángel (o como le quieran llamar) que solucionara mis dudas y me diera la clave para poder encontrar los caminos correctos. Claro que hubo muchas luces en el camino. Pequeñas frutas que me cargaban de energía y que me daban las suficientes esperanzas para no perder la fe; y que, además, me recordaban y me dejaban ver que lo que hacía valía la pena. Aunque continuamente aparece algo que me recuerda que el camino siempre tiene su final y que depende de nuestro rumbo si este será bueno o malo.

Así, un día decidí iniciar el camino hacia donde me lo indicaba mi instinto. Ese que me llevaría a cumplir mi capricho y a escapar de mi mayor miedo: el de no ser alguien destacado profesionalmente. Pero tendría que ser un camino suave, no muy difícil y con muchas satisfacciones. Sí, estaba todo claro, sería uno donde nada resultaría en extremo difícil y agotador, eso ya había pasado en la escuela con el cálculo diferencial y en microbiología con las pruebas del profesor Diéguez. Esas cosas ya no tendrían cabida en mi recorrido. No podían aparecer los tortuosos personajes universitarios con lentes y corbata que llegaban a nublar y a opacar la más esperada de las fiestas al anunciar un examen para el día siguiente. Ahora todo estaría en mis manos. Tendría el poder de decidir por dónde iría y de diseñar el mejor de los entornos para moverme a mis anchas y no padecer incomodidades ni un minuto más. Evitaría la impotencia que se siente cuando uno se ve obligado a hacer algo que no quiere. Sí, esta vez no habría nada de frases paternas como: «Porque no y punto». Ni las clásicas de las madres: «Ya ves, te lo dije». En mi ruta ninguno de esos reclamos tendría cabida. ¡Ah, claro, y las reglas serían todo el tiempo las mías! Después de todo, ya había pagado el peaje de ser un adolescente mantenido que, por más que se esforzaba, seguía siendo un ser dependiente. Ya sabría lo suficiente y lograría hacer mi vida fácil con horarios cómodos. Nada de madrugar y morirse de frío para ir a escuchar sermones que nunca en la vida utilizaría. ¡Sería perfecto!

Y de nuevo cerraba los ojos y era vencido por el sueño. Al día siguiente, reconstruía la misma escena siempre antes de dormir o, no sé, tal vez ya era parte de mi sueño. Lo cierto es que cada noche podía dormir tranquilo o con la certeza de que caminaba por donde quería ir. Y un día, después de tantos planes, me di cuenta de que avanzaba. Estaba en un

14

lugar en el que mis habilidades crecían sin doler o sentirse obligadas. Veía a través de otros ojos, hablaba a través de otras bocas y mi imagen se prestaba para transmitir los sentimientos y alegrías de unos cuantos. Solo era el principio, y las responsabilidades no eran muchas, así que, por lo pronto, podía reír y disfrutar. Engañaba a todos con que ese era mi trabajo, hasta que un día me lo tomé en serio y decidí hacer algo que tuviera un poco más de peso. Algo que, como ahora, pudiera hablar de mí cuando mi voz se viera silenciada por la edad o por el lógico desenlace de nuestra naturaleza. Ahí fue donde me metí en lo que dejó de ser diversión, al menos en ese momento, y es que había mucha responsabilidad de por medio.

A lo largo de mi andar por ese desierto, los habitantes de los lugares cercanos —por alguna extraña razón— confiaban en mí y se acercaban a contarme sus vidas, sus historias, sus dolencias y sus mayores logros; pero también se quejaban conmigo de sus líderes, de sus reyes y de sus dioses. Me pedían que desenredara sus grandes frustraciones, que desenmascarara las mentiras que flotaban en sus amaneceres. Ahí las cosas ya no se veían tan fáciles. ¿Qué tanta responsabilidad me estaba echando encima? Si yo lo único que quería era solucionar mi vida que, por cierto, ya era bastante complicada. ¿Por qué habría de ser yo el portavoz de las preocupaciones de los demás? ¿Yo había entendido mal o a alguien se le había olvidado explicarme esa parte del camino? ¿A poco todas esas cosas estaban dentro del mismo paquete? ¡Qué fastidio!, ¿no? Pero «¡alto!», entonces me di cuenta. Dentro de todos los reproches y el molesto escozor que se siente el ser el responsable de algo, descubrí que lo que tanto había deseado estaba frente a mis ojos y yo ni siquiera me había dado cuenta. Por fin empezaba a entrar en una importante etapa: la de analizar. La conclusión era obvia. Esos eran los gurús y los brujos y los ángeles. A través de esas personas era capaz de alimentar mis experiencias. Tenía acceso a tantas historias, que una sola vida no me alcanzaría para vivirlas. Era testigo de muchas vidas y tenía el gran tesoro en mis manos. Esas fueron las herramientas que usé muchas veces en el camino para vencer distracciones y no comer frutos que terminarían fulminándome a un costado del desierto o a la orilla del río. Esas eran y siguen siendo las voces que están ahí, día tras día, nota tras nota.

Pero para cualquier persona con dos dedos de frente era imposible que la conciencia no le asaltara como lo hizo conmigo; arrojando varias preguntas que tendría que contestarme yo mismo, tales como: ¿por qué tengo esta gran ventaja de vivir en tantas vidas? y ¿qué puedo darles a cambio de esa confianza que me entregan, de ese regalo de conocimiento?, es decir, ¿cómo retribuirles? Efectivamente, lo primero es prestar atención y escuchar a quienes se acercan a expresar, exigir, pedir o suplicar algo; y digo escuchar que no es lo mismo que oír. A de verdad poner atención y razonar sobre lo que a uno le dicen. A echar a andar la neurona (aunque esté un poco adormecida, por la falta de actividad de ciertos días) y después repetir sus reclamos, resaltar sus logros, indagar sus misterios, destapar las mentiras que no los dejan dormir. Como verán, no es más que el principio más esencial de esta vida: dar y recibir, un ir y venir de beneficios. Ya sé que muchos no lo ven así. ¿Por qué preocuparse por retribuirles o comprometerse con los que se cruzan en el camino? Es más fácil usarlos y aplicar sus enseñanzas para llegar hasta el oasis y quedarse ahí: despreocupado y tranquilo. Mientras uno esté bien, los demás que se las arreglen como puedan. Esa filosofía es muy común en este recorrido; y no solo en mi campo, en muchas otras áreas eso es lo que se practica. ¿Por qué no? Es fácil. Pero que no les quede duda, que muy de acuerdo con las leyes de la física: a toda acción le corresponde una reacción y no se puede tapar el sol con un dedo o pretender ser alguien que en realidad no se es. Llegará un momento en el que nadie más se acercará a ti, sobre todo cuando se enteren de que en realidad no te interesaba ninguna otra cosa que no fuera usar, aprovechar y desechar. Entonces te darás cuenta de que has perdido tus herramientas y te preguntarás: ¿y ahora cómo voy a seguir creciendo?, ¿cómo voy a seguir alimentándome, si ese es mi alimento principal? Si no lo crees, experimenta en tu camino.

Tal vez en unos años tengas tiempo de hacer lo que yo hago ahora, decirles a todos ellos por qué quieres vivir dentro de algunas cuantas páginas de papel reciclable cubiertas por dos pastas. Por lo pronto, este es mi turno y soy un romántico empedernido que sigue creyendo que después de tantas historias —sin importar cuántas tragedias hayan pasado por mis ojos, cuántas muertes haya narrado, cuántos finales haya presenciado, cuántos insomnios me haya ganado, o cuántas veces el dolor me ha robado el sosiego— el ser humano es bueno. No importa, dentro de cada uno de esos escenarios hay algo de bondad y a ella es a la que le debo, le debes, le debemos. Esa bondad que todos tenemos, que regala aplausos, que prende televisores, que le duele a Colombia y a las FARC, que abre los ojos ante las multitudes de Venezuela, que sufre la crisis económica de Argentina, que pelea por los derechos de los niños, que se opone a una guerra, que rinde su fe a un papá enfermo, que entra en conflicto por la posible clonación de humanos. Esa bondad que trata de entender una guerra santa, que despierta angustiada por una niña que ha desaparecido, que celebra la vida de unas gemelas unidas por la carne; y que gracias a ella he vivido las vidas de muchos en una sola. Muchos de ustedes me han permitido ser su cronista. Me han permitido hablar y gritar en ese lugar en el que —no sé por qué razón— se oye más fuerte lo que uno dice. Creo que les llaman medios de comunicación y se hicieron para eso: para comunicar. Comunicar todo lo que somos y lo que estamos dejando de ser; pero somos lo que somos porque nosotros mismos lo hemos decidido.

Ha sido difícil no olvidarlo, no dejar en el recuerdo lo que un día me convenció para tomar este sendero. Mentiría si les dijera que siempre lo tuve presente. No, muchas veces se fue el santo al cielo y ni siquiera veía con claridad lo importante que era la conciencia de la función que había decidido cumplir en este complejo mecanismo de ideas, hechos, realidades y pensamientos. En ocasiones, la sed hizo que los intereses propios y ajenos me llevaran por falsos atajos por los que pasé; y no me arrepiento, porque gracias a eso ahora puedo compartir esos errores con ustedes. Prefiero que haya sido en ese entonces y no hoy, porque así me siento más tranquilo y centrado que nunca al presionar cada tecla.

No intento ser el gurú ni el guía ni tampoco el brujo o el ángel de nadie, ni mucho menos el político o el orador que los quiere convencer del por qué debe ser el mejor candidato. De entre tanta literatura de alto nivel y pensadores o filósofos que hay en los estantes, lo único que aquí me hace querer hilar insulsas sensaciones y «brillantes deducciones» es mi gran necesidad de devolverles algo de lo mucho que me han dado. Porque han sido muchos los oasis, y sus voces me han salvado tantas veces, que ya he perdido la cuenta.

Mi verdad no es absoluta, pero tal vez cada uno de los pasos que he dado hasta el día de hoy se parezcan en algo a algunos de los que muchos están por dar, y tal vez les sirvan para —antes de que entren a los trancazos— tener un panorama más claro acerca de esta forma de vida, aventura y sacrificio que es el periodismo. Para dejarles claro a muchos, una vez más, que aún después de varios años no se han dado cuenta, y que tienen la intención de ser estrellas, que las estrellas solo están en el cielo. Tal parece que algún engreído quiso bajar el nombre desde allá arriba, de tan alto, a nuestra corta y frágil existencia, para llamarles así a algunos, que creen que por el simple hecho de ser más conocidos que doña Juanita, la de la tienda de la esquina; o que Pancho, el que lava los carros del vecino; o que la enfermera, que dedica sus noches a cuidar de niños con enfermedades terminales, tienen algún tipo de poder o están protegidos por algo divino, y que nadie se les debe acercar o hablar con ellos. Pero están muy equivocados, esos que se creen inalcanzables son como cualquiera de nosotros, solo que tienen un trabajo diferente, que se alimenta de nosotros los periodistas, de ustedes, de nuestras historias, lágrimas y risas, de la misma vida a la que nos debemos: a la vida de todos. Pero eso no cualquiera lo quiere entender y te diría, si de entrada sientes que eres uno de esos intocables, te equivocaste de lectura. Mejor revisa a diario las secciones de farándula de cada tabloide y revista barata, allí conseguirás mejores *tips* que los que aquí puedas encontrar. Sin afán de ofender y con todo el respeto que se merece cada uno, me atrevo a hacer la recomendación; pero si aun así decides quedarte para leer las líneas de este relato, solo espero que algunas de las alertas que ahora conozco te sirvan para no caer en trampas. Y que muchos de mis errores te ayuden a no cometer los mismos. Tal vez después de leer todo esto te sea un poco más real y más claro el panorama. No sé, a lo mejor hasta logras vencer varios espejismos, y es que tragar arena no es nada agradable.

Muchos de nosotros anhelamos ser el «tonto» ese que sale en la tele, que, dicho sea de paso, siempre es malísimo; pero es que imaginamos que tiene una vida espectacular y que de seguro le llueven las mujeres. Esas son las principales razones para querer trabajar en los medios; los mejores

18

estímulos para escoger el desierto a recorrer y el río a navegar. O ¿por qué no?, el periodista que descubra quién mató a Colosio.

«Claro, con tanto poder y tantas conexiones, ellos lo deben saber. Que digan dónde está escondido Bin Laden (cuando aún lo buscaban). ¿Tú crees que no saben? Lo que pasa es que no lo dicen, no los dejan o les han de pasar un billete para quedarse callados».

Cuántas veces en algún bar alguien con unas cuantas copas no me lo ha preguntado. Y en serio que hasta la fecha no lo sé, ¡de verdad! Y no, no tengo una casa en las Bahamas. Bueno pues, ¡qué desilusión! Ni sabemos tantas cosas como a veces se piensa. Ni nos llueven las mujeres (a excepción de que sean tus jefas y, en serio, es como una tormenta, sobre todo cuando tú siempre tienes la culpa). Por el contrario, esas frases como: «Cuando yo empecé no tenía ni para comer», «Recuerdo cuando era "jalacables"», «Nunca pensé que llegaría hasta donde estoy», «Me divorcié por cuarta vez porque mi trabajo es muy pesado», parecen ensayadas, ¿no? Como si fueran las palabras de cajón para poder llegarle mejor al pueblo. Pues no, son reales. Son las cosas por las que muchos pasan en esta carrera. Claro que hay sus excepciones, que, por cierto, normalmente son las estrellas. Así que, mi hermano, si tú crees que todo eso te espera cuando logres llegar a tu oasis estás en el camino equivocado. Tal vez, unos años más adelante, puedas hacer muchas de esas cosas; pero te aseguro que, al menos, por más de la mitad de tu vida, tendrás que aguantar —como dicen los cubanos— «mucha mierda y si no te ahogas en ella». Tal vez puedas ocupar un lugar privilegiado, pero créeme que para ese entonces la perspectiva te habrá cambiado.

Después de haber escrito estas líneas —como siempre— reaparece la inseguridad o el miedo de ser juzgado fuertemente, como ha sido la costumbre de muchos de mis compañeros periodistas, lo cual les agradezco mucho, ya que gracias a ellos me convertí en un obsesivo perfeccionista, que trata de cuidar todos los ángulos y de encontrar el punto más neutral en cada uno de mis trabajos. Así que me acerqué a una de las pocas personas que tiene una opinión honesta y de peso sobre mi trabajo, para que opinara sobre lo que tenía escrito hasta aquí. Su reacción me llamó mucho la atención, sobre todo un cuestionamiento que me hizo en particular.

Me preguntó: «Percibo rabia en las últimas líneas que escribiste, ¿es así? ¿No te da miedo que alguien se vaya a sentir ofendido?». Agradecí la reflexión, porque tal vez algunos de ustedes que hayan leído hasta aquí hayan sentido lo mismo. Muy bien, pues en efecto es así. No tendría por qué esconderlo ni por qué maquillarlo, y es que tiene una clara y lógica explicación, que tal vez algunos hayan experimentado en algún momento. El resentimiento y el recelo por ver cómo tantos improvisados les roban el trabajo a los verdaderos profesionales, a quienes se entregan en cuerpo y alma para obtener la exclusiva y obtener la mejor información. Aquellos que les roban el trabajo a quienes sacrifican el tiempo con su familia, su descanso, sus alimentos, sus relaciones sentimentales y sus vidas por una pasión: el periodismo. Ellos y ellas que con una sonrisa o lindos cuerpos, actitudes heroicas y modales diplomáticos duermen con la conciencia tranquila sin ni siquiera inmutarse por la falsedad en la que viven y el engaño que a diario representan frente a una audiencia. Y encima de eso, no se atreven a reconocer que un grupo enorme de gente les hace el trabajo; pero ¡claro que da rabia! ¿A quién no le daría? A todos, menos a aquellos que tienen el cerebro relleno de aserrín y una conciencia demasiado profunda, tan profunda que ni siquiera la encuentran. Si supieran dónde está o dónde la dejaron serían honestos y cederían los espacios a los verdaderos profesionales. Son esos algunos de los que trabajan para salir en la tele, no porque tengan un verdadero compromiso con la comunidad o con la información. Por lo tanto, sí es correcto que hay un tanto de rabia en ciertas líneas de mi escrito. Con ese sentir lo desarrollé, y más adelante encontrarán varios ejemplos de este extraño fenómeno: el de la gente sin contenido. Los he visto aparecer y desaparecer más de una vez, pero los he visto hacerles daño a muchos en la carrera. Quitarles lugares a personas que realmente saben lo que hacen. Y aún más, los he visto humillar y hacer llorar a quienes los mantienen protegidos e impecables frente a la cámara, a sus redactores, a sus camarógrafos, a sus productores... En fin, no es el caso de todos los que están, pero pasa mucho y... ¡ay, ay, ay, cómo duele! De verdad que sí. Y qué difícil se vuelve el camino, porque muchos de estos seres manejan a la perfección el arte del rumor, de la cizaña, de la controversia y de las relaciones públicas. Pero por supuesto que no toda la culpa es suya, pobrecitos. Son víctimas de los productores malvados que explotan sus grandes cualidades. Ya sé que tal vez esto les suene sumamente pesimista o rencoroso, les digo que lo primero no. Es una realidad de la cual hay que estar muy pendiente; y lo segundo, lo reitero. Digo, de alguna forma uno tiene que exteriorizar sus traumas y frustraciones después de treinta y dos años de estar dándole duro al oficio, ¿no? Después de todo, recuerden que somos humanos y sentimos y vivimos igual que cualquier otra persona. Tenemos las mismas necesidades fisiológicas que cualquiera y también muchos defectos que tratamos de corregir.

Es también cierto que muchos de los que están frente a las cámaras son grandes seres humanos y grandes profesionales. De hecho, hay muchos maestros a los que de alguna u otra forma he tratado de emular en las diferentes etapas de mi corta carrera, de quienes he obtenido mis conceptos del periodismo y del oficio de reportero. Es bueno saber también que ellos existen, que muchos de los que admiramos tienen un largo camino y una entrega sobrehumana hacia usted y nosotros, y hacia su trabajo. Gracias a ellos es que algunos valoramos y entendemos la responsabilidad que implica estar ahí: en la nota, en la cobertura. Mi agradecimiento pleno y total para los grandes y reconocidos periodistas: hombres y mujeres que salvan a diario la veracidad de los medios de comunicación y el nombre de los periodistas. ¡Qué suerte que están ahí y qué suerte la que algunos tenemos de encontrarlos en el camino y poder estrechar su mano! ¡Ojalá y ellos fueran los únicos! o, mejor dicho, que todos fueran como ellos. Sería un periodismo más responsable, real, objetivo, entregado a las comunidades, a los pueblos, a los ciudadanos; pero, sobre todo, sería un periodismo honesto y coherente.

Uno se encuentra las dos caras de la moneda; no sería justo solo mencionar a los pseudoperiodistas. Existen los verdaderos periodistas de quienes día a día aprendemos mucho a través de sus columnas, noticiarios, editoriales radiales y de cualquier vehículo a través del cual plasman su esfuerzo y compromiso con cada uno de nosotros. Son reales y también los tenemos dentro de esto a lo que muchos llaman «el medio». Mas para llegar a ser como ellos o irnos acercando poco a poco, hace falta pasar muchas pruebas y entender muchas cosas que parecen demasiadas cuando uno las enumera; pero al enfrentarlas, cada vez se hacen menos difíciles de asimilar. Son como esas inyecciones que nos ponían de niños, densas y aceitosas, que cuando el embolo de la jeringa empujaba el líquido se sentía, literalmente, como avanzaba hacia nuestros adentros con un doloroso movimiento que se hacía más intenso mientras menos líquido quedaba. Es más o menos así. Es tanto lo que se debe cuidar, pensar, analizar, entender y asimilar que a veces duele; y mientras menos camino falta para llegar a un nivel más o menos aceptable, uno siente que más le duele y que nunca va a terminar. Bueno, ese dolorcito molesto de seguro va a terminar. Lo que nunca termina es ese flujo de datos, hechos y análisis que persisten y existirán, al menos hasta el día en que la humanidad deje de existir, y aún así no estaría tan seguro. Es muy parecido al dolor que provoca el ejercicio, que al mismo tiempo te deja saber que el músculo está creciendo. De igual forma, tus capacidades crecen y el que duela un poco no es una mala señal. Por el contrario, significa que te estás ejercitando como debe ser.

Ellos, los que en realidad saben lo que dicen y lo que hacen, han pasado también por ese entrenamiento. Se debe pagar el precio y demostrar que se puede y que se quiere. Es ahí, en el recorrido para acercarse o llegar, donde muchos se pierden o desisten y donde muchos cambian de ruta y deciden tomar el camino más fácil. Es ahí de donde salen los pseudoactores, pseudoconductores, pseudo... lo que quieran. Claro, con sus excepciones, como por ejemplo en el caso de Francisco Paco Stanley Albaitero, quien —por si no lo recuerdan o no lo sabían— en una etapa de su carrera fue presentador de noticias en el sistema informativo ECO. En su caso, creo que el cambio de carril fue lo mejor que pudo hacer; y es que en definitiva estaba en la ruta equivocada. Al menos fue honesto, pero hay unos que, al darse cuenta de la fuerza, la disciplina y el ahínco que se necesita, claudican en el intento; y a otros, como ya se los dije, les ganan las famosas grillas en su contra, las envidias o la tensión a la que se está expuesto. A las «estrellitas» las vencen con sus técnicas o, en el peor de los casos, alguno de los dinosaurios las mira con malos ojos y mueve cielo, mar y tierra para bloquearlas o para que las corran por considerarlas un mal elemento. Es real, así puede ser. De hecho, podría jactarme de haber pasado por cada una de estas etapas.

Así que en este sube y baja de estira y afloja de intelectos, de buenas intenciones, de falta de opciones, de falta de talentos, de capacidades extremas, de estrellas de televisión y de verdaderos periodistas —más los que nos sumamos a la bola—, desde aquí, desde adentro, les prometo que haré mi mejor intento por presentarles —como dicen los estadounidenses— el *big picture*. El panorama más amplio de lo que a través de mis experiencias y vivencias me ha hecho querer desnudar o desenmascarar o, para algunos, confirmar muchas de las cosas que sonaban a rumores y que no lo son.

Después de haber visitado este «rincón» (el de los medios), si me dejan, les quiero contar lo que vi, lo que oí y lo que viví para que algunos no lo padezcan, en caso de no ser necesario, o al menos para que lleguen con la luz de alerta encendida.

De eso se trata, de sacar a la luz «el "rincón" de los medios». Ese en donde muchos de nosotros hemos dudado de querer seguir, donde nos hemos sentido impotentes ante las injusticias, donde nos han explotado y nos han amenazado, e incluso nos han humillado. Donde cada día significa un esfuerzo más para construir una buena reputación, defender tu dignidad, crecer como profesional, caminar con la frente en alto; pero, sobre todo, para no olvidar quién eres y qué quieres ser y para creer en ti. Pensar sobre cada fin de jornada: qué fue real y qué no lo fue, hasta dónde te hablaron con el corazón y hasta dónde lo hicieron con algún interés. Mirarte frente al espejo y poder filtrar toda la basura informativa que, tal vez, un jefe o un compañero te suministró; y es que ahí está el mayor peligro: el día en que uno de esos comentarios te haga perder tu identidad, ese día perdiste y te perdiste. Así que mantente siempre seguro de ti mismo y consciente de que te debes a mucha gente: detrás de cámaras y frente a ellas, detrás de una columna o como editor en jefe, frente a un micrófono o detrás. Nunca te pierdas y nunca te traiciones.

La capacidad de sorpresa es algo que nos mantiene alertas, vivos, que enerva nuestros sentidos y nos hace reaccionar a tiempo. Es importante que la conservemos. Este es el mayor antídoto contra la monotonía y, a veces, el salvavidas en este inmenso mar de la información: la herramienta que te ayudará a sobrevivir en «el rincón de los medios».

Fernando Del Rincón a los veintiún años, 1991.

ARRANCANDO DE CERO

Hace más de treinta años, aproximadamente, cuando me encontraba perdido entre la tinta y los estilógrafos, aprendiendo técnicas de pintura, formatos para diseño editorial y sufriendo con los obligados números de la universidad en el sur de mi país, en la última frontera (como tienen la mala costumbre algunos de decirle, como si México empezara por el norte), en fin, ahí en Tuxtla Gutiérrez, Chiapas, donde hay universidades y una vasta e increíble cultura, donde nuestras raíces todavía se encuentran a flor de piel con ruinas y vestigios de lo que nos hace ser lo que somos como raza, donde todavía existen los indios chamulas que se aferran a no dejar morir lo más valioso de nuestro origen como pueblo, ese fue el lugar que se me había destinado para iniciar toda esta carrera hacia la meta: la de ser periodista. En ese momento, no tenía ni idea de que esa sería la ruta y de que mis instintos me llevarían hacia esa rama de la comunicación, y es que estudiar comunicaciones no quiere decir que necesariamente vayamos a salir en la tele o a escribir en un periódico, ni tampoco tener nuestro propio programa de radio. De hecho, inicialmente mi interés era la comunicación organizacional. Quería ordenar las empresas desde sus entrañas: organigramas, diagramas de flujo, logística... Yo quería ajustar todo ese mundo de fallas y apreciaciones y dejar la máquina engrasada, sin un solo ruido en la comunicación. Mientras tanto, aprendía también que en mi México hay muchos «Méxicos» que a veces se ignoran. Recuerdo la ocasión en que por primera vez escuché a alguien hablar dialecto, algo muy común en esas latitudes.

Un buen amigo, Jaime Culebro, alias el Turbo (como le decíamos, hasta ahora no sé por qué, tal vez se deba a que el apodo ya se le había dado muchos años antes de que yo llegara a Chiapas), decidió un buen día, que sería muy buena experiencia ir a San Cristóbal de las Casas. Sí, el mismo San Cristóbal donde se dio el conflicto armado el primero de enero de 1994. Donde el Subcomandante Marcos y el Ejército Zapatista de Liberación Nacional —al igual que el obispo Samuel Ruiz— se robaron la atención del mundo, durante la gobernación de José Patrocinio González Garrido, quien después fuera secretario de Gobernación durante el sexenio del tristemente célebre Carlos Salinas de Gortari. Era en ese entonces un San Cristóbal donde —frente a la iglesia de Santo Domingo— todavía se podía ver a las indígenas chamulas malbaratando sus hermosas obras de tejido a mano, con sus hijos en brazos, en condiciones que solo de recordar, siguen doliendo. El conflicto se gestaba, pero aún no había evidencias de que se fuera a suscitar. Al menos a nivel de pueblo todo estaba en calma, y es que ya se sabía por parte del Gobierno del Estado que había campos de entrenamiento guerrillero. Sin embargo, teníamos que permanecer calladitos porque el «gober» se iba al gabinete y eso podía quitarle el puesto, ¡qué raro de nuestros políticos!

Así que gracias a la sugerencia de mi amigo —y de juntar algunos centavos— decidimos emprender el viaje en uno de esos camiones guajoloteros (se les llama así por los animales de granja que algunos de los campesinos llevan consigo, normalmente «guajolotes» o pavos). Claro que era lo más barato que había y, bueno pues, teníamos que ahorrar para la diversión. Recuerdo que las piernas de Jaime ocupaban dos asientos y encima de mí, por lo que decidí levantarme un momento y viajar parado, evitando así la incomodidad provocada por su comodidad. De pronto, entre el vaivén del camión (con ese sonido sordo que hacía el motor pero que torturaba a más de uno), me pareció escuchar a mis espaldas, algo así como la voz de un japonés; situación que me extrañó de sobremanera, por lo que no presté atención. ¿Qué haría un japonés en un transporte de este tipo rumbo a este recóndito poblado? Si hubiera sido inglés o la voz de algún jipi europeo lo creería, así que decidí hacer oídos sordos y continuar con el zarandeo del viaje, cuando por segunda vez escuché lo que hasta ese momento pensaba que era un japonés hablando. Inmediatamente, como un acto reflejo, giré mi cabeza y con mis ojos traté de ubicar la fisionomía de donde provenía el japonés. Para mi sorpresa, lo único que pude ver fue el rostro marcado por el sol y el frío de un hombre que (si la identidad nacional no me fallaba) era mexicano. En un rápido recorrido para revisar su atuendo, confirmé mis dudas: vestimenta de tela clara, de esa que se ve resistente y usada, muy usada, hecha a mano, acompañada de un sombrero de paja que claramente me anunciaba que se trataba de un hombre de campo. Abrí mis ojos bien grandes y traté de escuchar con atención, no sé por qué abrimos los ojos cuando lo que queremos es escuchar. Mi cerebro entró en conflicto: lo que veía era a un hombre y a una mujer de campo con los rasgos más puros de nuestra gente, pero lo que escuchaba era... ¡japonés! Bueno eso era lo que yo pensaba. No salía del estupor después de oír lo que veía, así que decidí tranquilamente regresar a mi asiento y sigilosamente acercarme a Jaime para decirle lo que había presenciado, y claro para corroborar que no estaba loco. Necesitaba que alguien más fuera testigo de lo que pasaba. Le dije a Jaime al oído: «Mira hacia atrás y fíjate en el señor con sombrero y ropa blanca que está hablando con una señora, vas a ver que están hablando en japonés». Jaime me miró con cara de desconcierto, y lentamente se enderezó en su asiento para voltearse y corroborar lo que yo le decía. Después de dos segundos de observación, soltó la carcajada más vergonzosa de la que tengo registro en mi vida. Luego, se volvió a voltear y me dijo: «¡Eres tonto! ¡Están hablando chamula!». Siguió riéndose junto a su hermano —que viajaba con nosotros en el asiento de atrás— y festejando mi falta de cultura y conocimiento sobre mi gente, sobre mis paisanos. La cara se me caía en pedazos, pero aun así para mí nada estaba claro. ¿Qué era eso de «chamula»? Al menos era otro idioma, así que no estaba tan mal. Me aguanté la vergüenza y sin más le dije: «Explícame». Después de algunos minutos de burlarse de mí, por fin, Jaime respiró profundo y me aclaró: «Es un dialecto que hablan los indios chamulas, los que viven en la sierra de San Cristóbal. Ellos son los que se dedican a tejer ropa con textiles y con tinturas naturales. Ya los vas a ver cuando lleguemos».

Así fue, al llegar los vi ahí tratando de sobrevivir con algunos cuantos pesos por su trabajo. Debo confesar que yo mismo me compré una camisa y un pantalón: ambos hechos a mano. Y todavía tenemos el descaro de querer rebajar el insignificante precio por el que venden cada prenda, cuando su trabajo vale cien veces más en el extranjero, principalmente en Europa. Ese era el negocio de muchos de los visitantes del primer mundo: con muy poco dinero regresaban a sus países repletos de mercancía y vendían el producto de mis queridos indígenas en las altas esferas como algo muy *nice*. ¡Y claro que lo era! Lo que no era *nice* era lo que les hacían a los míos: seguían siendo víctimas de la conquista cientos de años después. ¡Cómo hacía hervir la sangre ese cuadro, y qué impotente me sentía! Los veía pasar de puesto en puesto y no podía hacer nada para defenderlos. ¡Carajo, qué rencor me provocaba!

Ese viaje fue muy importante para entender tantas cosas. Saberme mexicano y sentirme mexicano. Reconocer, asimilar y defender mis raíces. Salir del mundo donde solo habitan la clase media baja, media y media alta. Olvidarme de licenciados y de universidades, de hospitales y de restaurantes y enterarme de una vez por todas que son ellos los que sostienen este país y los que más luchan. Ellos son el ejemplo claro de resistencia, de fe, de fortaleza, de amor por la tierra y de dignidad, de pureza, de tantas cosas que tratan de hacernos entender en una mediocre clase de civismo en la que se preocupan más por la bandera que por el verdadero símbolo de grandeza. Nuestra gente, la que pelea batallas desde tiempos inmemorables, que no pide tecnología: busca comida. Que no le importa tener una sola escuela y camina kilómetros para, en medio de un lugar descampado, recibir clases de algún mal pagado maestro. Ellos, los que poco o nada aparecían en las noticias nacionales hasta antes de la guerrilla. Los que curan con la naturaleza y viven de ella. Los que todavía encuentran en las estrellas los caminos para llegar a casa.

Esa fue mi primera lección. Ahí fue donde entendí quién era y sería siempre. Descubrí que la sangre que corre por mi cuerpo es fuerte: es guerrera en el alma. Me prometí nunca olvidarlo y hasta la fecha sigo en pie con mi promesa. En ese momento, comprendí que debía abrir los ojos a mi México, si quería ser alguien. Ya las noches en la cama no eran las mismas, después de ese día. Ya no era pensar en qué sería, sino en cómo podría ser un digno representante de mi raza, de mi México. Desde ese día la palabra indio o indígena dejó de ser un insulto para mí. ¡Nunca más! ¡Qué vergüenza que algún día las haya tomado así y las haya utilizado igual! ¿No sientes tú lo mismo?

Tenía que empezar por ahí: de cero. Desde saber quién era y de dónde venía para poder caminar. No podía seguir ignorando mi pasado. Era interesante, rico en conocimiento. Desde ese punto, arrancaría sabiéndome siempre mestizo, con sangre indígena en mi torrente. Después de ese día empecé a ser alguien. Dejé de ignorar mi verdadero mundo. Ese fue mi primer paso hacia esto que ahora hago con gusto y compromiso.

Claro que de ninguna manera había tomado la decisión de incursionar en los medios masivos de comunicación. En ese momento ni siquiera lo había pensado. Me enfoqué más en mi trabajo publicitario, el que desarrollaba como agente libre para varias empresas, retomando un poco de los símbolos gráficos que nuestros antepasados imprimen en telas, en bajo y alto relieve, en la misma cerámica y en obras artesanales. Sin embargo, uno de mis primeros contactos con los medios fue en el estudio de grabación de Torres Batiz y Asociados. Ahí, después de una llamada de uno de mis maestros, Víctor Rendón, me atreví a intentar grabar por primera vez el audio de un comercial para radio —de solo treinta segundos— para una tienda de aparatos electrónicos. Recuerdo perfectamente ese día. Tal vez alguno de ustedes ya la haya experimentado o tal vez estén por enfrentarse a esa incontrolable sensación de nerviosismo. Si es así... ¡buena suerte!

Llegué caminando, como era mi costumbre, porque no tenía ni un centavo para el taxi o camión y mucho menos para un carro. Me presenté con mi profesor y me dio la bienvenida. Había un pago de por medio, así que nada de echarse para atrás. Era un compromiso de negocios. La noche anterior, prácticamente, no había podido dormir y estuve, por varias horas, en el rincón del cuarto de la televisión, con un micrófono de juguete (de esos de mentira que tienen una calidad de los mil demonios) conectado a una pequeña grabadora. Después de escuchar varios comerciales y analizar las voces, tonos, matices y demás menesteres propios de la locución, intenté rehacer mis versiones, con el magnífico equipo con el que contaba. Recuerdo que me moría de pena, y que de voz apenas tenía un suspiro. Poco a poco le fui cogiendo más confianza al bendito aparato y justo cuando sentía que estaba por lograr algo, mi madre apareció en el quicio de la puerta para hacerme saber que íbamos a cenar y para preguntarme qué hacía. Le dije que estaba grabando y, por algunos minutos, permaneció allí parada esperando poder ser testigo de una pequeña demostración. Entonces me di cuenta del más grave de mis problemas: me moría de vergüenza frente a mi propia madre. Así que ¿qué podría esperarme al día siguiente frente a mi maestro y sabía Dios quién demonios más? Al final, no hubo muestra para mi madre y me fui a cenar tratando de mantener la calma y la seguridad de que todo saldría bien al día siguiente; cosa que me tomó toda la noche y nunca logré.

Después de presentarme con Víctor (quien ahora también era mi jefe —no solo mi maestro— y quien, además, controlaba el billete), con mi estómago dando vueltas y sintiendo las piernas como de goma, me llevó muy amablemente hacia la cabina, mientras entre bromas y comentarios yo trataba de disimular mi nerviosismo. Me entregó el guion y me explicó qué tipo de locución estaba buscando: fresca, ágil, jovial pero, sobre todo, que se escuchara divertida. Casi nada para el primerizo de Del Rincón, que no podía ni con su alma por su estreno frente a un micrófono. Después de las indicaciones claras, precisas y preocupantes que me hiciera Víctor, apareció en escena el operador de audio: el tipo que se encargaría de grabarme, musicalizar al mismo tiempo el comercial, y controlar el tiempo, para no pasarnos, además de dirigir mi desempeño. Su nombre: Pedro.

Era un hombre de estatura corta, nariz chata, robusto y muy moreno, y con uno de sus ojos prácticamente muerto debido a una enorme catarata que lo cubría casi por completo. Nunca me atreví a preguntarle si lograba ver algo con él, pero cada vez que platicábamos me daba la sensación de que no veía. ¡Bendito Pedro! Ese pequeño hombre sabía tanto. Su conocimiento era inversamente proporcional a su estatura. En definitiva, si de alguien recibí una formación completa como locutor fue de él, no de la universidad ni de las técnicas de los maestros. El que había escuchado tantas voces y que había grabado a tantos locutores. Pero las cosas no fueron tan fáciles. Era uno de esos tipos que desde el momento en el que uno entra por la puerta te pone a prueba. Te analiza, casi no habla, y su actitud es fría, seca, muy poco amistosa: para que quede claro, que te lo tienes que ganar. Ese era el cuadro general.

Saludé a Pedro, me paré frente al micrófono, leí unas veces más el guion, mientras Pedro montaba la cinta (que aún era de carrete abierto), y entré en silencio, al tiempo que mi mente trataba de controlar la situación. Se oía el correr de la cinta, hasta que un alto en el zumbido me hizo saber que era el momento. Pedro me miró y de forma irónica me preguntó: «¿Listo?». Asentí con la cabeza y él levantó su mano derecha con los cinco dedos extendidos doblando uno a uno hasta llegar al puño. Claro, era el conteo regresivo para empezar a grabar. Ahí estaba yo como cayendo desde un avión y tratando de abrir el paracaídas. Esa sería la mejor descripción de lo que sentía. Abrí la boca y empecé a grabar. Al mismo tiempo, Pedro corría la música de fondo y, sin mirarlo, busqué un ángulo en el que no sintiera su mirada: ya tenía suficiente presión. Me concentré para no equivocarme en la lectura, y cuando pude reaccionar y darme cuenta de lo que estaba leyendo y repitiendo como un merolico (vendedor ambulante), había terminado el texto, la música había desaparecido, y el carrete había parado. De mi frente escurría una gota de sudor como reacción a mi esfuerzo, aunque creo que fue más el resultado de mi nerviosismo. No tenía ni idea de lo que había hecho y menos de cómo lo había hecho. Acto seguido, busqué la evasiva mirada de Pedro (y obviamente el único ojo que veía de frente) esperando algo de aceptación de su parte. Sin embargo, algo me decía que no encontraría tal cosa, y así fue. Lo que encontré fue una sonrisa sarcástica que me reprobaba por completo y que, sin decirlo, me comunicaba que era un pobre inexperto, novato, improvisado y... ¡más! Enseguida sin darme una sola indicación me preguntó: «¿Quieres hacerlo otra vez?». ¡Qué pregunta! O, mejor dicho, ¿para qué preguntaba? Vergonzosa postura en la que me encontraba. Todavía podía salvar algo de reputación si le respondía con una negativa y le hacía saber que para mí había quedado bien; pero al mismo tiempo perdería toda oportunidad de aprender. Así que puse mi orgullo a un lado y, después de exponer mi inexperiencia, le dije con una carcajada entrecortada: «Yo creo que sí, ¿no?». El milagro ocurrió. Pedro me vio y con una sonrisa franca me sugirió: «¡Siente lo que estás leyendo!». ¡Vaya sorpresa!, su actitud había cambiado y empezaba a dejarme ver cordialidad, algo había pasado. En ese entonces no me daba cuenta, no sabía dónde había estado la magia. Ahora lo sé muy bien. Nunca subestimes a nadie y deja siempre tus oídos abiertos para escuchar y aprender, que de quien menos te lo esperas, te puedes llevar la lección más grande de toda tu vida. Dale su valor a cada uno de los que trabajan contigo, porque gracias a ellos, y a la unión de sus conocimientos y esfuerzos, se logra avanzar. Se llama trabajo en equipo.

Y gracias a ese día —y a ese hombre—, entendí que siempre hay algo nuevo que aprender; pero para que te lo quieran enseñar, tienes que ganártelo, dejando a un lado la soberbia y el orgullo. Saber qué es con lo que cuentas y reforzar aquellas pequeñas fallas de las cuales reniegas, pero pocas veces aceptas. Y no es que yo me haya dado cuenta de eso, por el contrario, ese pequeño gran hombre me lo regaló. Fue el mejor aprendizaje que tuve en esa etapa: sentó muchas bases de mi formación.

La siguiente toma tampoco fue efectiva. Ni la siguiente. Ni las demás que siguieron a esas; pero la cantidad de información y de formas de hacerlo que ese hombre me estaba regalando eran increíbles, imposibles de enumerar. Escuché cintas de diferentes voces, leí cualquier cantidad de guiones que tenía guardados en un cajón y me hizo interpretar cada uno de ellos; no solo locutarlos, sino prácticamente actuarlos. Uno detrás de otro, con música, sin música, con llanto, con risas... Las horas pasaban y yo no tenía noción del tiempo. Estaba sumergido en el conocimiento, en la experiencia de este operador de audio que en solo unos minutos se había convertido en mi verdadero maestro. ¡Vaya personaje! ¡Cómo le agradezco todo el tiempo dedicado! Y solo porque sí, o no lo sé, tal vez algún día pueda verlo de nuevo para que me lo explique... ¿Por qué yo?

Ese día estuve por más de seis horas dentro de la cabina ejercitando mis capacidades, mejor dicho, descubriéndolas. Cuando salí de ahí era de noche. Mi profesor ya no estaba y los únicos que quedábamos en la empresa éramos Pedro y yo. Caminamos en silencio, después de habernos escuchado tantas horas, hasta la entrada del edificio, y, de nuevo, con esa mirada fría y actitud hosca, me dijo: «Nos vemos luego». ¡Quién lo creería! Regresó a su *modus operandi* frente a la vida. Se cerró el umbral que varias horas antes estuvo abierto, en el que yo era una esponja que absorbía cuanto podía.

Se fue caminando mientras yo todavía repasaba todas esas cosas que había descubierto en mi cabeza, en mi garganta y en mis sentimientos; pero algo me preocupaba mucho, ¿volvería a trabajar con Pedro?, y, en caso de hacerlo, ¿podría restablecer la conexión que esa tarde se había logrado?

Caminé de regreso a casa con la duda y la esperanza de que esa no fuera la primera y la última vez. Claro que al final de la jornada logré grabar el comercial como lo habían planeado y terminé con la boca más seca que si me hubiera comido un puñado de tierra. Sobreviví a la prueba. Había logrado salir adelante frente a uno de mis primeros retos profesionales. Ya no era desconocido para mí. Ahora sabía mucho más y ya tendría más confianza frente a un micrófono, y, lo mejor de todo, les llevaba un paso adelante a todos mis compañeros.

Pero estaba lleno de preguntas a las que hasta el día de hoy no les he encontrado respuestas: ¿qué habría pasado si no hubiera encontrado a Pedro?, ¿hubiera obtenido el mismo resultado, o bien me hubieran dado las gracias y otra persona hubiera hecho mi trabajo? El desencanto al saber que yo era un inexperto, ¿podría haber repercutido en mi futuro? Solo de plantearme tantas preguntas y de pensar en sus posibles resultados, mi piel hoy se eriza y siento una especie de náusea. ¿Conocen esa sensación? Bueno, lo hecho, hecho está, y créanme no se puede editar o regrabar. Por eso, siempre pienso en lo que hice y dejé de hacer. Cada vez que termina el día, me tomo el tiempo de hacerlo; aunque sea muy tarde por la noche. Si bien en esa ocasión (después de todo un día de adrenalina y emoción) no lo hice. ¡Qué mal! Pero es que quería vivir muy rápido, y no era necesario. Sin embargo, esa era una constante en aquella etapa de mi vida: vivir al máximo, todo lo que se pudiera y lo más rápido posible, como si al día siguiente no fuera a estar más sobre el planeta. Creo que no estaba del todo mal. Al final, lo único incierto e irónicamente seguro a la vez es la muerte; solo que no sabemos cuándo nos llegará.

Esa noche, ya en casa, hablé un poco con mis padres sobre lo ocurrido, aunque soy honesto, en esa época no platicaba muchas cosas con ellos. La comunicación entre nosotros era bastante limitada debido a mi falta de apertura hacia ellos. Estaba pasando por un momento de introspección. Estaba por conocerme como hombre, como profesional, y por definir mis capacidades, así que el diálogo conmigo mismo era intenso. Tan intenso, que eran pocos los momentos en los que tenían cabida los comentarios de terceros —sin afán de ofender a mis progenitores—, aunque estoy seguro de que ya ellos lo sabían. Después de todo, los padres son los padres y no se les escapa ni una. Así que, sentado en la cama, el pensamiento me arrancó varias horas de sueño. Muchas dudas me habían quedado aclaradas, pero muchas otras habían surgido en el momento, sobre todo había algo que trataba de definir y entender: era un sentimiento, la necesidad de hacerlo mejor mañana, de que otra oportunidad llegara pronto para, una vez más, demostrarme y demostrarle a quien estuviera en turno que era bueno. Que aprendía rápido y quería crecer y que, como todos, necesitaba solo de un poco de alimentación, de la paciencia y el tiempo de alguien como Pedro para llegar lejos.

Después de ese día, no solo quería grabar comerciales de treinta segundos, quería escribirlos y usar mi voz para un documental. Y —¿por qué no?— tener un espacio en la radio. Esa noche, la tarjeta de memoria en mi cabeza había sido grabada. En mi mente estaba tatuado el objetivo. Ese era el siguiente paso: buscaría la oportunidad de estar en la radio. Aunque para eso tendría que pasar por varias antesalas que, sin saberlo, me prepararían para lograrlo. Pero el avance era importante, ya tenía una idea mucho más clara de hacia dónde quería ir, a dónde quería llegar.

Pasaron los días después de esa primera grabación, en los que me mantuve alerta de cualquier comentario que pudiera surgir por parte de mi maestro Víctor, quien presentaría ante el dueño de la empresa la grabación del comercial de radio, para que le diera luz verde, y en caso de lograrse, mi voz estaría al aire. Increíble todo lo que esa frase significaba. Me escucharían cientos y miles de personas. Ya no sería anónimo. Mi voz sería conocida por personas que nunca en la vida tendría ni siquiera la suerte de cruzarme en el camino o de encontrarlas en un pasillo de alguna de las tiendas de discos que visitaba, o de las librerías que obligadamente recorría para consultar o encontrar algún texto encargado en la universidad.

Recuerdo ahora el nombre de la tienda para la que grabé ese primer comercial, Ac de Música. ¡Cómo suena dulce ese nombre hoy en día! Y es que tres días después de haber estado con Pedro por tantas horas y de haber aprendido tanto, el propietario dio el visto bueno y el comercial fue aprobado. De esto me enteré porque no pude resistir la espera, y un buen día decidí hablar por teléfono con Víctor para que me pusiera al tanto del estatus de nuestra producción. Me costó mucho trabajo realizar esa llamada. Era como cuando te gusta mucho una niña y te pasas toda la noche pensando en si acercarte o no. De igual forma me pasó con esa llamada, no por otra cosa, sino porque el miedo a una negativa era superlativo. No conocía a muchas personas —o, mejor dicho, a ninguna otra— que decidieran darme una oportunidad para locutar con el riesgo de no hacerlo con la calidad deseada. Así que esta era mi única vela prendida en ese momento.

Cuando Víctor contestó el teléfono (quien, por cierto, tenía un problema auditivo y utilizaba un amplificador de esos que van pegados a la oreja) le pregunté, que si ya le habían dicho algo sobre el anuncio publicitario. Y gracias a su problema de audición, su respuesta fue: «¿Qué?». ¡Caray!, después de todo el tiempo que me había tomado encontrar el valor para hacer la pregunta, y cuando finalmente había logrado coordinar mi neurolingüística para comunicarme, tendría que repetir la pregunta. ¡Demonios! Pero no tenía otra opción, así que apreté fuerte el teléfono con la mano sudorosa y acto seguido, levanté la voz como para lograr seguridad y de nuevo pregunté:

—¿Que si ya sabes qué onda con el comercial?

Víctor, con un tono despreocupado (claro para él no era más que un comercial más), me dijo:

—¡Ah... el comercial! ¿Cuál?

¡Desgraciado Víctor! Mira que sufrí por tu culpa con esa llamada telefónica. Y no sé si lo hacías porque eras consciente de lo importante que era para mí o si lo hacías porque de plano estabas tonto. No importa, de igual forma te agradezco eternamente el gran portal que abriste en mi camino y que me llevó a lugares que siempre imaginé y que de no haber sido por tu apoyo y por creer en mí, estoy seguro de que —en la actualidad— otra sería mi vida.

De nuevo me había respondido con una pregunta, así que con tono molesto le aclaré:

—¡El mío! El que te grabé. El de Ac de Música, ¿ya te acuerdas?

Hizo una breve pausa al otro lado del auricular y al fin me respondió:

—¡Ah sí, ese! ¿Cómo no? Ya está autorizado. Ya hasta lo llevé a las estaciones. De hecho, debe estar entrando al aire por estos días, y te digo, además, que les gustó mucho tu voz y que lo pautaron varias veces, así que vas a tener una buena rotación en las estaciones.

Frío, mudo y con la boca abierta, con una mezcla de emoción y terror al mismo tiempo: así me sentía. Se había hecho realidad parte de lo que la noche anterior había imaginado y proyectado; pero al mismo tiempo me aterraba la idea de estar expuesto a la crítica de cualquiera. ¿Qué tal si, algún día, en camino a alguna fiesta o en compañía de algunos amigos, el comercial era transmitido y alguien soltaba un comentario negativo? Tal vez estén pensando que soy un paranoico sin remedio. Después de todo, no era gran cosa un comercial de treinta segundos; pero piénsenlo bien... ¿cuántas veces ustedes mismos no han criticado, despedazado y recordado a la progenitora de algún locutor, actor o figura de la vida pública? Es cierto, ¿no? Yo lo había hecho. Y con la vara que midas serás medido. Y créanme que nunca me he caracterizado por ser muy suave con mis críticas, ni conmigo mismo y menos con los demás. Por esas razones, era consciente de que sería víctima inevitable de críticas y comentarios, por supuesto, principalmente generadas por mis amigos. Era algo que ya no se podía evitar, pasaría, pero solo esperaba que no fueran tan severos los comentarios. Era mi primer trabajo, y ese hecho podía salvarme el pellejo (como una buena justificación), ya saben, para cuando escuchara la frasecita, «para ser tu primera vez, no está mal» y así salir cobardemente airoso de cualquier interacción incómoda con quien se acercara para hablarme sobre mi desempeño. No es que esperara la atención mundial, pero el mejor promotor de sus logros es uno mismo, así que me dediqué a abrir la boca entre todos mis conocidos —además de darles una breve sinopsis del guion—, para que cuando el momento llegara pudieran identificar la «obra».

Los días subsecuentes los pasé como era de esperarse: pegado a la radio a toda hora esperando cada corte comercial entre noticias y programación musical de las estaciones. Era raro, nunca le había puesto atención a los cortes de publicidad. Por lo general me parecían molestos y me quejaba de ellos. Juraba que si algún día era dueño de alguna estación de radio no pondría comerciales. ¡Sí, cómo no! Seguramente viviríamos de la beneficencia pública.

Cada minuto que pasaba con la radio encendida, y al escuchar las gastadas frases después de cada pausa, mi corazón latía con fuerza en espera de que este fuera el corte comercial en donde mi voz se haría pública... y nada. Estiraba mi tiempo cuanto podía para seguir escuchando. Recuerdo que cada vez que salía en el pequeño Volkswagen rojo (que en ocasiones lograba utilizar gracias al apoyo de mi madre, y es que era una guerra usar el pobrecito carro), al estacionarlo apagaba la máquina y dejaba la radio encendida. Si la canción no había terminado, esperaba hasta que lo hiciera, sentado dentro del carro, con el sol pegando duro por el parabrisas, y con las gotas de sudor en mi frente. Ahí me quedaba, en el baño-sauna en que se convertía el «Vocho» (Volkswagen), solo para ver si ahora sí. Claro, como dicta la ley de Murphy (si algo puede salir mal, saldrá mal), nunca logré escucharlo.

Uno de esos días, cuando mi esmero por poner atención en las transmisiones radiales ya había mermado su etapa de mayor intensidad, al salir de la clase de Víctor, se me acercó y me dijo:

—¿Ya te escuchaste en la radio?

A lo que yo pregunté:

—¿Cómo?

—Sí, ¿que si ya te escuchaste en la radio?

—Pero ¿cómo? Si he estado pegado al bendito aparato y no he escuchado nada. ¿Cuándo salió?

A lo que Víctor respondió:

—Creo que ayer en la noche fue la primera vez y lo están pasando mucho, sobre todo en el 96.9.

¿Quién iba a decir que después esta sería la primera estación de radio en la que trabajaría como locutor y reportero?

—¿Seguro? —le pregunté.

—Sí, seguro. Checa y lo vas a oír.

Salí corriendo a encender la radio del carro que estaba estacionado a un lado de la banqueta frente a la universidad. Ya era tarde, casi las nueve de la noche, ya que mis clases tenían esos horarios. Habría pasado una hora, por lo menos, en la que permanecí atento a la programación de la frecuencia indicada y en la que me habría fumado cinco o seis cigarros; pero una vez más... nada.

Molesto encendí el auto y arranqué camino a casa. Solo estaba a diez minutos de la universidad y si no lo había escuchado en una hora de estática expectación, menos lo escucharía de camino a casa. Pero, gracias a Murphy y sus leyes, me equivoqué, y cuando estaba por llegar a la casa de mis padres, sin que yo prestara la atención habitual, de pronto, ahí estaba la música que recordaba que Pedro había utilizado en nuestro comercial. Acto seguido, mi voz se escuchó al aire. ¡Estaba al aire! ¡Qué increíble sensación! Una sonrisa desmesurada se dibujó en mi rostro de oreja a oreja. ¡Qué dulce sabor el de escucharme en un medio masivo de comunicación! Había roto la primera barrera. Ya tenía que escribirlo en mi hoja de vida o currículum (como lo quieran llamar). Era de los primeros en mi generación que pisaba el terreno profesional, bueno, al menos como talento en medios masivos.

Escuché atento hasta el final del comercial, treinta segundos después había terminado todo. Me hubiera encantado que estuviera toda mi familia ahí: mis hermanos, mis padres y alguno que otro de mis amigos, pero me tocó solo a mí. Tal vez fue mejor así, porque durante los minutos que siguieron, parecía un verdadero idiota; con la cabeza llena de preguntas y —como siempre— con esa maldita manía de cuestionar al máximo todo lo que hago, de reducirlo hasta su más mínima expresión y de encontrarle el error. ¡Bendita manía! Nunca se me ha quitado y muchas veces se convierte en una tortura que no me deja disfrutar lo que hago. Era como si la hubiera grabado en mi cabeza, y ahí dentro del «Vocho» (al que yo mismo le había instalado el equipo de sonido, que, por cierto, era una porquería, se le caían las piezas con la vibración del motor, pero bueno, no alcanzaba para más), ahí repasaba en mi cabeza cada segundo de mi locución: el tono, la intención, la dicción, todas las cosas que Pedro me había enseñado en un solo día. Lo analizaba una y otra vez, y de la euforia y felicidad de escuchar que mi voz hubiese sido transmitida por primera vez en una frecuencia radial pasé a la seriedad de las conclusiones sobre mi desempeño.

Y fue en algún momento dentro de ese carro, con la radio encendida, que tuve la genial idea de comparar las voces de los locutores de otros comerciales. Escuchaba cada uno de los que pasaban y acto seguido, reproducía el comercial que había hecho. Sin saberlo, a ciencia cierta, estaba haciendo un estudio de mercado y comparando el producto de la competencia. Me preguntaba: «Si yo fuera un radioescucha y programaran este comercial después del mío, ¿qué diría?, ¿es bueno?, ¿es malo?, ¿está más o menos?».

Muchos de ustedes estarán diciendo, ¡qué manía la de este tipo!, ¡qué forma de torturarse y no disfrutar del momento! Es un análisis válido, pero a lo largo del tiempo —y después de ese comercial de radio—, cada día que ha pasado, he seguido haciendo lo mismo. Y es que descubrí que la autocrítica es una de las mejores herramientas que existen para uno superarse y superar a los que en el mismo camino intentan ser el número uno. Es una disciplina que se debe mantener activa. El día que creas que eres el mejor y que eres único (en lo que sea que hagas), ese día terminó tu carrera y no te darás cuenta, solo te enterarás de que estabas mal cuando te pase por el lado y te diga adiós has sido superado. Para algunas personas que conozco (y otras que he conocido), esta práctica les resulta rígida e innecesaria, un tanto militarizada. Me han dicho, «siempre va a ver algo que esté mal, siempre habrá algo que pudimos haber hecho mejor». Pero ¿por qué no disfrutar el logro en lugar de ser tan severo con uno mismo? Solo tendría una respuesta para ustedes, creo que la mayoría piensa así, y yo no quería ni quiero ser como la mayoría. Así que trataré siempre de ser el crítico más punzante y agudo sobre mi trabajo.

Recuerdo que al llegar a casa no hice ni siquiera una manifestación de celebración por lo que había pasado. Me limité a decirles a mis padres: «Ya salió el comercial al aire, lo acabo de oír. Ahí les encargo, si lo oyen, que me digan qué les parece». Pero eso sí, la satisfacción enorme que sentía por lo que había pasado me la llevé a la almohada y la disfruté tanto como aquel adolescente que vive un sueño húmedo por primera vez, claro, sin la connotación sexual, ¿no? No piensen que soy un enfermo, pero sí con la intensidad equiparable.

Al día siguiente, salí preparado y ansioso por escuchar las críticas y comentarios de algunos de mis conocidos y de mis amigos. Si tenía suerte, ya alguien lo habría escuchado y —como era costumbre— se habría corrido la voz, al menos entre mis colegas, debido al valor que podría tener para cualquiera de nosotros el poder participar de la vida profesional. Pero con toda esa expectativa, al llegar, busqué rostros y saludé con la prudente pausa, para dar opción al tan esperado comentario... y nada. Nadie me decía nada. ¿Qué pasaba? De seguro no lo habían escuchado, tan solo llevaba dos días sonando. O sería que había sido tan común y corriente que pasaba desapercibido. Otra vez la tortura o —en mi concepto— la alerta de lo que podría ser. Después de todo, no era nada extraordinario, y seguramente todos tendrían mejores cosas que escuchar y que ver, en lugar de estar pendiente de los comerciales que se transmiten en la radio. Así pasé el día en espera de..., pero nada. Al azar y en mi desespero por recibir algún tipo de retroalimentación, me acerqué a Víctor para preguntarle directamente a él qué le había parecido y cómo lo había escuchado. Y con una sonrisa acompañó su respuesta, como dándose cuenta del valor que tenía para mí ese pequeño paso hacia mi futuro, por lo que me contestó:

—Bien, me gustó. Creo que para ser el primero está bien.

¡Lo dicho!, «para ser el primero está bien». Lo sabía. Me había faltado ese algo para ser diferente, para destacar de los demás, para quedarme grabado en la memoria de la gente y provocar un comentario, una reacción. Esa era la diferencia. Lo tenía claro y esa era mi traducción de lo que Víctor me había dicho, quien, dicho sea de paso, no se caracterizaba por ser muy sutil, más bien era duro y muy crítico con nuestros trabajos. Además, no se cansaba de llevarnos hasta el extremo y el desespero de impotencia al no lograr los resultados pedidos. Cosa que ahora valoro, entiendo y le debo. Poco a poco nos hicimos muy buenos amigos, aunque la diferencia de edades era considerable; pero yo siempre acostumbraba a tener amigos mayores que yo. Así pasé la mayor parte de mi vida y siempre encontraba cierta afinidad con quienes me llevaban por lo menos cinco años de diferencia, y hasta la fecha no sé por qué. Pero de algo estoy seguro, el tener amigos mayores me ayudó mucho, incluso llegar a ser la mascota de las amigas de mis amigos: esa era la mejor parte.

Víctor me dijo —después de su respuesta— que quería seguir trabajando conmigo en la producción de comerciales, y me pidió que le dejara mis números o alguna dirección donde estuviera localizable para cualquier cosa. «Es más, luego te digo qué día grabamos, porque tengo otros comerciales para ti; y nos ponemos de acuerdo en el billete».

Ese fue el mejor de los premios de consolación que pude haber recibido. Tenía la oportunidad de seguir y de poder perfeccionar todas las cosas que me habían hecho quedar entre los del montón. Pasaron los días, y por ahí aparecieron dos o tres comentarios sin mucha importancia sobre la grabación, algo así como: «Oye ya te oí en la radio, ¡qué buena onda!» o «¿Fernando, grabaste un comercial? Me pareció haberte escuchado». Nada de peso. Ya los mejores críticos habían hablado. Cuando salía con mis padres y se escuchaba por ahí mi voz, solo les decía: «¡Oye, oye, papá, mamá! ¡Ese soy yo, ese soy yo!». Claro, ellos como buenos padres me respondían con todo el positivismo del mundo; aunque también con cierto vacío en cuanto al trabajo, pero no era su culpa. En ese entonces estaba empeñado en que todo el mundo le diera el mismo valor que yo le daba a mis cosas, algo absurdo, pero que en muchas ocasiones me hizo arrancar encolerizado alguna discusión con ellos. Perdón, jefe. Todavía las hormonas me tenían un poco ocupado el cerebro. De ti, madre, no tengo nada que decir. Solo que, hasta la fecha, sigo sin entender de dónde sacaste tanta fuerza para aguantar mi extraña y difícil forma de ser en esa época.

A finales de los ochenta —principios de los noventa— recuerdo que había una gran campaña de radio en la que la voz del locutor era muy característica, tanto que había llamado la atención de muchas personas entre jóvenes y adultos. En mi caso particular, tanto como aquella increíble camada de locutores de la entonces WFM en México: Charo Fernández y Martín Hernández, que, por cierto, muchos años después, en un acto cuando trabajé en la XEW, me presentaron a la gran Charo Fernández como mi jefa. Ella, la que hacía mis delicias en la radio con esa voz grave pero a la vez femenina y seductora y que mostraba a la nueva e independiente mujer de los noventa, era mi jefa. ¡Cómo da vueltas la vida! No cabe duda. Pero bien, volviendo al tema que nos ocupa, aún recuerdo el eslogan utilizado en esa campaña, «Lo vio en la radio». ¿Se acuerdan? Ese que hablaba de un pescado arriba de un avión y que ordenaba a la azafata una copa de vino blanco mientras el locutor decía: «Pescado con vino blanco, imagínese...», o algo así. Pues bien, este personaje no había tenido nunca un programa de radio como tal, ni era nadie a quien hubieran vendido por su imagen, nada de nada, y de pronto acaparó la atención en el mercado radiofónico. Después me enteraría de que el hombre tenía una larga carrera como locutor comercial y haciendo doblajes de películas y documentales. Él fue quien me hizo entender y definir qué se tenía que hacer o qué se necesitaba para lograr brillar entre los millones de locutores y comerciales que existían.

No importaba qué estuviéramos escuchando o hablando en ese momento (al menos entre mis amigos y yo, al igual que con mi madre), al escuchar su voz entre los comerciales, hacíamos silencio para escuchar su nuevo guion. Varias veces vi a mi madre reír a carcajadas con las ocurrencias de esta campaña y las voces interpretadas por este señor. Confieso que nunca me preocupé por investigar su nombre, pero quien quiera que seas, gracias por haberme dejado en claro cuál era la diferencia de una buena producción y una buena locución y, mucho más, por haberte convertido en mi parámetro para medir mi avance y mis capacidades.

Las visitas al edificio de Torres Batiz y Asociados continuaron, y los guiones iban y venían. Víctor me seguía contratando y, para ese entonces, ya era más mi amigo que profesor. Él era el creativo de estas producciones, por cierto, algunas en extremo buenas y distintas.

Finalmente, llegó el día en que una buena noticia me aseguró que el desespero y desgaste de mi garganta estaban dando fruto y que me encontraba en el camino correcto. El anuncio grato de Pedro y Víctor sobre la decisión del dueño de Ac de Música, de que quería que yo fuera la voz oficial de sus comerciales y de que me pagarían más, me daba un empujón para seguir quemando calorías en esa cabina, que ciertos días se sentía como un horno de microondas. ¡¿Qué mejor noticia podía recibir un adolescente pretencioso que quería dejar huella y convertirse en esa particular voz que hiciera callar a los pasajeros de cualquier automóvil para escucharle?! Ese día fue la mejor noticia que recibí y de quienes me habían dado la oportunidad; pero sobre todo habían creído en mí.

Claro que las clases con Pedro seguían cada vez que yo grababa. Para ser sincero, había días en los que hasta se hacían un poco tediosas las horas con este pequeño hombre que me ponía a hacer y a escuchar cualquier cantidad de locuciones. Inventábamos juegos en los que el que saliera perdedor pagaba los refrescos. Supongo que así todos rompíamos el tedio de esos días.

Pedro comenzaba a grabar y yo hacía mi parte. Claro, cada uno cuidando de no cometer un error, como equivocar la intención, el tono o la dicción (en mi caso), y él cuidando de no soltar la pista de música antes de tiempo, haciendo el *fade out* justo en el segundo adecuado y otros menesteres de la operación, que en ese entonces era mucho más complicada. Una consola con dos o tres tornamesas para los discos de acetato, las llaves de cada línea controlando de manera independiente el volumen, más las teclas del carrete abierto. Había que tener concentración y coordinación. De vez en cuando, intercambiábamos papeles para romper la rutina en algún tiempo muerto en el que se tenía que hacer una corrección en el guion. Y eso era un desastre. ¿Se imaginan a un servidor operando todo el equipo sin nada de práctica? Sentía que me faltaba un brazo para alcanzar cada botón a tiempo. Y por el otro lado, Pedro que como maestro era

excelente, pero irónicamente como locutor era una especie de bufón.

Total que la pasábamos bien y matábamos el tiempo en los días en los que Víctor tenía perdida la musa y teníamos que darle el espacio para que su genio creativo decidiera entrar en acción.

Un día, mientras entraba una vez más a esas oficinas, algo pasó que Víctor no había terminado de escribir unos guiones que urgían, por lo que me pidió ayuda. Ese fue el comienzo de una nueva etapa, una que no conocía, la parte del proceso que quería experimentar: el creativo. Me sentó en un banco y me dijo para quién era el comercial y cómo se quería manejar, es decir, definió el perfil de la producción. Me dio una hoja en blanco y me dijo: «A ver qué se te ocurre». ¡Qué terror! Cuando por fin tomé conciencia de lo que estaba pasando y de lo que tenía que hacer, mis manos sudaron y mi pierna derecha empezó a bailotear sin control (es un tic nervioso que hasta la fecha tengo y denota mi nerviosismo).

Una hoja en blanco... ¿Y qué demonios se suponía que yo hiciera con eso? Ni una frasecita para empezar. Sin eslogan tampoco. ¿Qué le pasaba a mi maestro? Yo no estaba listo para eso, por algo él me daba clases. ¿Estaba loco o en verdad confiaba tanto en mí? No había por qué ser pesimista, de seguro era la segunda opción. Después de todo, si alguien sabía de lo que yo era capaz era él, quien me asignaba calificaciones mensuales en el taller de diseño y creatividad. No le podía quedar mal. Así que puse manos a la obra y empecé a escribir cualquier cantidad de tonterías sobre esa hoja de papel, a la que trataba de darle forma y estructura con lo que solo conocía por observación, como un guion de radio. No sé cuánto tiempo habría pasado ni quiénes hayan entrado o salido del lugar, me encontraba en una especie de trance. De vez en cuando, alguna insistente mirada, por parte de algunos de los empleados o de las secretarias de Víctor, lograba distraerme. Cuando mi cabeza estaba por reventar, intentando darle coherencia a todas las incoherencias que había escrito, escuché a lo lejos la voz del maestro que me decía: «Ya, güey, ¿déjame ver que tienes?». Tenía un total de, más o menos, cinco o seis ideas para una compañía de cable. El nombre era «Cable de Tuxtla». Me acuerdo perfectamente del eslogan: «Cable de Tuxtla, un cable sin vueltas». Cuando Víctor lo vio, tomó un marcador —de esos de texto— y lo colocó entre su bigote y sus labios. Luego acomodó sus lentes y con ojos alborotados recorrió las letras de mi escrito, que, según yo, tenían un sentido lógico y creativo, mientras, yo lo observaba al mismo tiempo que me encontraba como estacionado en un estupor que no me permitía salir del trance «creativo». Fue una sensación rara y, que conste, no se hizo uso de ninguna droga enervante mediante el proceso. ¡Gracias a Dios! Si no tal vez hasta ahora seguiría estacionado ahí.

Después de algunos minutos, me dijo: «Me gustan estas tres, pero hay que trabajarlas un poquito más». No podía dejar de ser el maestro, pero igual creo que si hubiese aceptado de la primera cualquiera de mis propuestas, no hubiera hablado muy bien de él, ni de mí tampoco. No podía olvidar que seguía siendo el estudiante. «Pero lo que sí está de poca es el eslogan, ese sí se me hace que lo dejamos así. Espero que le guste a don... "no sé qué"».

Inmediatamente fuimos a donde Pedro, a quien se le consultaba cada vez que se tenía un nuevo guion, para saber su opinión. Al escuchar las ideas, con cara de confusión, le dijo a Víctor: «¡Oye, están buenas! Pero esas no son como las tuyas. ¿Las hiciste tú?». A lo que Víctor, por primera vez, con una mezcla de actitudes entre orgullo y molestia, respondió: «No, las hicimos entre Fernando y yo». En tono de broma, Pedro le respondió: «¡Con razón! ¡Hasta que por fin vamos a grabar algo bueno!». Un breve y tenso silencio se hizo presente, bueno para alivio mío fue roto por una carcajada de Víctor y Pedro casi al unísono. Claro que yo ni tardo ni perezoso me sumé al festejo de la broma. Decidimos la música y nos pusimos manos a la obra. Al final, se grabaron las tres versiones y dos fueron aceptadas y transmitidas en diferentes estaciones de frecuencia modulada.

La intención por parte de Pedro para que aprendiera trucos y entendiera todo el proceso de un anuncio de radio pronto tuvo efecto en mí. Y, a reserva de Carlos Otoniel Vázquez (uno de los destacados de la generación, que también tenía una actividad en el campo profesional, aunque más enfocada a la producción), en cada clase en la que por alguna u otra razón abordábamos la radio, nuestra experiencia aventajaba por mucho a los demás. Y mi voz era conocida por más de una veintena de quienes acudíamos a clases, aunque hasta ese día, sin ninguna anotación particular sobre mi trabajo o el creativo de algún comercial, lo que me hacía recordar cada día que aún no cumplía con mi objetivo y que todavía no era una de esas voces que destacaba entre mil. Tenía que seguir trabajando, y esa vez que Víctor me dio la oportunidad de formar parte del proceso creativo, me di cuenta de que esa era la semilla del éxito para cumplir mi meta. Tendría que ser un guion único, que me permitiera explotar todas las cosas que Pedro me había enseñado. Más de una vez, después de esa grabación —y para ser sincero—, entre Pedro y yo hablábamos de que le hacía falta algo al material publicitario que estaba escribiendo Víctor. No estaba mal, pero no era la gran idea genial del pescado y el vino blanco, misma que festejábamos cada vez que hacíamos alguna grabación chusca para sus amigos o para entretenernos. ¿Cómo podía decirle a Víctor lo que pensaba sin sonar irrespetuoso o altanero? ¿Cómo podía hacerle saber que el alumno ya entendía mucho más de lo que parecía y que quería destacar? Yo no podía hacerlo solo —eso era un hecho— y en ese momento sería un malagradecido si lo hubiera hecho. Fue entonces que Pedro y yo nos pusimos de acuerdo y preparamos una cinta con algunos de los que considerábamos los mejores comerciales de radio que se encontraban en rotación. Invitamos a Víctor a la cabina y mientras charlábamos de cosas intrascendentes alguien dijo: «¿Ya oyeron el nuevo comercial del pescado?». La reacción no se hizo esperar, «No, ¿por qué? ¿Lo tienes ahí, güey? Ponlo para escucharlo». Y con una mirada de complicidad Pedro y yo sonreímos. Nuestra trampa estaba puesta. ¡Qué manera tan sutil de sugerirle a Víctor que debía cambiar su estilo! Que los comerciales de radio ya manejaban otras cosas. Así pasaron los veinte o treinta minutos de cinta que habíamos preparado. Terminó la sesión y al quedarnos Pedro y yo solos nos preguntamos:

—¿Cómo lo viste? ¿Crees que se vio muy obvio?

—No, yo creo que ni cuenta se dio el güey.

—Pues más vale que sí, a ver si así ya le cambia.

Nos reímos y nos despedimos de una noche más de cabina, guiones y charla; pero ahora ya no con lecciones para mí, esta en particular había sido la noche en la que, sin saberlo, Víctor había sido aleccionado por su alumno y su operador (sin quitarle el crédito a Pedro, que para esas se pintaba solo). Ahora me pregunto, ¿cuántas veces me lo habrán hecho a mí? ¡Desgraciados, ja, ja, ja...!

No importa, gracias por todas esas veces.

EL POLLÍSIMO

Días después... una llamada. Era Víctor, «Nos vemos a las once en la oficina que te tengo un comercial nuevo y está buenísimo». A las once estaba listo en la cabina con Pedro tratando de adivinar de qué se trataba. Todo había sido muy precipitado, a diferencia de otras veces. Como que era muy misterioso y, en esta ocasión, ni siquiera él sabía para quién era el trabajo ni qué se anunciaría. Teníamos nuestras sospechas y estábamos casi seguros de que llegaría con una idea refrescante, después de la clase que le habíamos dado.

Veinte minutos después, apareció el misterioso Víctor. Entró y lo primero que hizo fue levantar el papel que tenía en la mano diciendo:

—A ver si es cierto que tenemos locutor. Ahora sí, güey, te quiero ver.

Le dije:

—Cálmate, que ya sabes que no puedes conmigo, hombre. Ponme lo que quieras.

—¿Seguro?

—Segurísimo.

Y entonces, sin dejarme ver el guion, se lo dio a Pedro, quien lo leyó y soltó una carcajada que me puso por demás nervioso. Si Pedro se estaba riendo, eso solo podía indicar que disfrutaba de antemano el reto que se avecinaba para mí. Sabía que sería una sesión interesante, en la que por fin, me tendría a su merced para llevarme al extremo de mis capacidades. Pero la oferta era tan tentadora que no me enseñaron el guion sin antes preguntar cuál sería la apuesta esta vez. Nada tontos. Esta vez estaba seguro de que se trataba de un buen trabajo.

—¿No que muy fregón? —me preguntaron—. Ándale a ver.

Mi orgullo estaba de por medio, así que no me quedaba de otra. Mi respuesta fue segura, «Lo que quieran». Al final quedó fijado: refrescos para todos por toda una semana, y ¡vaya que bebíamos refrescos!

Con el calor que hacía en Tuxtla Gutiérrez y en ese estudio de grabación sin aire acondicionado, donde la humedad se filtraba por todos lados y terminaba siendo un baño de vapor, ya lo creo que era una muy buena apuesta.

Listo, ahora solo tendría que ver de qué se trataba. Así que tomé el guion entre mis manos y lo leí. No parecía nada del otro mundo. De hecho, creo que en su momento me decepcioné un poco, «¿en dónde está la idea genial?». Solo se trataba de un guion en el que un director de escena se disponía a filmar un comercial de pollo rostizado y mientras coordinaba a su equipo para instalar las luces y la escenografía, así como el sonido y otras cosas propias de la producción, cada uno de los empleados se acercaba al pollo y le robaba una parte para comérsela: la pierna, el muslo, el ala... Hasta que al final, cuando ya todo estaba listo para rodar, lo único que no estaba era el pollo. Y como cierre —que, por cierto, también era el eslogan—, el director de escena, al darse cuenta de que se lo habían comido, preguntaba: «¡Ay!, ¿y el pollo?». Respondiéndose a sí mismo, «pollísimo». Como pueden ver, nada del otro mundo. Cualquiera lo podría grabar, ¿no es así? Así que les hice saber mi gran decepción a ambos. «¿Pensaban que con eso iba yo a tener problemas? ¡Por favor!» Les aseguré que ya habían perdido la apuesta. Ambos se voltearon y rieron un poco. Entonces Víctor, con una sonrisa burlona, me dijo:

—Solo hay un pequeño detalle.

—¿Cuál es el detalle?

Hubo una breve pausa, como cuando alguien disfruta de algún manjar. Y se asomó una nueva sonrisita entre ambos. Entonces Víctor respondió:

—Solo que el director de escena es afeminado —y soltaron la carcajada.

—¿Cómo? —pregunté.

—Sí. Que el director de escena es afeminado —repitió.

—Eso quiere decir que...

—Claro que tienes que hacer la locución con tono jocoso y caricaturizando al personaje.

Todo esto seguido de una serie de carcajadas que ahora mismo podría asegurar que escucho, y es que a mí también me provocó mucha risa; pero era serio el asunto y tenía que estar listo para ese mismo día. Además,

Víctor me advirtió que él se quedaría ahí para supervisar la grabación (entiéndase, para poder burlarse mejor de mí). Tragué saliva y pensé, «Ni modo, este podría ser el comercial que me saque del anonimato y me haga ser una de esas voces que marcan la diferencia; y, por consiguiente, sería el comercial que llevaría a Víctor a tener un mejor *demo tape* de las producciones que había hecho. Y para Pedro, una más de las buenas anécdotas que tendría en su repertorio para contar, y, claro, la prueba de fuego de su pollo, aquel que quería cantar con toda gallardía. Su creación estaría por nacer.

Lo leí más de quince o veinte veces en mi mente, tratando de imaginar cómo sería la voz caricaturizada de ese director afeminado, antes de emitir algún sonido. Claro que mientras yo trataba de ubicarme en el plano profesional, Víctor no dejaba de presionarme y preguntarme cómo lo haría, cuál sería la voz. Hasta que me armé de valor y cuando estaba por hacer la primera prueba —con cara muy seria—, Pedro me dijo que esperara un poco, que respirara y que no importara quién estuviera ahí, tenía que concentrarme. Y que no olvidara que tenía que sentir lo que estaba por leer para que —como siempre— fuera creíble al ser escuchado, que si no lo creía yo nadie lo haría. Y me aclaró que hablaba en serio. «Fuera de desmadre, tú sabes que te lo digo en serio». Y claro que lo decía en serio. Pero ¿cómo podía yo sentir la caricatura de un director de escena afeminado? Sin ofender a nadie y sin ningún sentido homofóbico, pero es que para un heterosexual como yo era muy difícil pensar en cómo sería, al menos mi actitud fonética. Después de todas las recomendaciones y mi esfuerzo mental por sentir lo que ahí estaba escrito, hice mi primer intento. ¡Qué cantidad de risas salieron de esa cabina cuando finalicé el guion! Todos éramos una bola de idiotas riéndonos sin parar y sin poder coordinar una sola palabra que no se cortara por las grandes bocanadas de aire que cogíamos para no ahogarnos de la risa. Segundo intento, lo mismo. Pero al menos sentía que estaba rompiendo el hielo y me empezaba a soltar. Mi voz se volvía más flexible, mi cuerpo se relajaba dejando entrar mejor el aire a mis pulmones. ¡Vaya prueba la que me había tocado! Al menos estaba entre amigos y tenía su apoyo. Cosa que en primera instancia pareciera una ventaja; pero conforme las horas pasaban me presionaba más, y es que no podía fallarles. Ellos me habían enseñado, me habían cuidado, me habían hecho entender y aprender tantas cosas, que defraudarlos sería defraudarme a mí. Si hubieran sido un par de desconocidos, tal vez hubiera sido fácil decirles que yo no grababa ese tipo de guiones, dar media vuelta y sugerirles que consiguieran a alguien más. Pero era imposible que a ellos yo les hiciera algo así, se los debía. Y quería demostrarles que su paciencia y dedicación valían cada segundo de las horas que habían pasado conmigo. Que su Frankenstein tenía vida y ellos eran los creadores. No tenía salida, no al menos si quería corresponderles y si también quería hacer algo diferente que me destacara en la radio comercial.

Cada intento, cada ensayo estuvo siempre siempre acompañado de risas y bromas, hasta que el cansancio empezó a invadirnos y el tiempo a agotarse. Para ese entonces, la cabina —que tenía un vidrio que separaba las oficinas del estudio de grabación y permitía mirar hacia adentro— se encontraba llena de los empleados que habían terminado su turno y que, al escuchar la voz caricaturizada del director, decidían quedarse para reír un rato del espectáculo que yo estaba dando. ¡Gracias a Dios pasó eso! Así la tensión se volvió a disipar y nos dio un segundo aire en la tenaz tarea. Así que con todo y público grababa y escuchábamos haciendo cualquier clase de observaciones. Por fin, en una de tantas, Pedro se quedó callado y luego me dijo:

—Ya casi lo tienes, pero todavía no te lo crees.

¡Obvio! ¡Qué no podía entender que era imposible que yo creyera, porque no sabía cómo era!

—Escúchame —me dijo—. Creo que lo que tienes que hacer es actuarlo. Muévete como si fueras afeminado: las manos, el cuerpo... todo. Imagínate que lo eres.

A lo que respondí:

—¿Estás loco? Como si no te conociera. Lo que quieres es que lo haga para que se puedan burlar más de mí, ¿no? Y luego con esa bola de metiches juras que lo voy a hacer.

Entonces Pedro muy serio y a la vez solidario dijo:

—¿Confías en mí?

—Sí —le dije.

—Entonces, hazme caso y vas a ver. Olvídate de toda esa bola de cabrones: solo tú y el micrófono, ¿ok?

Molesto y no muy convencido accedí. Pedro miró a Víctor y le dijo:

—Esta es la buena, ya vas a ver.

No he logrado entender todavía qué fue lo que pasó en ese momento, pero es algo que hasta la fecha me sigue ocurriendo: en efecto, de pronto no había nadie, solo el micrófono y yo. Ahí estaba locutando el texto y actuándolo al mismo tiempo. Me vivía cada palabra, sabía lo que estaba diciendo y cómo lo estaba diciendo. Era como estar hablando sin ningún cuidado, así como hablamos comúnmente en cualquier plática. Descubrí la fuerza de la concentración y cuando finalicé, las risas se oían por todos lados. Los empleados que estaban detrás del vidrio no paraban de reír y comentar. Pedro, por el contrario, se levantó con una cara de orgullo y una sonrisa de satisfacción que me hicieron saber que lo había logrado. Y después de mirarme a los ojos desde su consola, se volteó hacia Víctor y hacia los empleados que estaban detrás del vidrio y dijo: «Ahora sí, se acabó el *show*. Esta fue la buena». Algunos chiflaron, otros se rieron y algunos más dejaron oír pequeños aplausos en reconocimiento a mi esfuerzo. Bueno, eso espero.

Víctor se acercó y me dio su mano junto a un abrazo de esos de amigos y diciéndome, «Bien. Ahora sí me cae que te la sacaste. Yo pago los refrescos y hasta los tacos». Eso fue suficiente. No necesitaba nada más. Pedro y yo solo nos miramos a los ojos de un lado al otro de la cabina y con una sonrisa me hizo saber que estaba satisfecho; aunque, esa vez, su mirada tenía algo especial y después me enteraría del porqué.

Tomó varias horas —calculo unas cuatro— lograr terminar este comercial. Estaba listo para ser entregado y transmitido al aire. Yo, visiblemente sudado por el esfuerzo y con la boca un poco pastosa, veía cómo Pedro añadía los últimos efectos de sonido y armaba el *reel* para las emisoras de radio. Esa vez, a diferencia de otras, quizá por el esfuerzo y las horas que habíamos pasado trabajando, Víctor me pidió que lo acompañara y de paso me llevaba hasta mi casa. Sin más, le dije que me parecía muy buena idea y lo acompañé.

Fuimos a una estación de radio de frecuencia modulada. Esa fue la primera vez que tuve contacto con Anabel y su hermana la Polla (así le decían, todavía no sé por qué). Víctor me presentó y les dije que yo era la voz de muchos de sus comerciales, los de Ac de Música. Ellas me saludaron y muy amablemente me hicieron saber que, en efecto, ya me habían escuchado y que les parecía bueno mi trabajo. Era una de esas veces en las que todos son corteses y al mismo tiempo están pensando en mil cosas, se les notaba. Por mi parte, me limité a observar lo más que pude las oficinas y el entorno en general, pero tampoco estaba muy concentrado en lo que pasaba. Víctor entregó rápido el material para que se pautara y saliera —de ser posible— ese mismo día al aire. Nos despedimos y después de dos estaciones, en las que yo ni siquiera me bajé del auto, nos fuimos de camino a mi casa.

Durante el viaje, Víctor me preguntó si quería unos tacos. Le dije que sí y bajamos a comer algunos acompañados de un buen pozol (que no tiene nada que ver con el pozole, es una bebida fría, hecha con cacao y maíz sumamente refrescante y deliciosa). Comentamos algunas de las cosas que habían pasado esa tarde y nos hicimos saber, el uno al otro, lo bien que nos sentíamos por el trabajo realizado. Ese día tenía algo especial: ambos sabíamos que ese comercial en particular nos llevaría a otros niveles. Nunca lo mencionamos, pero se sentía en el ambiente y existía ese temor de que la vida y sus caprichos se empeñaran en separar a ese equipo que finalmente había logrado algo que destacara. La suerte estaba echada y nosotros esperábamos la primera emisión de ese «pollísimo» comercial.

No tuvieron que pasar muchos días —no recuerdo si fueron dos o tres— para que pudiéramos escuchar nuestra creación al aire en algunas de las estaciones de radio. Fue así, mientras iba manejando el Vocho rumbo a algún lugar y después de haber escuchado más de un centenar de comerciales de radio, de entre los cuales algunos destacaban positivamente y otros negativamente pero igual se diferenciaban. Y es que eran tan malos, pero tan malos que a uno se les quedan grabados. Quienes se dedican a la mercadotecnia dicen que, en muchas ocasiones, estas raquíticas y penosas producciones son hechas así a propósito. Se piensan mal y se hacen mal para que a la gente —por molestia— se les queden grabados.

¡Y vaya que logran su objetivo! ¿Nunca les ha pasado que odian un comercial, pero cada vez que hablan de él lo recuerdan con el mismo detalle y hasta se vuelve tema de conversación en alguna comida familiar o entre cervezas con los amigos? Seguro que sí, pero ese no era nuestro objetivo, ¡gracias a Dios!

Teníamos la esperanza de que nuestra producción destacara positivamente. De seguro no ganaríamos ningún premio por creatividad o por excelencia; pero tampoco se trataba de eso. Así que después de aguantarme una cantidad insuperable de anuncios —como nunca antes lo había hecho—, escuché por ahí una melodía que me parecía conocida. Irresponsablemente, quité los ojos del camino y me apresuré a subir el volumen al máximo del intento de equipo de sonido, que orgullosamente ostentaba dentro del carro, y con el cuidado suficiente para no zafarle la perilla. Me olvidé del mundo por treinta segundos y me dispuse a disfrutar de lo que tanto trabajo nos había costado.

Corrió el comercial y efectivamente se trataba del nuestro. No había fallado al reconocer la melodía inicial. Solo un par de segundos después, la voz que caricaturizaba al director de escena afeminado entraba al aire: ese era yo. Estaba maravillado de no haber sido yo quien grabara ese comercial. Sería imposible reconocer mi voz, en pocas palabras, me escuchaba y no me lo creía. ¡Qué buen trabajo de voz y qué buena idea para un comercial de radio en esa época! Fuera los egos, y se los digo a ustedes: a Víctor y a Pedro (que espero que estén leyendo este libro), la verdad nos quedó genial, supremo. Era algo sumamente bien logrado y muy profesional. Lo escuché de principio a fin y lo disfruté muchísimo. Fue vigorizante, refrescante, un elixir de sanación. Por primera vez —y miren que han sido pocas en mi vida— estaba totalmente satisfecho con el resultado y sabía que ahora mi voz sí sería una de entre un millón. Estaba seguro de que se comentaría al menos un poco sobre esa grabación y que, por fin, más de uno me diría con los ojos abiertos, «¿De verdad eres tú? ¡No te lo puedo creer!».

Había valido la pena el esfuerzo, las horas dedicadas y el estrés por el que había pasado —bueno, ¿y qué decir?— y la vergüenza que me provocaba haber actuado la voz caricaturesca de un personaje como ese.

Algunos minutos después, me mantuve practicando mentalmente mi enfermiza y obsesiva rutina de análisis, en la que de principio a fin escuchaba en mi cabeza lo que acababa de salir por la radio. Al mismo tiempo, cada comercial que escuchaba a través de la frecuencia que sintonizaba se convertía en el enemigo a vencer, así que escuchaba cada uno y me preguntaba cuál era mejor. Con toda la objetividad y dureza con la que podía juzgar, pasaron muchos otros comerciales y cada uno iba siendo vencido por el nuestro. Decía para mis adentros: «A este le falta mucho, nos lo llevamos de calle. Este está más o menos. Este de plano es malísimo, no tiene nada que hacer junto a nosotros».

Y así fueron pasando los segundos, mientras manejaba, hasta que ocurrió lo más raro, pero también lo más revelador, sobre el avance que podía haber tenido desde que empecé a trabajar con Pedro y Víctor. Uno de los tantos comerciales que escuché resultó ser el de Ac de Música, uno de los primeros comerciales que había grabado, y aunque no había pasado mucho tiempo, sí había aprendido y avanzado mucho en pocos días. Pero en ese momento, al escucharme en otro comercial y estar comparando, tuve una especie de corto circuito, me sonreí y pensé, «Qué mejor momento para darme cuenta si en efecto he entendido todo lo que me han enseñado». Así que apagué la radio y con un confortable silencio evoqué cada palabra y sonido del primer comercial de Ac de Música y del Pollísimo. Fue muy sano hacerlo y muy grato el darme cuenta del gran avance que había logrado. Pero también me di cuenta de la gran diferencia de contenido creativo. Sin duda alguna, todos habíamos avanzado. Parecía que habían pasado años entre un comercial y otro, cuando en realidad solo había meses de distancia. ¡Qué bien se sentía! Era algo parecido a lo que uno siente después de ganar un partido de fútbol, esa gran quietud y paz interna acompañadas de una enorme certeza de que se sabe lo que se está haciendo, pero sobre todo que se tiene con qué hacerlo.

El comercial del pollo marcaba un importante momento en mi vida profesional y en mi vida personal: un apetito enorme por crecer y por repetir esas sensaciones de triunfo y desarrollo, además de cualidades extraordinarias que no podrían ser repetidas por muchos y que se convirtieron en parte de mi forma de vivir y de percibir mi entorno. Eran también los medidores que me alertaban sobre la mediocridad y me dejaban saber cuándo me acercaba a ella. Era total la repercusión de este momento dentro del «Vocho» y el análisis obsesivo de mi desempeño. Había llegado a otro nivel. El Pollísimo fue fundamental para mi formación.

La primera vez que vi a Víctor después de ese comercial —no está por demás decirlo— pasamos horas hablando sobre lo que habíamos hecho, y no nos cansamos de adularnos durante un par de horas, pero seguía en el ambiente esa extraña tensión de la que antes les había hablado. Como si algo fuera a pasar entre los integrantes del equipo que, además, a esas alturas ya habíamos desarrollado una amistad y compartíamos muchas cosas de nuestros días y de nuestras vidas: problemas personales, consejos, enojos y todos los complicados elementos y situaciones que conforman una amistad. Por lo que era mucho más evidente que algo ocurría. Y es que entre amigos se leen muchas cosas entre líneas y otras más se telegrafían con las actitudes y las formas. Sin embargo, aunque ese día fui directo y cuestioné a Víctor sobre lo que le pasaba, no obtuve ninguna respuesta, pero ambos sabíamos que algo ocurría o estaba por ocurrir. Me atrevería a decir que me quedó muy claro el mensaje: pasaría algo, pero ese no era el momento para decirlo.

Esa misma tarde me pidió que al día siguiente me diera una vuelta por la cabina porque había otros comerciales que teníamos que grabar. Le aseguré que ahí estaría y me dediqué a escuchar los comentarios sobre el comercial del pollo que de pronto se suscitaban entre mis amistades y conocidos. Yo me limitaba a escuchar. Claro, al ser mi voz la de un director afeminado, nadie reconocía al locutor, cosa que me provocaba un orgullo enorme y al mismo tiempo me permitía algunas veces manipular la conversación para llevarla a algún punto en específico sobre el comercial. Pero no solo eso, era una especie de broma interna el darme cuenta de que cada halago que hacían era para mí. Cosa de la que estoy completamente seguro no hubieran hecho conmigo presente bajo otras condiciones. Así que de paso me burlaba un poco de esa envidia profesional que se gesta de manera dramática durante la carrera. La verdad es que también hubo críticas negativas y comentarios sarcásticos y aunque no fueron muchos —aprovechando mi estatus de anónimo— defendía a capa y espada el trabajo escuchado en la radio. ¿Qué más podía hacer? Si de quien hablaban era de mí. Así pasé gran parte del día pensando en el momento justo de confesar que era yo quien había grabado ese comercial. Me imaginaba la cara de esos grandes críticos y analistas de los medios, que tenía por compañeros, cuando les confesara quién era el «pollísimo». ¿Qué dirían? Por lo pronto era consciente de que habría todo tipo de reacciones y eso era más divertido que un viernes en la noche con mis amigos y unas buenas cervezas. Caras de vergüenza, de coraje, de envidia, de dolor..., en fin, un rico surtido y todo para mí. Claro está que para mí, muchas de las personas que opinaron no tenían ni un ápice de validez en sus criterios. Sin embargo, había otros quienes se ostentaban como los grandes publicistas de la generación, a quienes escuché con atención y me sorprendieron. Casi todos ellos ya habían bajado la guardia con respecto al comercial y aunque más de una vez estuve tentado a confesar, me aguanté hasta el último momento del día.

Logré salir de la universidad sin decir una sola palabra y con el placer de saber que me esperaba otro día más para seguir indagando y disfrutando las sabias y expertas opiniones de mis compañeros. Pero antes de que eso ocurriera tenía una cita con Pedro y Víctor para continuar nuestro trabajo y tratar de descubrir el misterio en su actitud. Así que, como ya era costumbre, llegué por la mañana hasta el edificio que se encontraba ubicado en la avenida central y subí cada uno de sus escalones hasta el tercer piso. Por ahí pasé saludando a todos hasta llegar a la cabina de grabación donde ya estaban los dos. Hecho que me pareció muy extraño y es que normalmente después de una charla con Pedro —bien aderezada con un sinnúmero de bromas— teníamos que ir por Víctor para apurarlo y que nos entregara los guiones o presionarlo para que terminara de escribir y sacar las copias correspondientes; pero ese día no fue así. Con cara muy seria y justo a un lado de la puerta de la cabina, Víctor me saludó un poco seco y Pedro solo me dijo su acostumbrado, «¿Qué pasó, güey?». Enseguida y sacando unas cuantas hojas de su portafolio nos dijo: «Güeyes, necesito que graben todos estos comerciales (cuatro o cinco en total) para hoy mismo, porque urgen y, además, hay que terminarlos». Sin más, Pedro se levantó y cerró la puerta de la cabina con Víctor todavía adentro. Sensiblemente nervioso indago, «Bueno ya, güey, dinos ¿qué es lo que te pasa? La cara de Víctor se relajó un poco; estaba esperando la pregunta. No quería disparar sin que antes le pidieran que jalara el gatillo. Suspiró y nos dijo que había renunciado y que solo estaría lo que restaba de esa semana, pero que lo hacía por el bien de todos y porque estaba harto de trabajar para alguien. Quería independizarse y tener su propio negocio. «No se preocupen que vamos a estar bien», así finalizó su discurso. Pedro y yo escuchábamos con atención, y entre el calor de esa cabina y la noticia, yo estaba aturdido, completamente confundido, Pedro, por el contrario, con esa cara que le conocí desde el primer día, sin expresión y dura, cuestionó a Víctor de mil maneras con preguntas como: «¿Con qué equipos vas a trabajar? ¿En dónde vas a tener tus oficinas? ¿Qué va a pasar con los clientes que tenemos?». Mientras yo me preguntaba, «Y ahora, ¿qué voy a hacer? ¿Con quién voy a grabar? ¿Seguiré haciendo comerciales de radio? Y Pedro, ¿qué va a pasar con Pedro?». Una a una las preguntas se fueron respondiendo: el equipo se lo había comprado al señor Torres Batiz y armaría un estudio de grabación improvisado en el que seguirían grabando todos los comerciales de los clientes que ya tenían, que, aunque eran de Torres Batiz, él haría la maquila y le cobraría por el trabajo a Batiz, quien a su vez les cobraría a sus clientes. Además, trabajaría el área de diseño gráfico, que era lo que había estudiado en la ciudad de México. Su asociada sería su hermana Leonor Rendón (también diseñadora y maestra mía). Una mujer que, sin duda alguna, era todo un personaje: alta —pero muy alta—, casi del tamaño de un jugador de básquetbol, desgarbada, con lentes de fondo de botella, pero como persona era la «Mujer Maravilla»: agradabilísima, culta, amigable y excelente oyente y consejera. Como le agradezco y la quiero por todos esos consejos que hasta la fecha aplico, pero que son de ella y prometo guardarlos, como debe ser. Pues bien, ella sería su socia y mano derecha: un negocio de familia. Sin duda alguna, Víctor supo sacarle provecho a esta decisión y asegurarse un trabajo aun con su antiguo empleador. Pero ¿qué pasaría con Pedro si el equipo ya no estaría más en esa entrañable cabina? Ese equipo que prácticamente le pertenecía, con tantos años de relación:

ASOCIADOS, S. A. DE C. V.

TUXTLA GUTIERREZ, CHIAPAS A 3 DE MAYO DE 1993.

A QUIEN CORRESPONDA
PRESENTE.

ME DIRIJO A USTED(S) POR MEDIO DE LA PRESENTE Y A PETICION
DEL INTERESADO, PARA CONSTATAR LA GRAN CAPACIDAD PROFESIONAL
DEL SR. FERNANDO LOPEZ DEL RINCON Y RECOMENDARLO AMPLIAMENTE
COMO UNA PERSONA RESPONSABLE Y DE ALTA MORAL, YA QUE TENGO
EL GUSTO DE CONOCERLO DESDE HACE MAS DE CINCO AÑOS, COMO
DISEÑADOR DESDE HACE DOS, COMO UN BRILLANTE COLABORADOR DEL
DEPARTAMENTO DE DISEÑO Y PUBLICIDAD DE ESTA EMPRESA.

ATENTAMENTE

LIC. ENRIQUE B. TORRES BATIZ.
DIRECTOR GENERAL

AV. CENTRAL PTE 645-1 TUXTLA GUTIERREZ, CHIAPAS C. P. 29000 TELS. 340-95 341-84

En sus inicios, Fernando, también destacó como diseñador y publicista,
por lo cual recibió un reconocimiento, 1993.

arreglándolo, con la forma de sus dedos marcada en cada tecla, acostumbrado a sus velocidades y sus cuidados. ¡Qué terrible cuadro! No lo puedo negar, me dolía. Mi maestro en la praxis estaba desarmado y no podía hacer nada y yo tampoco. ¿Cómo devolverle su vida? Y es que esa era su vida: grabar, apretar teclas, crear efectos especiales, descubrir la madera de quienes como yo llegábamos un día hasta su cabina. ¡Demonios! Entendía a Víctor, pero no era justo para Pedro; sin embargo, tampoco sería justo para Víctor desaprovechar esa oportunidad. Así que sin mayor reparo, después de escuchar la sesión de preguntas y respuestas entre ambos, disparé: «¿Víctor, y qué onda?, ¿qué va a pasar con Pedro? ¡Vaya pregunta! Mucha tensión... tanta que podía cortarse con un cuchillo. Un suspiro y una mirada de preocupación: esa fue la reacción de Víctor. Pedro, por su parte, como buen guerrero maya, solo mantuvo la mirada fija en un punto, sin mostrar sentimientos en su rostro, aun cuando era una lanza española la que se clavaba en su corazón. Él sabía tener dignidad y sabía quién era, que era capaz de hacer lo que se le antojara solo con una voz, una pista y su equipo. Así se mantuvo mientras el silencio duró. Sé que yo había puesto a Víctor en una posición incómoda con mi pregunta y que lo había expuesto ante Pedro, pero era lo menos que podía hacer por mi maestro. No es que Víctor fuera cruel, ni es mi intención que parezca así, era totalmente válido lo que hacía; pero al mismo tiempo, en aquel momento, pensaba que el equilibrio justo era, cuando menos, tomar en cuenta a nuestro operador. La respuesta fue simple, con toda la intención y el esfuerzo de parte de Víctor, para buscar tranquilizar a Pedro y hacerle saber su agradecimiento (al menos así lo entendí y lo sigo creyendo), le dijo: «Mira, yo no voy a poder pagarte un sueldo como te lo pagan aquí, o sea no puedo pagarte un sueldo quincenal; pero claro que vamos a seguir trabajando juntos... si tú quieres. Lo que haríamos sería que te pagaría a destajo, es decir, por cada comercial grabado yo te doy un billete o si prefieres por hora. Pero tampoco te vayas a pasar de listo». Esa fue la respuesta de Víctor. Mis ojos buscaron los de Pedro para hacerle sentir que era una buena oferta y con la esperanza (infantil, por cierto) de que él dijera que sí. Nuestras miradas se cruzaron y antes de que él emitiera sonido alguno, sabía que mi maestro no estaba de acuerdo y no cedería a la oferta, aunque fuera su última opción. No era necesario escucharlo. Ya me lo había dicho todo, pero para Víctor había otra versión. Pedro le respondió: «No te preocupes, güey. Luego vemos cómo le hacemos. ¡Felicidades! Fue lo mejor que pudiste hacer y gracias por tomarme en cuenta». Esa fue su última lección. ¡Qué humildad! Sin reclamos y con una felicitación cerraba el capítulo. Felicitaba al que en su momento lo había llenado de trabajo y en minutos se lo había quitado y, por si fuera poco, le agradecía que lo tomara en cuenta. ¡Qué poca madre! Esto le hubiera dicho yo: «Me quitas mi equipo, mi trabajo, haces que se desvanezca mi plaza y encima me quieres pagar a destajo». Pero nunca lo dije. Guardamos silencio y, con emociones contenidas, nos pusimos a trabajar. Ese día, créanlo, fue el más difícil de todos los días que grabé en ese lugar con ese hombre. Un nudo en mi garganta estaba siempre presente: entre cada sílaba, entre cada palabra, en cada frase... ¡Qué difícil hacer una voz que transmitiera felicidad sin sentirme feliz! ¡Qué dolor! ¡Qué hipócrita situación! Y como siempre, Pedro se dio cuenta. Solo tuvo que recordarme el ejercicio de concentración: de pensar en el micrófono y yo, para que hiciera un esfuerzo y en su honor diera lo mejor de mí. Son cosas que nunca se dijeron; pero se hicieron y él lo sabe.

Ese día todo fue en nombre de la dignidad y de demostrar que había preparado a un guerrero. Acabamos las grabaciones y me quedé con él hasta que terminó la posproducción del último de los comerciales. No hubo muchas palabras. Intenté decirle algo, pero solo alcancé a pronunciar:

—Pedro... —e inmediatamente me interrumpió.

—Tranquilo, güey. No pasa nada. Hay que seguir «chingándole» (trabajando). Nos va a ir bien, vas a ver. Víctor es bueno. Pégatele y te va a ir bien. Nada más que no se te olvide todo lo que platicamos.

No sabía qué decir. Estaba devastado por la noticia, no por mí, pero sí por mi mentor y maestro. Caminamos hasta la puerta de entrada, después de bajar lentamente cada uno de los escalones del edificio, y sin emociones positivas (como tantas veces las hubo en ese recorrido) llegamos a la calle ya de noche. Solo me dio la mano y un abrazo de esos de amigos:

fuerte y corto, con una pequeña palmada en la espalda. Luego me dijo: «No la cagues, ¿*ok*?». Ese día caminé lento hacia mi casa con mucho dolor e incertidumbre. Mi único maestro y guía se había ido. Lo que seguía no sería fácil.

Fachada del primer departamento de Fernando en Tuxtla Gutiérrez,
Chiapas en la quinta avenida, 1990.

UNA CARRERA DE RESISTENCIA

Pasaron los días y, ocasionalmente, mi recorrido me llevaba a pasar por el edificio de Torres Batiz y Asociados. En más de una ocasión me paré al frente de este y con un gran suspiro recordaba todas las cosas que habían pasado en esa cabina y me preguntaba si Pedro estaría ahí. Nunca me atreví a subir de nuevo por esas escaleras y esclarecer mis dudas. De seguro habrá quien piense que fui un mal amigo o un malagradecido, pero no era así. El terror que me provocaba tener que enfrentar la escena de un estudio de grabación vacío, sin equipo y sin Pedro me torturaba demasiado. Después de todo, ¿qué podía hacer yo? Si a veces no tenía ni un centavo ni para usar el transporte público. Cada día evité pensar en eso y mi valor no fue tan grande como para hacer lo que para muchos seguramente hubiese sido lo más correcto: subir y saludar. Después de todo, tal vez, Pedro estaría ahí, pero no quise correr ese riesgo. La escena de la última vez, que salí de ese lugar y los recuerdos que almacenaba en mi memoria eran muy gratos y muy positivos. Preferí dejarlos así para siempre. Algunas veces esperé afuera —más o menos a la hora en la que acostumbraba a salir Pedro— para saludarlo; pero después de un par de veces de no verlo salir dejé de hacerlo.

De ahí en adelante las cosas serían muy diferentes. En esa época mis padres me darían la noticia de que regresarían a vivir a la ciudad de México. Terrible noticia para mí, y es que esto se daba justo en el momento en el que empezaba a hacer algo con mi vida, y, además, entendía qué era lo que quería hacer. Sin embargo, todavía no era nadie de peso a nivel profesional y el dinero que me generaba hasta ese momento el oficio de locutor, conductor o creativo no era para nada suficiente como para poder salir adelante solo en Tuxtla Gutiérrez, Chiapas. Así que la noticia me caía como una cubeta de agua fría. Me quedaba y seguía intentando hacerme de un nombre en un lugar en el que la competencia no era tan fuerte o me iba a la ciudad de México con lo poco que había aprendido y enfrentaba la encarnizada lucha de la ciudad más grande del mundo, en donde, seguramente, habría muchos más preparados que yo. Siendo objetivo, era prácticamente un suicidio mudarme al Distrito Federal y tratar de hacer algo con la poca experiencia con la que contaba hasta esos días; además del gran respeto y miedo que despertaban en mí la velocidad y aceleración de la vida en la capital del país. Con todo el dolor de mi corazón y con el pretexto de continuar estudiando, hablé con mis padres y –aunque no muy convencidos– decidimos que lo mejor era quedarme en Tuxtla. Aunque mis verdaderas intenciones eran otras que iban más allá de continuar en la universidad estudiando; pero eso solo lo sabía yo.

Debido a sus duros comienzos, Fernando tuvo que compartir este departamento con primos y amigos, 1990.

Con el apoyo de mi papá encontré un departamento en la quinta avenida y juntos mudamos algunas de las cosas que podían ayudarme a tener lo más parecido a un hogar; aunque solo fuera en realidad un departamento de soltero con lo indispensable. Y así, en una tarde un tanto calurosa y con un fuerte dolor en el pecho, de esos que no te dejan respirar y que te hacen sentir que alguna parte de tus adentros está siendo destrozada, vi partir a mis padres y hermanos; pero esa vez, al igual que otras anteriores, aguanté mis lágrimas y traté de mostrarme fresco y seguro. Es más, quise aparentar que estaba feliz porque era una buena oportunidad para salir adelante y demostrarme que podía hacerlo solo. En realidad, me moría de la tristeza de perderme esas horas de peleas con mis hermanos: Jorge Arturo y Alejandro, además de bromas familiares o de complicidades —que, por cierto, teníamos muchas—. Gracias a los dos por todas las veces que me hicieron la noche diferente, mientras trabajaba más de doce horas en algún proyecto universitario, de esos que ameritaba un bote de aspirinas, café y coca cola para no dormir. Todo eso que es la familia para la mayoría de nosotros, ya no formaría parte de mis noches; y ahora tendría que ser el hombrecito que de alguna u otra forma solucionara y enfrentara sus problemas solo: sin el manto protector de mi padre, mi madre o mis hermanos. Ahora acepto que lloré y grité y me enojé tanto como mi frustración me lo permitió, pocas horas después de que mis padres dejaran las tierras del sureste mexicano. Y es que de por sí ya todo pintaba difícil; y ahora sería mucho más. ¿Por qué? Pues por necesidad. Ahora lo entiendo, pero en ese entonces los responsables eran otros factores. Así que, con la inseguridad más grande, los temores más terribles y el ánimo no muy fortalecido, acepté mi destino y me mordí un codo para quedarme. Tendría que resistir y mucho: nunca imaginé que tanto.

Agotado por la emoción y el vacío de verlos partir, me quedé sentado entre la humedad y el calor en la acera frente a la que fuera mi casa, con mis primeros respiros en solitario y con una de las más grandes incertidumbres que recuerdo en mi vida. En ese departamento de la quinta avenida pasaron muchas cosas que no necesariamente tenían que ver con mis experiencias profesionales; sin embargo, algunas de ellas resultaron ser soporte o complicaciones que repercutieron directamente en mi resistencia al duro camino que recorría en aquel entonces. Ahí viví con mi primo Francisco Gárate (Pancho), a quien le tengo un enorme agradecimiento por todas las veces que trató de hacer mi vida más fácil emocionalmente y por tantos intentos por hacer de mí alguien un poco más organizado en sus horarios y hábitos. Sé que el resultado en ese momento no era el que tú esperabas, pero el tiempo pasó y la vida se encargó. Ya bastante esfuerzo hacía yo por mantenerme entero con tantas fragilidades emocionales y psicológicas por las que atravesaba. Sé que tú me entiendes muy bien. Solo quería hacerte saber el gran valor que tuvo para mí haber compartido el mismo techo durante algún tiempo.

Otro de los personajes que decidió compartir vivienda conmigo fue un primo paterno a quien apodábamos Johnny, yo no tomo. Ya se podrán

Residencia de Vicente Libreros, lugar donde muchas noches se refugió Fernando y donde encontró el apoyo de un amigo, luego de separarse de sus padres, 1990.

imaginar por qué. A ti también, gracias por traer algo de diversión y presunción a mi vida. Me la pasé muy bien. Aunque aún no entiendo cómo aguantabas tantas horas viajando. Lo que sí te aseguro es que algo aprendí. Y por último, Luis. Un «amigo» con graves problemas de personalidad. Bien podría escribir una novela de sus aventuras y las cosas que viví a su lado. Todos esos viernes por la noche, en la discoteca, conociendo gente y la vida nocturna, me prepararon mucho para uno de mis empleos posteriores. Ojalá y ya hayas aterrizado un poco más en este planeta.

Cada uno de ellos —con los que conviví y disfruté, pero también discutí y reñí— coincidió en el momento más incierto de mi vida: en el que trataba de encontrar mi identidad personal y profesional, por lo que imagino que no fue nada fácil para ellos convivir conmigo, y es que al final —después de tantos compañeros de departamento— me quedé solo, viviendo conmigo y con mis manías. ¿Qué más explicación? Todos salieron corriendo. Entonces encontré a un hombre que me enseñó la importancia de la resistencia ante los embates más duros de esta vida, su nombre: Vicente Libreros. Y gracias a él pude aguantar algunos años todas las carencias y las malas notas que tendría que pasar en mis trabajos posteriores. Todos siempre atravesamos por esta etapa, solo basta recordarla. Nos quejamos amargamente todo el día del trabajo que tenemos y de las grandes cuentas por pagar. Vivimos a disgusto y nada nos tiene contentos, aun cuando a muchos y muchas los espera una familia en casa: ya sea papá, mamá y hermanos o una pareja y, en otros casos, hasta hijos. Pero claro, eso no es suficiente. El mal humor tiene muchas justificaciones y frases, además de culpables. ¿Cuántas veces han dicho?: «Es que ya no aguanto a mi jefe» o «¡Caramba!, otra vez despierto a las 4 de la mañana». ¿Qué tal? ¿Les suena conocido? ¿A ustedes no? Pues a mí sí. No creo que sea malo aceptarlo. De hecho, todavía las repito varias veces al mes; pero ya no igual que cuando no llegaba ni a los veinte. Ahora son más a la ligera.

Mientras yo continuaba grabando eventualmente para Víctor, en el improvisado estudio que había montado en el departamento de su hermana Leonor, otras muchas cosas entraron en mi vida y me atormentaban de una manera insoportable: las cuentas, ¡claro! Ahora estaba yo solo, y aunque mi padre hacía un esfuerzo por mandarme algo de dinero, la situación no era la mejor para mí ni tampoco para ellos y, además, mi padre tenía la costumbre (para mí pésima en ese entonces, aunque ahora se lo agradezco enormemente) de presionarme para salir adelante solo y aprender a ser independiente. Así que el dinero con el que contaba no me alcanzaba para nada y lo que me pagaba Víctor era en realidad algo simbólico, si se toma en cuenta que estaba viviendo solo y dependía de mí. Por consecuencia, al poco tiempo de quedarme solo, con todos los gastos del departamento y los improvisados muebles que intentaban darle forma al interior: un colchón individual cubierto con una tela y cojines negros que hacía las veces de sala; una mesa que fuera el desayunador de mis padres (bastante usada, por cierto), que ahora era mi comedor y escritorio para hacer los trabajos de la escuela; un televisor blanco y negro de perilla; mi recámara, que era lo único real y decente que tenía; el refrigerador color café que había heredado de mis padres y que hacía un ruido que parecía tener vida propia, y es que cada vez que vibraba prácticamente caminaba por la cocina, más los gastos fijos: luz, agua, gas y demás menesteres como los víveres, era imposible que yo solo pudiera pagar una renta. De verdad que por más que intentaba no podía. Así que poco a poco me fueron cortando cada uno de mis servicios: primero fue la luz. Entonces mi vecino me dejaba colgarme de su servicio eléctrico, aunque solo por los días cuando tenía que trabajar de noche y no tenía luz para leer, escribir o diseñar lo que me encargaban en la universidad. Sacábamos un contacto doble por la ventana de mi casa y lo conectábamos a un tomacorriente de su apartamento y me ponía a trabajar de inmediato hasta que se apagara la luz, que era cuando el amable vecino se iba a dormir, por lo que al día siguiente me levantaba con el primer rayo de luz para continuar lo que había dejado inconcluso. Por más que quise conseguir un compañero de departamento —no sé por qué— nunca lo encontré.

Uno de esos días, en los que después de talonear por diferentes lugares y de haber grabado dos o tres comerciales para Víctor (que, dicho sea de paso, ya no me ilusionaban tanto, gracias a las múltiples presiones que tenía con mi nueva vida y la falta de alimento), intenté dormir temprano para olvidarme de tantos problemas y dolencias; pero una melodía que torturaba mis oídos me lo impidió. Eran casi las doce de la noche y yo llevaba más de dos horas tratando de conciliar el sueño y de bloquear mi sentido auditivo para no escuchar más el equipo de sonido de algún idiota que había repetido más de un centenar de veces la misma canción. La recuerdo perfectamente, sobre todo este verso: «Háblame de ti, bella señora...». Era la canción de Emmanuel. Esa que les gusta a tantas mujeres y que a mí me tenía fastidiado. ¡Era increíble! Esa noche la habría escuchado más de cien veces, mientras daba vueltas en mi cama, y ni siquiera tenía luz para poder competir con el ruido, aunque fuera con el de una grabadora. Hasta que llegó el momento en que sentí la erupción de la bilis en mi estómago y, sin dudar, brinqué de mi colchón para ponerme unos pantalones y una playera y salir a romperle la cara al imbécil que profanaba la quietud de la noche.

Salí por la puerta del departamento que daba a la calle y justo en el segundo piso vi una luz encendida. Acto seguido, escuché la tortuosa música a todo volumen. Cuando estaba por subir las escaleras, apareció la silueta de un hombre flaco y bigotón con un vaso en la mano, sin playera y con un paliacate (bandana) en la cabeza para detener el sudor que lo bañaba por tanto canto y baile. Para mi sorpresa, no solo la música estaba a todo volumen, además, cantaba a todo pulmón parado en el remedo de balcón que formaba la escalera. Por un momento estuve a punto de gritarle; pero su apariencia y su borrachera eran tan *sui generis* que decidí observarlo por unos minutos. ¡Vaya espectáculo del que disfruté! El hombre no solo cantaba, sino que, además, actuaba la canción como si se la cantara a alguien, y al vaciarse su copa, entraba por un momento al apartamento, dejando la puerta abierta, y salía de nuevo con el vaso relleno y con la canción empezando otra vez. Hacía un calor terrible. La humedad era tremenda y yo sin luz ni un ventilador para refrescarme, por lo que el estacionamiento y el espectáculo de ese hombre eran lo más cercano a una sala de televisión en ese momento. Después de todo, no resultó ser tan malo.

Decidí sentarme en el suelo y disfrutar de la interpretación (o ritual) como tratando de descifrar su mente. Permanecí en el suelo, por algunos minutos, mirando hacia el segundo piso, cuando de pronto el hombre me descubrió y sin pensarlo dos veces me invitó a subir y me ofreció un trago. Me sentí un poco confundido, pero no tenía nada más que hacer, así que acepté. ¿Qué podía perder? A pesar del estado etílico en el que se encontraba se presentó muy amablemente. Me dijo: «¿Qué tal? ¡Bienvenido! Soy Vicente Libreros, para servirte. ¿Qué te tomas?». Mi respuesta fue una sonrisa, pero no de burla, más que nada de aceptación. Me había caído bien el tipo. Hice lo prudente y me presenté. Claro, además de decirle qué era lo que quería tomar. Me invitó a pasar y a sentarme mientras me servía el trago detrás de la barra de la cocina. Mis ojos recorrían cada rincón del lugar, que era exactamente igual al mío, aunque con muchos más muebles y, bueno, características de hogar. Al mismo tiempo, disfrutaba del aire acondicionado que tenía y del fresco que secaba poco a poco el sudor de mi frente. Inmediatamente pude notar una fotografía en el centro de la sala que colgaba de la pared. Era una de esas fotos como grisáceas y retocadas en algunas áreas con lápiz de color. Se trataba de una mujer joven que —con una mirada serena y una sonrisa agradable— le robaba la atención al resto de los cuadros, tanto que no recuerdo con claridad ningún otro. Me intrigaba mucho saber de quién se trataba. Pensé que pudiera ser una fotografía de su madre cuando era joven o de su novia o de su esposa; pero no tenía la confianza para preguntarle. Así que cuando él regresó con los tragos, y me dio el mío, yo miré fijamente la fotografía, como buscando provocar el comentario para que me revelara su identidad; pero eso no sucedió. Por el contrario, noté algo extraño en su rostro, como si expresara una especie de invasión a su privacidad, así que evité el tema y empecé a platicar sobre cosas sin importancia. Claro que hablamos de música y de televisión, de cine, de política, de fútbol y de cuantas cosas puedan hablar dos personas que no se conocen.

Pasaron las horas y de madrugada rompimos la barrera de los desconocidos. Nuestra charla se volvió más personal y yo empecé a quejarme amargamente por la situación que atravesaba, argumentando que no tenía madre vivir así: sin luz, sin gas, sin comida, sin muebles decentes y con pocas posibilidades de hacer algo más en ese momento que pagar la renta y bañarme con agua fría todas las mañanas. Que a mis padres les valía por lo que estaba pasando... y otras quejas más. El desahogo hasta algunas lágrimas me sacó. Sin embargo, Vicente, con los ojos rojos, inyectados de tanto alcohol, me miraba con una sonrisa irónica, como si estuviera escuchando un chiste de humor negro, cosa que a mí no me agradó del todo; pero estaba seguro de que tendría una explicación. Con la misma confianza que yo le confesaba mis temores y dolores a un extraño, ese extraño (de la nada, pero con la calidez de un hermano mayor) me dijo firmemente que lo que a mí me pasaba no era nada. Que había que mantenerse firme y continuar. Que todos mis dilemas se podían arreglar. Que había cosas que ya no tenían remedio; y esas sí eran broncas y no jaladas. Un poco serio y bastante extrañado, me quedé callado mientras le daba un sorbo al vaso que tenía enfrente. Después del pequeño discurso, en el que las quejas y dolores que había exteriorizado fueron uno a uno minimizados por Vicente, y cuando estaba a punto de decirle que tal vez tenía razón y que me despedía (por lo incómodo, claro, que me hacían sentir tales comentarios), finalizó con una pregunta:

—Te llamó mucho la atención la fotografía que está colgada ahí en la pared, ¿verdad?

—Sí —le respondí.

—Pues bien, esa es una de las cosas que no tienen remedio y que de verdad duelen. No como las tuyas. Sin embargo, aquí sigo y trabajo y lucho todos los días por seguir adelante. Nunca puedes dejarte caer, hay maderas que se hicieron para construir barcos y otras que solo sirven de adorno. ¿Tú qué madera tienes?

Intrigado y en lugar de responder a la pregunta contesté con otras.

—¿Quién es, tu esposa? ¿Están divorciados?

LA CRUDA REALIDAD

Vicente hizo una breve pausa y suspiró.

—Sí. Es mi esposa, pero te dije que era un caso perdido. Si me hubiera divorciado nada se hubiera perdido.

—Perdón. Entonces... ¿qué? No te entiendo.

Con los ojos vidriosos, esta vez por lágrimas, me dijo en tono entrecortado:

—Hace dos meses falleció. Tenía cáncer de seno y nos dimos cuenta demasiado tarde.

Quedé frío con la respuesta. Sentí como se me iba toda la fuerza de mi cuerpo y mis brazos caían a mis lados; no tenía ni idea de cómo reaccionar ni qué decir. Solo logré perder la mirada entre las cenizas de los cigarros que habíamos fumado toda la noche en un cobarde afán por ganar tiempo y salir de tan brutal confesión con la mejor de las respuestas; pero antes de recobrar la razón y poder estructurar una palabra, Vicente continuó:

—No te lo digo para que pienses: «pobrecito», sino para que te des cuenta de las verdaderas cosas difíciles que hay en la vida, no tonterías como las que todo el mundo piensa que son irreparables o que van a terminar con uno. Estás joven y tienes muchas oportunidades. Claro, habrá que pagar el derecho de piso y muchas jaladas y chingaderas; pero no seas pendejo: aguanta. Si no, ¿qué vas a hacer? Dios no lo quiera el día que se te presente una situación como esta. Todo en esta vida es una carrera de resistencia y el que tiene más condición psicológica y emocional para sobreponerse es el que la va a terminar. Yo lo estoy viviendo y por eso, dos o tres veces a la semana, me pongo mis borracheras para relajarme un poco y cantarle a mi bella señora. La estoy dejando ir y me estoy despidiendo, porque tengo que seguir corriendo en esta vida. ¿Ya entendiste, cabrón?

¡Qué si había entendido! No era más que un pobre muchachito inconforme y exagerado que tenía que quejarse de algo para justificar su falta de capacidad para solucionar las cosas. Todavía suspiro y me intento perdonar por la perspectiva tan estúpida que tenía de la vida y la que defendía como si fuera la verdad absoluta. ¡Vaya lección del flaco! Ese que después se convertiría en un bastión de fortaleza y resistencia en mi vida. Él decía que era mi padre. Yo siempre le seguí la corriente, pero la verdad es que era como el hermano mayor que nunca tuve.

¡Qué noche! Y pensar que yo la iba a desperdiciar durmiendo. ¡Qué silencio se hizo después de las palabras de Vicente! De todos modos, me fui a dormir, pero porque él me mandó a hacerlo. Me dijo que no me perdiera, que nos veíamos en la semana para seguir platicando y que me dejara de ridiculeces. ¡Y vaya que eran tonterías las mías! Esa noche me quedó muy claro.

En la debacle de mi estancia en ese departamento, cada vez, con menos dinero y sin alimentos suficientes para mantener mi energía en un nivel aceptable, era más difícil tener una actitud positiva y tener paciencia, es decir, debido a todos esos factores, era una persona un tanto explosiva e irritable, por lo que el conocer a Vicente me ayudó a mantener un equilibrio aceptable en mi día a día. En el plano laboral, las cosas continuaban en marcha con Víctor y nos iba bien en la producción, sobre todo mi voz era muy bien aceptada y muy solicitada también. Claro que el propio Víctor se encargaba de venderme muy bien con los clientes, y es que la amistad y la forma de trabajar entre los tres (contando a su hermana Leonor) eran muy buenas. Ya no solo me limitaba a grabar, sino que también me habían permitido involucrarme de lleno en la parte creativa, algo que me animaba mucho. Por las noches —al menos tres veces a la semana— Vicente y yo teníamos nuestras largas sesiones de plática y de consejos, críticas, bromas y demás. Me daba gusto verle reconstruirse todos los días: poco a poco saliendo de esa racha depresiva y de las borracheras espantosas. Era un buen ejemplo de resistencia. No sé en qué punto relacioné su situación con el trabajo, o si él me hizo entenderlo así; pero varios años más tarde, ya trabajando para Televisa, el licenciado Jacobo Zabludovsky me lo confirmaría, al decirme que el mejor consejo que podía darme era hacerme saber que esta era una carrera de resistencia y que, en algunas ocasiones, las capacidades no eran tan importantes, sino el saber resistir los embates. Gracias por el consejo, licenciado, pero creo que fue un poco tarde, ya lo había comprobado para cuando usted me lo recordó.

Una tarde de esas, en las que estaba grabando con Víctor y al borde de la retirada, contemplaba y acariciaba muy de cerca la opción de salir corriendo a casa de mis padres y olvidarme de hambres, duchas frías, noches sin energía eléctrica y de nada de diversión con los amigos. Estaba casi con un pie en la ciudad de México. Bueno, uno de esos días en que la arenilla en los ojos te recuerda de forma muy molesta que no dormiste lo suficiente la noche anterior y que el crujido de tus intestinos exige materia prima para procesar y nutrir tu cuerpo, en que los músculos de la espalda y del cuello los tienes como una piedra y la tensión en tu rostro indica que tu límite se encuentra muy cerca de ser rebasado, bueno, ese día me limitaba a leer los guiones, a hacer los cambios que consideraba necesarios y a grabar hasta que quedaran listos, mientras mi cabeza estaba atorada en la toma de esa decisión: ¿qué iba hacer? En un razonamiento lógico e imparcial (de acuerdo con los principios heredados por mi padre), todo estaba muy claro: el dinero no me alcanzaba ni para pagar los gastos fijos del lugar donde vivía. Un poco para comer y ¡olvidémonos de lo demás! Mi panorama profesional no me ofrecía nada más, por ese momento. Solo tenía los comerciales de radio y algún que otro trabajo eventual de diseño. Analizando todos esos factores, lo más cercano a la prudencia, si no quería terminar pidiendo caridad para iniciar mi carrera en los medios o mientras se iniciaba mi carrera en los medios, era regresar a la Ciudad de México con mi familia. Además, todos iban a buscar oportunidades en el Distrito Federal, así que basado en matemática pura y lógica yo estaba haciendo lo contrario al no querer ir al Distrito Federal y optar por buscar una oportunidad en el estado de Chiapas, que no tenía nada de especial en cuanto a medios de comunicación. Es más, apenas tenía algunos, y —para ser franco— muy pobremente desarrollados. ¿No estaba yo al revés? Mientras esas preguntas se agolpaban en mi cabeza y me torturaban, grabábamos un comercial en el que yo hacía la voz de un refrigerador que era acosado sexualmente —si esto es posible— por la señora lavadora y la señora estufa. ¡Háganme el favor! ¿Qué les parece?

Que uno de los días más pesados de tu vida, y con todas esas preocupaciones en tu cabeza, tuvieras que imaginar cómo habla un refrigerador, que, además, es acosado por una estufa y una lavadora, cuando en tu casa ni siquiera tienes luz, y sabes que al terminar de grabar tendrás que ir caminando hasta ella, para poder ahorrar lo poco que tienes. Y luego parar a comer tacos de «cochito» (tacos que se hacen con una especie de cochinita pibil y solo se consiguen en Chiapas, que, además, son baratos y muy ricos) y así, al menos, irte a dormir con el estómago lleno o menos vacío. ¡Hay que tener resistencia! Es ahí donde Pedro y Vicente entraban en mis reflexiones. Pues mientras todo eso pasaba por mi cabeza, terminamos de grabar y Víctor me dijo (de forma muy casual): «Antes de que se me olvide, me habló Anabel González (la hija del dueño de la estación de radio) y me pidió que si te prestaba —como si fuera de su propiedad— para grabar la entrada de un nuevo programa que quieren sacar los fines de semana. Dijo que les gusta mucho tu voz y que eres lo que necesitan; pero (no podía faltar el «pero») que no hay dinero de por medio, ¿cómo ves?». Pues ¿cómo lo iba a ver? ¡Genial! Total, ya me había acostumbrado a estar sin dinero y podría ser una buena oportunidad para —ahora sí de verdad— estar en los medios de comunicación. Cualquier oportunidad es buena: nunca sabes hasta dónde te va a llevar. Así que le dije a Víctor que claro que estaba listo y que me dijera qué tenía que hacer. A lo que respondió, «Me dio este teléfono para que le hablaras y se pusieran de acuerdo. Anota». Presuroso arranqué un pedazo de la hoja del guion y ahí mismo lo anoté. Después saqué mi desgastada imitación de cartera y me aseguré de que quedara bien guardado.

Me despedí de Víctor y, por suerte, esa vez me llevó en su carro hasta el departamento. Al llegar vi que la luz de la casa de Vicente estaba encendida y sabía que me esperaba. Ya se había vuelto casi una costumbre, que cada vez que llegaba y veía su luz prendida subía a hacer mi recuento del día y a escucharlo, para medir su estado de ánimo, o prepararme para una desvelada con Emmanuel (en el equipo de sonido) y el doloroso recuerdo de su esposa. Así que —como era de esperarse— subí de inmediato a darle la noticia de lo que acababa de ocurrir. Toqué a la puerta y lo encontré en sus cinco sentidos: muy tranquilo.

—Pásale, güey. ¿Cómo te fue? —me preguntó.

Saqué el papel de mi cartera y le dije:

—Mira, este es el teléfono de esta chava, la de la estación de radio, que quiere que le grabe algo para un programa nuevo, pero los muy vivos no me quieren pagar nada.

Me miró, se sonrió y me dijo:

—¿Pues quién te crees que eres para que te paguen? Si no eres nadie, menso.

—¿Cómo qué no? —le pregunté—. ¿Qué todos los comerciales que he hecho no cuentan, güey? Si por eso es que me quieren.

—¿Qué crees que eres el único güey que puede hacer eso? Bájale y mejor aprovecha. Ya después te preocupas por el billete.

¡Qué fácil para él decirlo! Como él sí tenía con qué pagar sus servicios y todas las mañanas se bañaba con agua caliente y desayunaba antes de ir al trabajo, fácil decirlo. Ese fue mi pensamiento inmediato, pero no sé por qué, en esa ocasión, guardé silencio y le di la razón. Tenía que aguantar vara y dejar de quejarme. Al menos las cosas habían cambiado en unas horas: y para bien. Después de todo, era una estación de radio y había una gran diferencia entre grabar comerciales y ser un locutor de radio. Además, era la hija del dueño. Así que, si lo hacía bien y me la ganaba, de seguro me daban la oportunidad de hacer algo más.

Esa noche fue una más en las que la adrenalina no me dejaba conciliar el sueño (siempre he tenido problemas para dormir) y mi mente se proyectaba llevándome hasta ser el locutor número uno de la radio en Chiapas y después en el sureste. Me veía haciendo mi propio programa y olvidé por completo las grandes carencias por las que atravesaba.

Estoy seguro de que —como otras veces— el cansancio me venció; y fueron los rayos del sol los que me despertaron muy temprano al día siguiente. Y es que las improvisadas cortinas de mi cuarto dejaban pasar toda la luz, por lo que la mayoría de las veces madrugaba, a excepción de los días nublados y lluviosos, que me regalaban unas horitas más de sueño. Me levanté como resorte y corrí al baño para alistarme. Ese día no recuerdo haberme enterado del agua fría ni del hambre que tenía. Todo era mejor que antes y el miedo de que apareciera un cobrador de la luz o de cualquier otra cosa en la puerta de mi casa se desvaneció por completo. En mi mente solo estaba la imagen del micrófono y yo frente a él grabando para Anabel. Mil formas tuvo esa cabina en mi imaginación. Me planteaba la escena de todas las maneras posibles en las que podría ocurrir: las buenas, en donde el resultado era sorprendente y terminaban por ofrecerme mi propio programa; y las pésimas, en las que era un fracaso y me daban las gracias diciéndome que después se comunicarían conmigo.

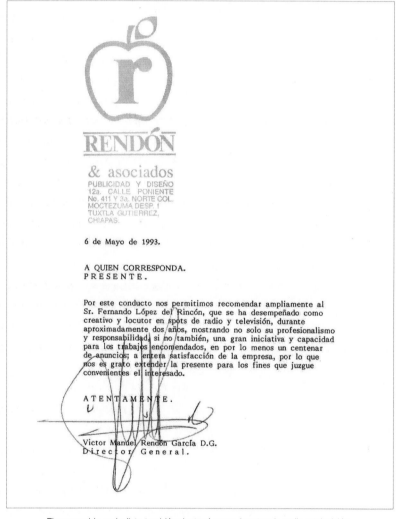

El reconocido periodista también destacó como locutor de radio y televisión, como se resalta en esta carta, 1993.

Mientras me peinaba frente al espejo imitaba todo tipo de voces: la del refrigerador, la de la caricatura del director de escena afeminado... ¡hasta la del pato Donald! Repasaba también todas las cosas que Pedro me había dicho. Me preparaba en cuerpo y alma: mi mente no daba cabida a nada más. Estaba concentrado en lograr mi objetivo: impresionar y abrirme puertas en la radio. Hasta escuchaba la voz de Pedro en esa cabina húmeda; casi podía verlo. ¿Qué me diría para ese momento? No sé, «pero no te haré quedar mal»: me respondía en un soliloquio, hasta cierto punto cómico o demente para algunos. Sumido en ese trance, abrí la puerta de mi departamento y corrí por las escaleras que me llevaban hasta el departamento de Vicente, y antes de golpear a la puerta se abrió, Vicente me estaba esperando.

«Así me gusta, güey. Ándale, coge el teléfono y habla». ¡Increíble! Vicente me conocía tan bien, que ya sabía qué haría esa mañana. Así que aproveché y tomé el teléfono, saqué el papel de la cartera y comencé a marcar. Cada tono que escuchaba al marcar aceleraba mi ritmo cardíaco, era, literalmente, proporcional a la cantidad de números que había marcado. El teléfono comenzó a sonar y solo cerré los ojos, hasta que escuché una voz que me dijo: «Buenos días. ¿En qué le puedo servir?». Tragué saliva y cuidé la voz —esa era mi mejor arma— y con la garganta seca pero sin titubear y con un tono que —según yo— expresaba seguridad, pedí que me comunicaran con Anabel González de parte de Fernando.

Ya saben cómo es eso, «Permíteme», y tú te quedas como un imbécil al otro lado del teléfono pensando estupidez y media, apretando el auricular de tal forma que tus dedos se ponen blancos, mientras tu otra mano suda, como si hubieras tocado un vaso con hielo. Anabel contestó y muy amablemente me saludó y me dijo:

—Tú eres el chavo que graba con Víctor Rendón, ¿no?

A lo que presurosamente respondí, identificándome, con un tono bastante desenfadado, como quien pregunta la hora.

—Mira, estoy a punto de sacar un programa nuevo los fines de semana, en el horario de más audiencia, y hemos escuchado tus comerciales aquí en la estación, y a mí se me ocurrió la idea de usar una voz nueva para grabar la entrada de mi programa. Y pensamos que sería bueno darte la oportunidad, así aprendes y nos ayudamos los dos, ¿qué te parece?

Sinceramente me parecía una fastidiosa actitud, prepotente y egocéntrica. Ellos claramente sabían de mi capacidad, si no, no me hubieran buscado; pero había que disfrazar la necesidad para que no se me ocurriera ni siquiera tocar el tema del dinero: ellos me estaban haciendo un favor. Así que ¿qué le podía responder? «Creo que le estás echando demasiada crema a tus tacos y si no me pagas no te grabo nada. ¿Me tomas por idiota? O ¿te sientes mucho porque eres la hija del dueño de la estación? ¿Qué piensas que no me doy cuenta de que te estás aprovechando porque no tengo un nombre y que no me importa no cobrar con tal de poder hacer algo que me permita avanzar profesionalmente? Cuando quieras te doy unas clases de locución, porque la verdad es que creo que eres pésima, y solo estás ahí porque tu papi te compró una estación». ¿Están de acuerdo conmigo? ¿Qué hubiera pasado, el fin de esa oportunidad? Tendría que ser muy tonto. Pero eso no quiere decir, Anabel, que nunca lo pensé y que nunca me di cuenta. En pocas palabras me dijo, yo tengo la sartén por el mango y si no lo haces gratis no haces nada, ¿cómo ves? Estaba muy claro, me tocaba sacrificarme.

Muy amablemente y con tono agradecido acepté su invitación y le dije que cuando ella quisiera. La hora quedó fijada para esa misma mañana, porque quería tomarse el tiempo de estar ahí (¡qué favor tan grande!), para poder corregirme y enseñarme dos o tres cositas con las que estuve de acuerdo y agradecido. Mira que tomarse la molestia de estar ahí era mucho. Colgué el teléfono y sin que pudiera hablar Vicente me dijo: «Ya está. Ahora solo depende de ti. No tienes a quien echarle la culpa. Y ya sé que estás enojado porque te trataron como si fueras un novato tonto, pero así es en todos lados. Así que a aguantar vara y a darle». Me reí y le di las gracias y le aseguré que les iba a dar una sorpresa.

Salí de ahí y bajé por las escaleras con el sol a todo dar. Vi la hora y decidí empezar a caminar hacia la estación, para no llegar tarde y tener un poco de tiempo, para que el sudor, que seguramente me provocaría la caminata, se secara un poco antes de mi cita. Tenía que verme bien. Además, era consciente de que estaría frente a una «niña bien», así que mi aspecto importaba mucho. Inicié la marcha haciendo el mismo ejercicio mental que había hecho esa mañana. Buscaba agotar todos los escenarios posibles y evitar las sorpresas. Siempre me ha gustado ser el dueño de la situación, no me gustan mucho las sorpresas, sobre todo las malas. Cuando llegué a la estación, aún faltaban alrededor de veinte minutos para mi cita, así que me quedé parado un rato en la entrada del edificio, recuperando mi aliento y secando el sudor que, efectivamente, escurría por mi espalda y por mi frente. De un lado se encontraba la entrada a la cabina y del otro, la entrada a las oficinas en un edificio de fachada vieja muy cerca de la avenida central. Cuando las manecillas del reloj marcaron diez minutos antes de la hora pactada, entré y subí las escaleras que me llevaban a la recepción del área administrativa. Con una inseguridad enorme, abrí esa puerta y —como siempre pasa— cuando entré todos los que estaban allí esperando, para ser atendidos por alguien de ventas (o qué sé yo de qué departamento), se voltearon para ver quién era el que rompía por un momento el aburrimiento y la monotonía. Yo —todo desorientado— busqué rápidamente quién pudiera ser la recepcionista. La ubiqué y me acerqué para preguntarle por la señorita Anabel González con quien tenía una cita. Y, como si fuera un patrón estándar, me respondió lo que casi todas responden, «Tome asiento, enseguida le aviso». Así que, como todos los que estaban ahí, me convertí en un idiota más con cara de aburrimiento, sentado, esperando por alguien que me recibiera. Mi tensión bajó un poco de nivel después de acostumbrarme al entorno, y cada vez que se abría una de las puertas de las oficinas que había ahí, todos nos volteábamos esperando ser los siguientes. Por suerte no tuve que esperar mucho. La señorita de la recepción me llamó y me dijo que me estaban esperando, que pasara, y señaló una oficina. A paso firme, con cara de asustado y con un suspiro profundo, caminé hacia la puerta indicada. Toqué y recibí un «adelante» por respuesta. Ahí estaba sentada, en lo que parecía una oficina no muy formal, con muchos papeles encima del escritorio y algunas cosas colgando de la pared. Me llevé una sorpresa al ver a Anabel, que, por cierto, tenía una voz muy seductora por teléfono. Era una mujer de mi edad (no pasaba de los diecinueve) y era muy guapa, de pelo negro y facciones finas. Al menos me agradaría estar con ella el tiempo que fuera necesario; y es que me esperaba una larga jornada para grabar lo que quería. Me presenté y —por su cara— podría asegurar que ella también se llevó una grata sorpresa. Me saludó y corrigió su postura de inmediato, y con una mano acomodó su pelo largo y de color negro. Sí me gustó, pero era la hija del dueño y yo no era nadie ni tenía un clavo. Así que fue fácil deshacerme de cualquier pensamiento presuntuoso. Sacó unos papeles y me los dio para que los leyera, diciéndome que eso era lo que se quería grabar y que quería una voz muy fresca y juvenil, porque era un programa que tendría como público principal a los jóvenes. «Si quieres léelo, en lo que veo si ya tienen todo listo y nos vamos a la cabina. Por cierto, no te preocupes que yo te voy a ayudar». Ya en ese momento no me desagradaba para nada que me fuera a ayudar. Al quedarme solo me di cuenta de que me sentía mucho más tranquilo, tal vez fue la edad y la apariencia de ella o el trato que recibí; pero me sentía con mucha confianza. Leí con calma lo que tenía en la mano y buscando entender bien de qué se trataba. Me llevé una gran sorpresa al darme cuenta de que el guion estaba escrito para más de una voz, si mal no recuerdo. En total eran tres las voces de las que solo una era una voz masculina. Por deducción supe que Anabel era otra de las voces y tal vez su hermana sería la tercera voz. No era nada del otro mundo, después del director afeminado del Pollísimo y el refrigerador acosado sexualmente, créanme que ya estaba curado de espanto.

Sin embargo, había una gran diferencia. En esta ocasión, se trataba de un diálogo entre los tres locutores y no un monólogo como siempre lo había hecho. El cierre con el nombre del programa me tocaba a mí. Pero todo eso me resultaba interesante: poder probar si mi experiencia me permitía interactuar de forma natural con otras personas frente a un micrófono. Eso lo tendría que descubrir yo solo sin Pedro ni nadie. Me puse a reproducir el comercial en mi mente y en voz alta, con las voces femeninas, y después de dos o tres ensayos pensé que no sería difícil. Minutos más tarde apareció Anabel acompañada de su hermana, a quien después llamaría la Polla. Así le decían de cariño. No se parecían en nada. La Polla era chiquita y no muy bonita; pero ¡qué buena persona y qué bien me caía! Era fenomenal, divertida y muy simpática. Se reía de todo. Me la presentó y después salimos de su oficina con rumbo a la cabina.

En el trayecto, todos nos saludaban. Claro, yo iba con las hijas del dueño. Por ahí me topé con Manuel Peña Carraón, uno de los locutores más conocidos de Tuxtla y al que muchos escuchaban. Me saludó muy amablemente y me miró con extrañeza, creo que un tanto preocupado porque había un nuevo chico en la colonia. De igual forma, conocí a quien llamaré el Negro. Condenado Negro. Tan buen equipo que hicimos, ¡qué lástima! En fin, subimos unas escaleras que parecían que nos llevarían al ático de la abuela. Por un momento pensé que saldríamos a la azotea del edificio a grabar. Eran pequeñas y angostas y, además, uno de los lugares más descuidados de todo el edificio. Al final de la escalera había un pequeño cuarto con una cantidad increíble de discos de acetato de 33 revoluciones. Estaban apilados junto a la pared y regados por el piso. ¡Era un tesoro! Me dio lástima verlos tirados así, como si no valieran nada. ¡Lo que hubiera dado yo por tener aunque fueran solo diez de esos discos! Y justo frente a esa torre de discos había una cabina de radio bien adecuada, muy diferente a lo que yo estaba acostumbrado con Víctor. Esta tenía un cristal entre el operador y el lugar donde estaba el micrófono, que se encontraba en un pedestal, y, además, a simple vista pude darme cuenta de que era otro tipo de micrófono. Después descubrí que le llamaban «unidireccional», o sea, que solo recoge el sonido de la voz de quien habla directamente sobre él y no del resto de los sonidos que pueda haber en el ambiente circundante. Listo y de pie, con aparatos que evidenciaban un problema en las extremidades inferiores (resultado de poliomielitis infantil), estaba el operador Juanito, con cara de bonachón y un bigote muy mexicano, muy amigable y bien portado. Me saludó y le avisó a la jefa que ya estaba todo listo y que tenía tres o cuatro fondos musicales para ver cuál le gustaba. Después de un rato en el que Anabel y la Polla estuvieron escuchando los fondos musicales y de cambiar todos los que Juanito había seleccionado, por fin se decidieron por uno: estábamos listos para grabar. Naturalmente, Anabel entró conmigo a la cabina y me preguntó: «¿Te sientes bien? ¿Estás listo?». A lo que respondí positivamente. «Bien, hagamos entonces un ensayo». Mi corazón saltó en el pecho y mi respiración se aceleró. Estaba tenso. ¡Qué mal momento para que me pasara eso! Traté de controlar mi expresión para que nadie se diera cuenta y clavé la mirada en el papel. De reojo podía ver a la Polla al otro lado del cristal junto a Juanito quien, sentado y con la mano a lo alto, iba dejando caer uno a uno los cinco dedos en una cuenta regresiva: lo que indicaba que el carrete abierto ya estaba grabando. La entrada era mía, así que la primera voz que tendría que romper el silencio y quedar registrada en los cristales magnéticos de la cinta era la mía.

«Tres, dos, uno... Abre tu "bocota" y hazlo lo mejor que puedas», pensé. Inicié con el texto un tanto tenso y continuó Anabel haciendo ambas voces femeninas. Al finalizar, no me sentí conforme y se lo hice saber, así que lo repetimos. Ya en el segundo intento pensé que el nivel había sido aceptable, sin embargo, para Anabel no estaba del todo bien, y después de una carreta de indicaciones volvimos a grabar. Lo hicimos por tercera vez y de nuevo hubo muchas indicaciones. En la cuarta, lo mismo. En la quinta, lo mismo... Hasta que perdí la cuenta. Al principio me sentí derrotado y decepcionado por el resultado, pero a las pocas horas de estar encerrado dentro de esa cabina, y de escuchar las «correcciones» de Anabel, me di cuenta de que algo estaba mal: yo ya no era un novato y sabía muchas de las reglas gracias a las enseñanzas del buen Pedro. Pero me encontraba frente a un fenómeno: el de «yo lo hice» o «yo fui su maestro». Esto lo menciono para que lo tomen muy en cuenta, porque es un fenómeno que parece comprobado por la ciencia, ya que se repite muchas veces y siempre se obtiene el mismo resultado. Casi siempre estos sabelotodo terminan siendo los aleccionados; pero hay que manejarlos con pinzas, porque –la mayoría de las veces– son los que llevan la sartén por el mango, y por supuesto no hay nadie mejor que ellos. Si se te ocurre ser mejor o amenazas con serlo, o en cualquier momento en el que su inseguridad y el abuso del poder se combinen, y tú te encuentres atrapado en el medio, podrías quedar fuera del trabajo. Así que, aunque fueron muchas las horas, lo único que me quedó por hacer fue tragar saliva, armarme de mucha paciencia (esa que nunca imaginé tener) y disfrazar mi enojo con una amplia sonrisa. Sí, en pocas palabras, tuve que ser hipócrita. Estaba dispuesto a serlo, al menos a ese grado no me traicionaba a mí mismo y podía manejarlo. De alguna forma u otra, tenía mis límites claros. Sabía hasta dónde estaba dispuesto a llegar sin pasar por encima de mis principios y de mi integridad. Una sonrisa y un coraje disfrazado fueron mis mejores armas durante muchos años para sobrevivir dentro de los medios. Aunque en algunos otros casos el enojo sí me rebasó, sobre todo cuando me faltaban al respeto o cuando las injusticias eran superlativas. Esas veces me desbordé sobre el agresor sin reparo alguno, pero bueno eso se los contaré más adelante. Por lo pronto, ese día con Anabel pasó lento —muy lento—. Fue una prueba muy dura y una situación muy incómoda. Después de una larga jornada —según Anabel— logramos el resultado idóneo. No sé cuántas horas pasamos encerrados en esa cabina ni tampoco cuántas tomas se hicieron; lo único que recuerdo fue cuando la Polla entró en la cabina con nosotros para grabar la tercera voz. Fue muy divertido y la afinidad que había entre nosotros dos era genial. Ella no se dedicaba precisamente a la locución dentro del negocio familiar. No tenía aspiraciones de estrella, ni mucho menos, por el contrario, era más inteligente. Estaba completamente involucrada con la parte administrativa de la estación. Claro, ahí era donde estaba la plata: el billete. Por lo que a la Polla le ganaba el nerviosismo al grabar y cada vez que intentaba decir su parte un «¡uy!, ¡perdón!» acompañados de una carcajada nerviosa, con esos dientes que se salían de su boca en forma de un pequeño pico (como de pollo), le daban una vis cómica a su reacción, que al menos a Juanito y a mí nos distraía un poco, y hacía que fuera más llevadera la intransigente postura de la estrella de radio que teníamos por jefa, directora, productora y talento; pero sobre todo hija del dueño de la estación. Para ella todos estábamos mal y era la única poseedora de la verdad y de la técnica secreta para ser un ser supremo en la locución. Al final del día, con una mirada de complicidad entre Juanito, la Polla y yo, y después de escuchar la frase: «Listo esta es la buena», de la voz de Anabel, todos bajamos por las mismas escaleras estrechas que había mencionado antes. Ya para ese entonces la noche había llegado, las oficinas estaban vacías y el silencio reinaba en el lugar. Entramos a la oficina de Anabel y ahí, entre charlas sin importancia y algunas anécdotas de la grabación (sobre todo de los errores de la Polla), quedamos en vernos al día siguiente para platicar un poco más acerca del proyecto y del formato del programa. Y es que Anabel quería darme la «oportunidad» de participar —en lo que se pudiera— dentro del *show*. Un beso en la mejilla a cada una y una amigable sonrisa fue el fin de este primer encuentro.

De camino rumbo a mi casa pensaba en la idea de poder participar en un programa de radio en vivo, cosa que me ilusionaba muchísimo; pero a la vez me molestaba y me inquietaba la actitud de Anabel, que tenía la facilidad de demeritar el trabajo de cualquiera de una forma mayúscula (razón por la que tal vez su hermana se dejaba dominar tanto). De las dos, Anabel era la dominante; pero conmigo y mi carácter sería difícil. Me preguntaba cuánto tiempo y hasta dónde podría yo sobrellevar esa situación sin antes decirle dos o tres verdades. Claro que no tenía una respuesta en ese momento; pero tenía que ser bien consciente de los focos rojos en mi relación laboral y darles las salidas más convenientes.

Llegué al desvalijado departamento que pronto tendría que dejar si no conseguía más dinero. Estaba contento y subí al departamento de Vicente para dejarle saber cómo me había ido. Él ya me estaba esperando. Le conté todo lo que había pasado ese día, sobre todo lo impresionado que estaba con lo guapa que era Anabel; pero lo difícil que era trabajar con ella y sus aires de grandeza. También le dije que, por el contrario, su hermana me había caído de lujo. Es más, en algún punto le hice saber que me daba lástima ver que la que daba las órdenes era Anabel y no la Polla, porque pensaba que ella se lo merecía más y tenía más cualidades para el trato con los demás.

Esa noche —como ya era costumbre— con el equipo de sonido a todo volumen, terminamos cantando los dos, festejando la posibilidad de que tuviera mi primer espacio como conductor en la radio. La alegría y la euforia se amplificaban a medida que los minutos pasaban. La noche cálida nos tenía sudando por la alegre actividad del baile y por nuestra interpretación en cada canción. ¡Qué bien la pasamos! Gracias, Vicente, por festejar conmigo. Quién sabe con quién lo hubiera podido festejar mejor en Chiapas, porque muchos amigos no tenía y lejos de mi familia, pues solo con mi familia postiza, en ese caso tú, que decías ser mi papá. ¿Te acuerdas que se lo dijiste a mi madre el día que te la presenté? En fin, gracias por la fiesta, pero, sobre todo, gracias por esa amistad o —diría yo— por haberme adoptado de forma desinteresada y haber asumido hasta cierto punto una responsabilidad que no te correspondía. Espero que yo también haya podido ser una distracción o un motivo para ayudarte a pasar esos oscuros días de tu vida, en los que te conocí y compartí, indirectamente, el luto por la pérdida de tu bella señora.

Con el desvelo de la noche anterior no me aguantaba ni yo solo y tenía que ir de nuevo a la radio para verme con las hermanas: Anabel y la Polla. Como pude me levanté y, aun con el agua helada (a la que nunca me acostumbré), me di un baño que duró más de lo normal y pude despertar un poco. Al salir del departamento, descubrí un sol esplendoroso que cualquier otro día hubiese sido bien recibido; pero ese día en particular, lo que menos quería era ver el sol. Ni modo, inicié mi recorrido a pie y poco a poco el sudor que me provocaba el calor fue drenando la poca energía con la que contaba. Al llegar a la estación, me encontré de nuevo con Anabel y la Polla acompañadas de Karla, una amiga en común que también formaría parte del equipo de producción. En esa ocasión, conocí por primera vez la cabina de transmisión (bastante raquítica, por cierto, y sin ningún diseño acústico). Quedaba en el segundo piso del edificio contiguo a las oficinas, en donde el escritorio y el micrófono de los locutores se encontraban en una especie de terraza interior, desde la que se podía ver perfectamente la sala de la recepción (si es que se le podía llamar sala) y la puerta de entrada, que conectaba directo con la calle, por lo que cualquier persona que entrara o abriera la puerta hacía que el sonido se colara hasta la cabina de transmisiones. Al fin y al cabo, la estación era prácticamente un negocio familiar. Ahí, entre papeles y discos tirados en el piso, y apilados en los costados del cuarto, ataviados con ropa informal, pasamos el fin de semana. Estaban las tres anotando cosas, planeando secciones y armando lo que años después me enteraría que se conoce como «esqueleto del programa». El programa sería transmitido los fines de semana e iba dirigido a un público juvenil; y yo siempre me preguntaba, qué joven se sentaría a escuchar la radio un fin de semana en lugar de salir con sus amigos y amigas. Eso se quedó como una incógnita que nunca ventilé, mucho menos por la «gran» oportunidad que me estaban dando.

Después de varias horas de desvarío y de opiniones encontradas, llegó el punto en el que desistí de seguir aportando ideas, y es que era como en las caricaturas, ninguna sugerencia de los allí presentes era buena salvo las de Anabel. Y cuando alguna de nuestras ideas le agradaba —de alguna forma— terminaba siendo una idea original de la «jefa» y así validada por el resto. Me sentía como un personaje de cómic jugando a seguir de cerca al protagonista impuesto para la serie. Así que mi intensidad de participación pasó de cien por ciento a cero. Después de todo, las cosas se harían como mejor le pareciera a la experta: a la analista de radio. Y así fue como el nombre, los contenidos y las participaciones de todos quedaron asentados en el plan de trabajo. A mí me correspondía hacer reportajes especiales de contenido social, los cuales tenía que grabar durante la semana (con una de esas pequeñas grabadoras portátiles) y tener listos para los viernes, ya que saldrían al aire al día siguiente. ¡Ah!, pero no puedo olvidar que podía presentar mis reportajes en vivo junto a la titular del espacio.

El programa duraba tres horas y solo tenía una participación, pero tenía que romperme el alma, durante toda la semana, para conseguir casos, entrevistas y armar los reportajes, y todo ¡sin cobrar! No hay que olvidar que el beneficio era dejarme trabajar con ellos y a cambio yo aprendería todos los secretos de la radio junto a los profesionales de la comunicación. Así pasé el fin de semana: en un estado de ansiedad provocado por la noche anterior y acrecentado por la junta de producción del día. Estaba por entrar al mundo de los reporteros mal pagados, mal dormidos, mal comidos y con una cantidad incomparable de estrés y presión por parte de los jefes.

Regresé a casa —de nuevo a pie— reflexionando sobre los posibles temas para iniciar mi carrera radiofónica en un espacio tan importante. Aunque, en realidad, no podía esperar más para llegar a casa, comer algo y dormir: ya después vería qué iba hacer. Esa tarde, Vicente me invitó a comer a una palapa donde servían mariscos, lo que me dio la oportunidad de comer bien, al menos por un día. Platicamos sobre los pormenores de esa mañana y los temas que estaban sobre la mesa para mis primeros reportajes. Farmacodependencia, suicidio, chavos banda o pandillas eran algunos de los temas. Sonaban interesantes y pensaba que serían atractivos para el público que decidiera escucharnos. Para ese entonces ya trabajaba en el despacho de diseño de uno de mis exmaestros y muy buen amigo Alberto Robles. Por suerte, la estación quedaba muy cerca de la oficina y él conocía a mucha gente en Tuxtla que podía apoyarme con los reportajes. Decidido a ayudarme, de forma entusiasta, me puso en contacto con algunas personas claves para desarrollar el primero de los temas: el suicidio. Me senté a redactar una lista de preguntas de acuerdo con el ángulo que quería proyectar: que fueran positivas y que ofrecieran nuevas expectativas como Anabel había especificado. Cosa en la que estuve totalmente de acuerdo. Pero ¿cómo lograr tener un caso en particular, en el que alguien me contara su intento de suicidio, y cómo logró salir del abismo depresivo? Bueno pues dicen que un reportero sin suerte no es reportero, y, para mi fortuna, Karla (la misma que formaba parte de la producción) había pasado por este episodio emocional. Además, era una adolescente y no tenía que romperme la cabeza buscando a alguien y mucho menos convenciéndolo de que me contara su historia. Sin esfuerzo, ella misma se ofreció a darme su testimonio y esa misma tarde la cité en el despacho donde Alberto y yo trabajábamos. La tarea no fue difícil. Con mi pequeña grabadora reportera –bueno con la que me asignaron en la estación–, me apresuré a presionar el botón de grabar, en un cuarto del mismo despacho, donde nadie molestara para tener un buen audio. La miré a los ojos. Creo que ambos estábamos igualmente nerviosos, pero había que dar el siguiente paso. Así que después de entendernos con la mirada, y marcando límites y confianzas, por primera vez, probé las delicias del arte de la entrevista.

UN OFICIO DE PREGUNTÓN

Empíricamente navegaba a través de un proceso bruto y primitivo de la prosémica, esa palabra elegante que sirve para definir qué tanto le puedes sacar a tu víctima periodística, por medio del nivel de confianza que puedes lograr con ella. Esa que seguramente te acercará más a ser un periodista, y en la que casi siempre te olvidas de la persona y solo piensas en la historia: qué tan fuerte o impactante es como un objeto de estudio. Así disparaba preguntas que no incomodaran a mi entrevistada y que a la vez salían una detrás de la otra, pero que después de algunos minutos, las preguntas —casi por instinto, con un mínimo de reflexión y más como una reacción al flujo de la historia— hacían que la mirada de esta joven conflictuada se escondiera cada vez más entre sus párpados y el suelo. En ese momento, me di cuenta de que estaba logrando lo que cualquiera busca al entrevistar a alguien: obtener respuestas que no se habían pensado. Meterse en esos rincones donde el cerebro tiene los expedientes «X», los empolvados, los que duelen y normalmente no salen a menudo. Esas preguntas que se reciben con sorpresa, que se hacen cuando alguien menos lo espera y que son casi imposibles de predecir. Es como un avión B-52 que bombardea la mente de tal forma, que no le da tiempo de recuperarse y ocupa de alguna manera la conciencia. Es cierto que cuando me di cuenta, algo de pena me invadió. Ella amablemente se había ofrecido a colaborar conmigo y yo me iba muy por encima de los límites que con su comunicación corporal me marcaba. Al cruzar sus brazos y sus piernas, me hacía saber que se estaba protegiendo y yo no dejaba de entrometerme buscando los espacios desprotegidos y cada vez que acertaba, provocando una respuesta con emoción, con carga emotiva, lo disfrutaba. Sentía que daba en el centro del blanco. Fueron muchas preguntas, y pasaron muchos minutos —tal vez, casi dos horas— para poder llevarla a través de su recuerdo y con mis preguntas a revisitar el día y el momento en que pasó el evento. Su respiración era cada vez más rápida, más agitada; y sus ojos se volvían húmedos hasta el punto que, mientras se escurría una gota de recuerdo, su voz se cortó por completo. Aun así, seguí preguntando y ella contestando. Pero ¿cómo era posible que yo siguiera preguntando mientras ella me hacía ver su dolor? Eso mismo me he cuestionado todos estos años y aún no encuentro la respuesta. Supongo que cada vez que lo he hecho, con quienes me han permitido sentarme a conocer sus vidas y misterios, verdades a medias, dolores, temores y secretos, he sentido que no son solo ellos los únicos afectados, porque podría decir que mientras lo hago, entro en una especie de trance que me lleva a exprimir y rascar hasta donde ya no hay fondo. No importa si es un político (con esos me gusta mucho más) o un filósofo o un intelectual, todos tenemos esos espacios bajo llave en muchas esferas: laboral, familiar, emocional. Ese lado que solo nosotros pensamos hacia nuestros adentros, y si alguien logra llegar ahí, se lleva la esencia de la persona, y si se logra a través de un micrófono el mérito es mayor. Lograr que la persona cuente lo que nunca nadie había escuchado solo con tu pregunta y no con la de otros cuarenta, cien o mil reporteros que ya lo habían intentado. Es todo lo que sé explicar a través de las palabras. Todavía no logro descifrar cómo es que se sabe, se siente, se logra o se aprende. Solo sé que alguna vez escuché de un compañero, en una conferencia de prensa, que el buen entrevistador era aquel que hacía preguntas incómodas, y, hasta la fecha, lo creo fervientemente. Pero con todo respeto, agregaría a esta premisa que, además de las preguntas, el buen entrevistador debe saber hasta dónde incomodar, para evitar que nuestro entrevistado se levante de la silla y se lleve consigo las respuestas a nuestras preguntas. Y así, así he podido obtener entrevistas exitosas con varios políticos; pero seguramente la más sonada y recordada siempre será la del cantante Juan Gabriel. «¿Juan Gabriel es gay?». «Lo que se ve no se pregunta, mijo», pero de ese tema, de ese tema me ocuparé más adelante.

Después de esta larga reflexión sobre mi primera entrevista a fondo, al menos en el ámbito social, y todo lo que sentí y descubrí ese día, regreso al momento en que terminé de vaciar mi cargador de preguntas con Karla: una adolescente que intentó suicidarse. Ella estaba muy afectada.

Las lágrimas corrían por su cara y temblaba de forma muy evidente. Ese fue el momento en el que salí de mi trance y me di cuenta de que frente a mí había un ser humano. ¡Qué difícil fue controlar ese momento! Eran sentimientos encontrados; la había afectado con mi forma de tratar su historia pero al mismo tiempo la historia era buenísima, funcionaría y estremecería a más de uno cuando la escucharan en la radio. Después de todo, empezaba con el pie derecho, pero entonces me preguntaba si lo que había hecho era malo. Una persona lloraba por mi culpa y todo lo tenía registrado en una cinta. Yo era el causante de ese llanto. «¡Demonios! Y ahora, ¿qué debo pensar o sentir?». Esa pregunta quedó en mí por muchos días y la respuesta seguía perdida. ¡Qué ironía!, la pregunta más incómoda me la había hecho yo mismo y no sabía qué responder.

En los días siguientes, pasé por el proceso de la edición de sonidos. En la edición, uno escoge lo mejor de la entrevista, recorta y pega los mejores momentos para capturar y mantener la atención del radioescucha o del televidente. Anabel «la grande» quería estar presente para ayudarme a seleccionar las mejores partes, porque como era mi primera vez, ella no quería que la fuera a editar mal (como si yo fuera un idiota que no estuvo presente en la entrevista y no conociera perfectamente el contenido y los momentos más fuertes). En fin, era mi pago de derecho de piso; pero estaba decidido a salirme con la mía, así que terminé editando mi material solo con Juanito. Solo pregunté por el tiempo que se me daba y desaparecí. El caso es que yo procuraba estar ocupado cuando Anabel podía editar y cuando yo podía ella no. Era un juego de nunca acabar; solo que en este juego el factor tiempo me favorecía. Ya se aproximaba el día del estreno de su *show* y la entrevista tenía que estar lista, así que al fin cedió y me dijo que fuera con Juanito y lo hiciera el día que yo pudiera, que si ella estaba por ahí me ayudaba. ¡Huy! ¡Cuánto necesitaba su ayuda! Me aseguré de que ella no pudiera coincidir conmigo y logré mi objetivo.

Llegó el día. Todos estábamos en la cabina y el operador encendió la luz roja indicando que estábamos al aire. Corrió la identificación del programa con mi voz y la de la Polla, además de la de Anabel. Se abrió el micrófono y, después de mencionar a quienes formábamos el equipo (con una rapidez como si fueran los créditos de televisión, de esos que pasan inadvertidos por la velocidad), Anabel la «ametralladora» empezó a hablar sin parar, anunciando lo que vendría y pidiendo que llamaran, para que le desearan suerte, y para ver qué les parecía el programa que ella hacía solo para ellos. Lo mismo que piensas en este momento pensé yo: «¡Qué flojera!, una oda a la afamada estrella de la radio».

Me senté y me colmé de la poca paciencia que nunca he tenido para esperar el momento. Por supuesto que cuando llegó no pude hacer uso del micrófono: Anabel se encargó de presentarme a mí y a mi reportaje. ¡Qué risa! No puedo evitar recordar su cara de sorpresa, y, a la vez, de miedo cuando escuchó el reportaje y vio que estaba brillando, y solo con tres o cuatro minutos de su tiempo. Le estaba robando la escena, tanto así que mandó a hacer un *fade* de audio, es decir, que bajaran el volumen poco a poco (como cuando se acaba un disco), para que de inmediato su voz se escuchara de nuevo anunciando que al día siguiente continuaría el reportaje, y que nadie se podía perder la segunda parte. Entonces, durante el primer corte comercial me dijo muy seria, que estaba bien para ser mi primera entrevista y que ya le agarraría la onda conforme hiciera otras. Un suspiro y una sonrisa fueron mis reacciones a tan atinado comentario. Juanito, la Polla y Karla solo se quedaron mirándome, como diciéndome que no pensaban lo mismo.

El programa terminó y todos salimos festejando el gran estreno; solo faltó que estuviéramos todos por separado, para poder decir que había sido malísimo y que las únicas cosas buenas habían sido las secciones que habíamos hecho, además de la edición. ¡Qué importó el bendito programa! A mí nada. Solo quería cuidar mi espacio para mostrarle a alguien que mi trabajo era bueno y que podía hacer algo mucho más que rellenar con pequeñas secciones; y que inclusive podía tener un espacio para mí. ¿Qué? ¿No es eso lo que buscamos todos los que estamos en esto? Pues sepan que quien les diga lo contrario no es más que un hipócrita.

A ese reportaje les siguieron algunos otros en los que continué afinando mis herramientas de trabajo; principalmente la entrevista y el idioma. No me refiero al uso correcto de la lengua española, sino más bien al uso correcto del idioma del chavo banda o del gay o del exconvicto, ese que les hace sentir que hablan con alguien que los entiende y que está a su mismo nivel. Siempre busqué romper ese estereotipo del entrevistador intelectual que —con un manejo impecable del lenguaje— pretende demostrar a todos que él es quien manda y que es superior que cualquiera de sus entrevistados. ¡Y pensar que todavía hay quienes lo hacen! Aunque hubo otras entrevistas y otros programas, la «gran» producción no tuvo buenos números, y al poco tiempo prefirieron regresar a la programación musical del fin de semana. Claro que la versión «oficial» fue otra: que Anabel no podía porque tenía muchas cosas que hacer y el programa le quitaba mucho tiempo de la semana. Por suerte, varias personas me informaron que mi trabajo les gustaba. Tuve la satisfacción de recibir muchas llamadas en las que me pedían que hiciera reportajes de sus casos y otras en las que sugerían temas. Esas llamadas las guardé por varios años, y cuando las cosas se ponían difíciles o me sentía inseguro o incapaz de hacer algo, me sentaba por las noches y las leía una a una en el silencio del cuarto de la azotea, donde viví casi un año.

EL FRESA MÁS BANDA
O EL BANDA MÁS FRESA

De ese espacio radial aprendí muchas cosas y experimenté libremente otras tantas. Sobre todo, gasté las suelas de mis zapatos en busca de historias. Y fue una de esas historias la que me llevó a descubrir otro mundo: otra realidad. Una que me empujó a vivir los límites del colapso social, los embates de la economía en las clases sociales y con la que pude sumergirme en el bizarro, peligroso y doloroso mundo de las pandillas. Muchas de ellas producto de una sociedad excluyente en sus fundamentos culturales, sociales y políticos.

Para muchos son los villanos de la sociedad. Para los que conocemos las entrañas de este fenómeno son todo lo contrario: las víctimas de un México que no ha sabido proveerles lo necesario para poder sustentar a sus familias, incluirlos en la vida productiva y en el sistema educativo. Un México que trata de ignorarlos y en respuesta estos individuos adoptan mecanismos de supervivencia que en su mayoría se tornan violentos, ya que ese es el único recurso que estos seres conocen para ver un nuevo amanecer, comer o encontrar un lugar donde dormir, en pocas palabras, para poder existir. Es una compleja ecuación que no necesariamente los exime de culpabilidad; pero que tampoco los ubica como responsables únicos.

Los «chavos banda» (como también se les conoce, en un término muy utilizado en esa época) fueron tema de mis reportajes; con todo lo que esto implica: delincuencia, alcoholismo, drogadicción, violencia…, pero también con su perspectiva de la vida, sus reclamos, dolencias, ausencias, anhelos… Mi intención era la de poder retratarlos tal como eran, como si yo fuera uno de ellos, y poder entrar en las profundidades de su realidad, sin caer en el error de solo repasar la problemática de manera superficial. Sentarme a hablar media hora con uno de ellos y llamarle a eso un reportaje, con el permiso de los que yo llamo «guardianes», me fue posible hacerlo.

Después de hablar con el contacto del contacto del amigo de otro contacto... y un sinfín de personajes oscuros que me dieron la llave para establecer comunicación con alguna de las cabecillas de estas bandas, tuve mi oportunidad. A través de un emisario se me notificó que tendría una primera cita para explicarle a uno de los líderes qué era lo que quería hacer y por qué. Pero para eso tendría que adentrarme en su territorio, es decir, tenía que visitarlo en su «reino». Más de un amigo me tildó de loco y me pidió que tuviera mucho cuidado. Las recomendaciones no paraban ahí, pero ninguno quería acompañarme, según algunos porque no valía la pena arriesgar el pellejo; pensamiento que solo lograba reiterar mi compromiso con ellos —los marginados— de lo importante que sí era darles una voz, y poder subrayar el grave error de pensamiento que se tenía sobre ellos. Por supuesto que valían la pena. Si en nuestros países dejáramos de decir que hay grupos, temas, luchas que no valen la pena otra sería nuestra historia; y es que pareciera estar impreso en nuestro ADN, cuando los temas no nos tocan de cerca son pocas y raras las veces en que decidimos involucrarnos o arriesgar nuestro confort por una causa y muchas otras veces —aun cuando nos tocan de cerca— no sentimos el compromiso. Por supuesto que hay sus excepciones, algunos sí entienden que todos y cada uno de los temas —no solo de nuestra Latinoamérica pero del mundo entero— están interconectados y nos afectan de alguna u otra forma. El chavo banda, que se encuentra a miles de kilómetros de distancia, puede llegar hasta la puerta de nuestra casa y cobrar la vida de un hijo en formas que ni imaginamos, como con drogas, armas, VIH, etc. Porque cada vez que se le niega la oportunidad a uno de ellos o se les excluye de la sociedad terminan sometiéndose a quienes les ofrecen soluciones fáciles como la prostitución, el tráfico de estupefacientes, de armas, entre otras cosas. Así que, partiendo de esa premisa, el millonario que vive en una mansión tiene la obligación de atender este y otros fenómenos, porque cuando menos se lo espere tendrá que atenderlos por necesidad y no por prevención.

La hora acordada para mi encuentro eran las ocho de la noche. En la esquina de una calle específica me recibiría alguien, para de ahí llevarme hasta el cuartel general de este particular clan que, en esos días, era una de las bandas más activas y grandes del sureste de la república. De hecho, tenía conexiones con otra famosa pandilla mexicana ubicada en la Ciudad de México y conocida como los Panchitos. Pandilla que llegó a ser un problema de seguridad nacional, con apéndices alrededor del mundo, principalmente en Estados Unidos, y temida por locales y extraños. Así que no estaba acercándome a un club social recreacional; era como decimos «la mera mata»: 'la médula' Armado solo con mi pequeña grabadora, y con mi sentido de alerta al máximo, salí hacia mi destino un poco más temprano de lo acordado. No quería llegar tarde, así que ahí estaba parado, bajo el amarillento alumbrado público, en espera de que alguien a quien no conocía (no tenía ninguna información que me permitiera identificar al susodicho, ni señas particulares, ni nombre, ni vestimenta, ni nada) llegara. Era solo cuestión de esperar. Ni siquiera sabía en realidad si la reunión se iba a concretar o sería un intento fallido. Ya habían pasado más de treinta minutos y pensaba que me habían dejado plantado: ¿qué interés podrían tener ellos en que un desconocido se fuera a inmiscuir en sus asuntos con el riesgo de exponerlos? El único interesado era yo, así que cuando ya faltaban diez minutos para las nueve pensé en irme. Luego decidí esperar a que se cumpliera una hora y si nadie aparecía regresaría a casa. Justo estaba pensando en eso cuando, de las sombras de la noche, salió una delgada figura de corta estatura y se acercó a mí. Con el rostro cubierto con una gorra, que caía casi por debajo de sus cejas y escondiendo su mirada, me preguntó mi nombre:

—¿Fernando?

—Sí —le respondí forzando un tono desenfadado, cuando en realidad estaba muy tenso.

Sin decir nada más, me hizo una seña con la mano indicándome que lo siguiera, y así, sin más, confié mi seguridad y mi vida —por qué no decirlo— a un extraño que me llevaba por calles sin luz: pequeños senderos de tierra que cada vez se volvían más empinados y que hacían pesadas mis piernas.

Las casas en derredor eran cada vez más humildes. Había salido de la ciudad y había entrado a lo que se les llama en Brasil «las favelas». Cada vez había menos luz y más sombras de seres escurridizos que se manifestaban de forma sorpresiva en medio de una calle, en una esquina o desde una ventana desde la que vigilaban nuestros pasos, pero no de forma casual, era como una especie de escolta «fantasma». Mientras tanto, y después de unos cuarenta minutos de recorrido entre calles, tierra, calor y humedad, mi guía y yo no habíamos cruzado ni una sola palabra. A él parecía no interesarle y yo no sabía qué decir. En realidad, estaba tratando de asimilar lo que veía, de mantener la compostura y de no mostrar nerviosismo. Sabía de antemano que la peor debilidad que puede tener uno frente a estos personajes es el miedo. De ninguna manera podía permitir que mi sentimiento permeara hasta mi expresión facial o hasta mis movimientos. Era todo un ejercicio de control mental; nada fácil por la expectativa de lo que estaría por descubrir. Además, tenía que estar abierto a cualquier situación y no prejuzgar; debía llegar en blanco para ir reconstruyendo su entorno a base de hechos. Me llevó hacia un angosto pasaje en el que se podía ver luz y se escuchaban múltiples voces de fondo. Estaba a solo unos pasos de nosotros, pero teníamos que pasar uno a la vez, debido a lo estrecho que era: él primero y yo después. Tres o cuatro pasos y frente a mí se abría un amplio espacio iluminado por una fogata al centro hecha dentro de un bote metálico de basura alrededor de cajas huacales (que son cajas de madera en las que se guarda la fruta en los mercados) y botes de pintura que servían como asientos para los presentes. Había humo y un extraño olor en el ambiente que no lograba identificar y un *rock* pesado y distorsionado que salía de las pequeñas bocinas de una vieja grabadora: habíamos llegado. Todos me miraban como si se tratara de un extraterrestre recién llegado al planeta Tierra y creo que yo los miraba igual o tal vez como los verdaderos terrícolas; porque en definitiva yo no conocía esa «tierra» en la que ellos vivían.

Me parecieron minutos los segundos en los que me estudiaron con la mirada; casi todos ellos con ojos mezquinos de desconfianza y desacuerdo por mi presencia, pero sin hacer o decir nada. El muchacho que me había llevado hasta allí, de pronto había desaparecido. No sabía qué hacer.

Permanecí estático en mi lugar y me percaté de otros detalles más: los chavos bebían cerveza de botellas grandes, caguamas (como las tortugas), así les decimos en mi país. En realidad, es una medida tamaño familiar. Se pasaban los envases de uno a otro al tiempo que se llevaban a la boca unas bolsas plásticas, con algo amarillento en su interior, y las que con grandes bocanadas inflaban y desinflaban. Sus miradas no eran normales, lo que sea que se encontraba dentro de las bolsas plásticas provocaba un notorio efecto en cada uno de ellos. Era el llamado «chemo» o «mona», un pegamento industrial altamente tóxico que al inhalar sus vapores afecta la parte del cerebro que se encarga de la conducta. Te desinhibe y te quita el hambre y el frío y provoca alucinaciones y conductas agresivas. Es importante destacar que el hecho de quitar el frío y el hambre son elementos que no podemos pasar desapercibidos, y es que, la mayoría de las veces, estos grupos no tienen vivienda fija, por lo que están expuestos a los cambios climáticos y al mismo tiempo es común que pasen muchas horas sin comer y, en algunos casos, hasta días. Esta droga, según dicen ellos mismos, les ayuda a sobrellevar esas situaciones. Por supuesto que las consecuencias y el daño son terribles. Problemas motores, psicológicos y conductuales son inevitables cuando se es usuario de este químico y en muchos casos el resultado es la muerte.

En esas estaba, buscándole coherencia a lo que veía y controlando mis acciones y reacciones, ya que no quería —ni me convenía— incomodar a nadie. Era un ambiente volátil. Entre ellos mismos había pequeñas discusiones, insultos y uno que otro empujón; pero nada grave. Entendí que esa era su forma de interactuar. De repente, uno se puso de pie, que por su mirada y dirección no quedaba duda que se dirigía hacia mí. Era grande, muy grande [=enorme] y tenía una actitud de control total, de temerario, de pocos amigos y de dueño de la situación en su forma de caminar. Extendió su mano para saludarme, correspondí al gesto y sentí una mano rasposa, llena de callos, y tras un fuerte apretón me dijo:

—Soy el oso. ¿Tú eres el chavo que quiere hacer un reportaje o algo así con nosotros?

Le confirmé que así era.

—Siempre y cuando ustedes estén de acuerdo —le dije—. Lo podemos hacer aquí. Si quieres traigo mi grabadora.

Me miró por un instante y me dijo:

—Nel, nel, cámara. ¿Cuál es tu intriga con la banda? ¿Saber que o qué, para qué? Primero explícame y no prendas tu chingadera.

La traducción de eso sería: No, no, cálmate, ¿cuál es tu interés en la banda?, ¿qué quieres saber y para qué? Para evitar las traducciones simultáneas, en este relato escribiré de una forma en que todos ustedes puedan entender; pero quiero dejar claro que el tema del lenguaje con ellos era vital; una de las formas de lograr cierta aceptación o empatía era a través de su léxico. El desconocerlo podía traer graves problemas de comunicación, generar desconfianza y hasta provocar alguna agresión. Muchas veces, cuando uno no habla el mismo «idioma» o 'jerga' o como lo quieran llamar, la contraparte puede tomarlo como un insulto. Para ellos, por mi experiencia, era percibido como una forma de minimizarlos; con ese español «pulcro» sentían que el mensaje que recibían era un recordatorio de que para su interlocutor eran menos, así que yo, de inmediato, y de la mejor manera, dentro de lo poco o mucho que conocía del lenguaje de las calles, adopté las mismas figuras lingüísticas, lo cual, estoy seguro, me benefició, porque, después de unos minutos, el Oso cambió de actitud y ya me hablaba como a cualquiera del grupo. La explicación sobre mis intenciones, para quien me quedaba claro era el mandamás y el líder de la pandilla, fue breve, concreta y honesta.

—Estoy aquí porque quiero hacer un reportaje para un programa de radio, porque esa es mi chamba (trabajo) y porque creo que la raza no entiende quiénes son ustedes y por qué son como son. Los ven como los malos de la película, como delincuentes, malandros, pero nadie se ha tomado el tiempo para escuchar lo que ustedes tienen que decir y, «la neta» (o sea, la verdad), yo estoy aquí para eso, para que digan lo que tengan que decir. Me parece muy «manchado», muy «pasado de lanza» (o sea, injusto) que solo haya una cara de la moneda.

Su ceño se frunció: fue la primera respuesta que recibí. Con cara de incredulidad me miró de arriba a abajo y riéndose me dijo:

—¿Y tú, qué? Porque eres muy buena onda vienes a escucharnos, ¿no? Un fresa que se preocupa por nosotros —volteó a ver a los que estaban ahí alrededor y repitió–, ¿cómo ven?, el fresa que se preocupa por nosotros.

Explotaron las carcajadas, mientras me miraban, esperando a ver qué agregaba o cómo salía de esa. En ese momento, estuve a punto de entrar en pánico. Ya no estaba muy bien parado después de que su líder me ridiculizara, y la impresión era como si una jauría fuera cerrando el cerco y yo su objetivo. Total incredulidad, desconfianza y descrédito fue lo que me encontré. La línea era delgada y con mis siguientes palabras podía condenarme o avanzar un poco. Siempre he comprobado que ser frontal y transparente es un arma de doble filo: te puede sacar o meter en serios problemas; pero al menos no te andas por las ramas y –según mi razonamiento– estos muchachos tampoco se andaban por las ramas, así que mi respuesta fue dura y a quemarropa.

—No, pues la verdad, a mí me vale madre. Si ustedes no quieren hablar tampoco es a la fuerza. Yo agarro mis cosas y me voy. Esta es mi chamba y esa es su vida, pero pensé que en lugar de estarlos acusando de cuanta tontería sea, ustedes podían desmentir todas esas madres. Defenderse un poco y que la raza «fresa», como ustedes dicen, se calle la boca con su drama y psicoterror contra la banda; pero al final, yo estoy aquí ahorita y mañana en otro lado con otra historia, por lo menos tuve las ganas y los blanquillos para venir a decírselos aquí de frente.

Y bueno, eso fue lo que respondí en versión editada. Mis palabras fueron más callejeras, obviamente, por calificarlas de alguna forma. Ya estaba fijada la postura: había abierto mi «bocota» y las consecuencias estaban por llegar. No estaba del todo listo, pero no había vuelta atrás. Se produjo un silencio y los muchachos volvieron la mirada hacia el Oso en espera de una instrucción. «Reviéntale cuerda y lo sacamos a patadas de aquí o ¿qué hacemos?». Esa era mi interpretación de los gestos en los rostros enfadados de mis anfitriones. Colgado de una última esperanza, el Oso y yo permanecimos enganchados en un reto con nuestras miradas: ojo con ojo sin parpadear. Se llevó la mano a la cara en señal de reflexión y me dijo:

—Al menos hablas al «chile» (honestamente). Vamos a hacer algo, si dices que además de ser tu chamba quieres ayudarnos a que nos escuchen, te tengo un trato: te vamos a dar el chance, nomás porque tuviste los pantaloncitos de venir hasta acá y no te rajaste diciendo la verdad; pero para eso te tienes que pasar toda una tarde hasta la noche con nosotros, ¿cómo la ves? ¿«Te la rifas» (te atreves) o te da «frío» (miedo)? A donde vayamos vas y lo que hagamos haces. Vas a ser parte de la banda por una noche, a ver si aguantas.

Siguió con una risa sarcástica y hasta cierto punto macabra. Creo que ellos esperaban que mi respuesta fuera negativa y, si era así, se llevaron una sorpresa porque acepté el trato.

—Ya estás, chido, ya estás —me dijo el Oso.

La cita era al día siguiente (viernes) para sumarme a la banda por una noche.

—Mientras, échate una chela y ya mañana vemos qué «banda banda» —y gritó—: Nadie me toque aquí al güero, que tiene mi permiso. Si se pasan se la ven conmigo.

Me dio su bendición y después de unos tragos de cerveza, en una especie de ritual, me despedí reafirmando nuestro trato para el día siguiente. El procedimiento sería el mismo: uno de los chavos me esperaría en un punto definido y de ahí me llevaría con el resto de la banda para asegurarse de que no traía «cola» (o sea de que nadie me seguía). Ya después, la noche correría como si fuera uno más: un chavo banda más. Al día siguiente, como a las siete de la noche, ya estaba integrado al colectivo. Era en el mismo lugar. Ahí estaban en una escena repetida de la noche anterior: fumaban, bebían e inhalaban pegamento en bolsas plásticas. Todo esto bajo el estruendo de un *rock* pesado en español. Cabe hacer la aclaración, y no es que yo no supiera del *rock* pesado, pero yo creo que si había escuchado de uno o dos grupos en español era mucho; sin embargo, ellos tenían un amplio repertorio que me reveló un movimiento subterráneo desconocido para mí. Pero eso era lo de menos, en el contexto, hubo momentos en los que parecía un ritual, una ceremonia. La música, la fogata dentro de un bote metálico de basura, el alcohol, la droga, sus caras, sus vestimentas con pantalones y camisas rotos, remendados, sucios, con manchas amarillas por el pegamento industrial, el pelo largo y el vaivén de sus cabezas al ritmo de la música: todos estos elementos en conjunto me parecían más de una tribu que de otra cosa. Nada diferente a lo que hacemos el resto de nosotros en cada esfera social, con o sin alcohol, con o sin drogas somos tribus, clanes (ya sea por pertenecer a una empresa, escuela o grupo social). Me pregunto qué tanto hemos evolucionado desde la prehistoria hasta nuestros días. Si seguimos agrupándonos en clanes de diferentes formas y con diferentes fines; pero con el mismo principio, y cumplimos con rituales para ser contratados, aceptados, integrados, etc. En esencia, para mí seguimos siendo los mismos seres con innegable instinto primitivo; solo que ahora, ahora lo justificamos.

A diferencia de la noche anterior, los jóvenes no me prestaban tanta atención. Esa noche yo era uno más de ellos: me ofrecían cerveza de la misma botella que le había dado la vuelta al grupo (decenas de bocas habían pasado por ahí), pero no me podía negar a compartir, esa era la forma de aceptar que era uno más de ellos. Así que, en la medida de lo posible, y sin violentar mis principios y costumbres, compartía lo más que podía. Por supuesto que más de uno me ofreció su bolsita con «chemo», pero no acepté, lo que me ganaba el calificativo de «fresa» al negarme.

—¡Huy! ¡Qué fresa! —me decían algunos; otros no me decían nada, porque estaban demasiado «pasados» (drogados) como para articular alguna palabra.

Con mi grabadora reportera en mano, me senté en uno de esos botes plásticos de pintura junto al Oso para iniciar mi reportaje. Compartimos un cigarro mientras conversábamos. Las bocanadas de humo salían de acuerdo con la intensidad de la plática. Esa noche, desarrollar empatía y lograr el *raport* (la conexión) con mi entrevistado no fue fácil; pero poco a poco lo fui consiguiendo. Si lo lograba con el Oso, los demás hablarían conmigo sin ningún problema. Él era mi pasaporte: mi puente para lograr conectar con los demás.

La aventura apenas comenzaba y no quería perder tiempo. Finalmente, sin saber cuánto tiempo había pasado, el Oso se abrió. Derribé la barrera: habíamos entrado en confianza y me contaba sobre su familia. Un tema que a veces olvidamos, y es que no importa lo que seamos, todos tenemos o tuvimos una familia, como era el caso de mi compañero o padrino de pandilla.

Su madre vivía en Chiapas, en una de esas casitas de cartón y lámina, lugar en el que aparecía esporádicamente solo para llevarle algo de billete a su jefecita (a su mamá), para ayudarla a que pudiera comprar la «papa» (la comida); pero no permanecía mucho tiempo, por el constante reclamo de ella en torno a la vida que llevaba. Le aseguraba siempre que si seguía así iba a terminar muerto o en la cárcel. De mala gana le aceptaba el dinero que él le llevaba, porque creía que siempre lo conseguía de manera ilícita; participando de actividades criminales, cosa que él no me negaba. Me decía que a veces era lo que juntaba de algún trabajito que le daban por ahí, pero que otras, pues tenía que atracar a algún niño bien o a alguna señora de la *high* para sacar los pesos del día. Tenía una obligación también con la banda: no podía dejarlos sin nada, por lo menos había que juntar la lana para comprar las chelitas (las cervezas) y el pegamento, que no podía faltar. Cuando le pregunté cómo los atracaba, que si tenía una pistola o cómo lo hacía, se sonrió y me dijo:

—Nel, ¡qué más quisiera yo que tener mi «fusca» (o sea, una pistola)! Pero... ¡ps! está difícil, no es tan fácil. Además, si traes una es para usarla, no na más pa presumirla.

Según su relato, uno de sus hermanos —el mayor, el más cercano, el que lo cuidaba— había sido asesinado por otra banda. Lo habían acribillado y me lo ponía de ejemplo.

—Mi carnal sí traía su fusca, pero el güey nada más andaba de «pantalleo» (o sea, presumiendo) con ella y no la usaba. Por eso se lo quebraron al güey.

Así que tenía enemigos de muerte. Él mismo me aseguraba que cobraría su muerte. Metió la mano en la parte baja del pantalón y sacó un puñal al tiempo que me decía:

—¿Ves este fierro? Con esto me sobra. Con esto me los voy a «enfierrar». Ya vas a ver... nomás los agarre me las voy a cobrar.

¡Qué maravillosa idea la mía! Estaba en medio de un barrio con pandilleros que bebían y se drogaban y con —al menos— un individuo armado y con sed de venganza por el asesinato de su hermano. ¡En buena situación me encontraba! ¿Qué garantía tenía de que esa misma noche no se diera el encuentro con los asesinos de su hermano? ¿Qué pasaba si uno de estos chavos me desconocía y me «enfierraba», nomás porque sí, porque le caía mal? O en el mejor de los escenarios, si nos caía una redada de la policía y acababa preso junto con los autores, de quién sabe qué prontuario de actos ilegales, ¿qué me pasaría a mí? No, no había garantía; pero tampoco me podía echar para atrás. Así que evadí por completo estas interrogantes, no tenía ningún sentido que me atormentara, solo extremar las medidas de precaución para —en caso de ser necesario— salir bien librado de cualquier dificultad que las circunstancias pudieran suscitar.

—¡Buena onda el güero! —les decía el Oso a los demás, mientras me sacudía la cabeza como una muestra de camaradería.

Uno de ellos me ofreció un «farito» (un cigarro sin filtro): cigarros muy fuertes y muy baratos. Yo lo acepté y al momento de encenderlo el mandamás me lo quitó de la boca.

—¿Qué pasó? ¿Cómo vas a estar fumando eso? Nel, nel, nel, nel. Aquí se le trata como amigo que es. A ver, Patas, vaya por ahí a conseguir unos cigarros de los que fuma el güero, en chinga.

La orden no fue cuestionada, por el contrario, como alma que lleva el diablo el Patas salió corriendo, y en menos de diez minutos ya estaba de vuelta con mis cigarros: un cartón completo de los cigarrillos que yo fumaba. ¿De dónde los sacó y cómo? No tengo ni idea, pero le agradecí mucho, ya que a mí ni siquiera me alcanzaba para comprar una cajetilla, y ahora ya tenía un cartón. Pero ese gesto me valió la envidia y mala actitud de dos o tres de los integrantes que no estuvieron de acuerdo con la deferencia. Algo comentaron y de inmediato mi «padrino de banda» los interrumpió:

—¡Eh, eh, eh! Shh…, shh…, shh…, shh. ¿Alguien tiene algún problema o qué? Ya saben, si no les gusta aquí estoy, ustedes nomás me dicen.

Sus interlocutores solo bajaron la mirada y se dieron la vuelta. Nadie se atrevía a contrariarlo: el precio a pagar podía ser muy alto.

La noche avanzaba y mi reportaje también. Iba recolectando testimonios de varios de ellos: algunos hablaban conmigo mientras se drogaban y, entre desvaríos y algunas palabras coherentes o ausencias momentáneas, me confiaban parte de sus vidas. Ninguno se identificaba por su nombre, todos usaban apodos: el Tuercas, el Patas, el Enano, Sabrosita... Unos muy originales; otros chuscos, pero todos más valiosos que sus nombres. Se los habían ganado a pulso, ya sea por un rasgo característico tomado de su personalidad o de su físico, o por alguna acción concreta. Además de esta particularidad, sus edades eran muy variadas: había algunos muy pequeños, a quienes les apodaban las Mascotas, y el resto que mantenía una relación particular con el Oso, que eran como una especie de hermanos menores, otros más que lo veían como un patriarca. También estaban aquellos que ostentaban del poder y de la autoridad para la toma de decisiones; pero siempre desde un escaño inferior al del Oso. Había parejas, solteros y solteras. Ya empezaba yo a definir una estructura familiar. Sí, eso era. Esta y otras pandillas son como una especie de familia sustituta. De ahí también el valor de sus apodos, ya que esos eran los nombres que los identificaban dentro de esa familia. De nuevo veía similitud en su proceder con el resto de la sociedad: ¿cuántos de nosotros no nos hemos visto forzados a encontrar, tal vez de una forma no consciente, una familia sustituta: una figura paterna, una figura materna...? Su organización, aunque diferente, tenía los principios básicos de lo que representan nuestras sociedades.

Una de las chavas banda, de carácter fuerte y rebelde, como una Adelita revolucionaria pero moderna, había estado muy pendiente de mi charla con el Oso: no se había movido ni un minuto del lugar. Aunque en ningún momento cruzó palabra con nosotros ni nos interrumpió. Solo me miraba fijamente a los ojos y ponía mucha atención a lo que hablábamos. Era muy linda, una de esas bellezas salvajes. En más de una ocasión, uno de los muchachos se le acercó a reclamarle algo. La tomaba del brazo y ella lo aventaba diciéndole:

—Pérate, no esté molestando. Ya sácate de aquí.

Imaginé que tendrían una relación o por lo menos él intentaba tenerla, porque mostraba comportamientos de celos: molesto porque ella estuviera con nosotros. El Oso solo se reía y seguía con sus anécdotas.

Después de no sé cuánto tiempo, el suficiente para que algunos estuvieran borrachos o bien «prendidos» (o sea, bien drogados), y de dos palmadas, el líder se levantó y anunció que nos iríamos de fiesta, y preguntó que quién se animaba. Varios se sumaron, pero no todos fueron aceptados. Con un «tú no vas», el Oso fue descartando a quienes estaban muy borrachos, muy drogados o eran muy pequeños para ir. De todas formas, el grupo era bastante nutrido. Calculo que en total sumarían unas quince o veinte personas entre hombres y mujeres. Mi duda era... ¿a dónde nos iríamos de fiesta? Digo, después de todo, lo que ocurría en ese pequeño callejón terregoso no era precisamente un funeral. Además, por más que ya se había hecho una «preselección» de los asistentes, todos todos estaban bajo los efectos de una cosa o de otra. ¿Cómo los iba a mantener bajo control? De todos modos, yo no tenía más opción que seguirlos a donde «el jefe» decidiera que iríamos. «Vamos a un antro bien chido, ya vas a ver que la vas a pasar a toda madre», me decía el Oso. Era un lugar en el que no tenían que pagar entrada, porque uno de los chavos trabajaba allí, además ya había enviado a alguien a conseguir billetes para las cervezas. Entre broma y broma me dijo que los había mandado al «cajero de dos patas», lo que significaba 'asaltar a alguien' para sacar lo de la fiesta. «También tenemos derecho a la fiesta, o ¿no?», me preguntaba. ¿Qué le podía decir yo? Por supuesto que tenían derecho a la fiesta. El mismo derecho que tiene la persona a la que iban a asaltar de no ser víctima de la delincuencia. No creo que esa respuesta hubiese sido bien recibida, sobre todo cuando ya para ese entonces me había percatado de la distorsión de valores con la que habían crecido. Para ellos robarle a alguien era de verdad como ir a sacar dinero del cajero. No era malo. Era necesario dentro de una vida que no habían escogido. Una mala repartición de la riqueza, la falta de oportunidades, que no dependían de ellos, sumadas a un resentimiento y a una exclusión social eran sus excusas o justificaciones. Alguien tenía que pagar por su condición.

Salimos a pie de ese laberinto de terracería y de callejones a oscuras hasta llegar, por fin, a una calle pavimentada, que daba la sensación de estar de vuelta en la ciudad. El paisaje era más urbano y menos rural. Ahí estábamos como una manada. Éramos entre quince y veinte jóvenes, de los cuales (aunque la mayoría permanecía al resguardo de las sombras) unos pocos estaban pendientes de las luces de los autos que se acercaban, en busca de un taxi para que nos llevara al lugar. Ya los enviados habían regresado del «cajero». En grupos, y casi por asalto, consiguieron los transportes. Con cara de angustiado, nuestro chofer manejaba, y estoy casi seguro que rogándole a Dios para que no le fueran a robar. No era necesario ser científico nuclear para darse cuenta de la clase de pasajeros que llevaba. Algunos iban bien equipados con botellas de cerveza y no en el mejor de los estados. Afortunadamente, nada malo ocurrió. El taxi se detuvo y ahí en medio de un estacionamiento improvisado estaba la entrada a lo que ellos llamaban antro. Y digo a lo que ellos llamaban antro, porque en realidad parecía un granero. Sí, un granero con paja mezclado con la tierra haciendo las veces de suelo, con un techo bajo de hojas de palmeras tejida, mesas y sillas metálicas, que regalan las refresqueras y cerveceras a cambio de la venta de su producto, música a todo volumen (con una terrible distorsión, por la falta de capacidad de los altavoces), una barra improvisada y un montón de gente parecida al grupo con el que hacía yo mi entrada. Era evidente que yo no encajaba y las miradas, en su mayoría, se enfocaban en mí. Esta vez sí era el marciano entre los terrícolas. Fue algo muy intimidante, porque ya no estábamos en el territorio controlado, por el contrario, estábamos expuestos a otras bandas, a otros líderes, a otros resentimientos y a otras cuentas pendientes. Pero no me podía acobardar; tenía que seguir con lo prometido. Yo lo veía así: «puedo irme de aquí y arriesgarme a tener problemas con el Oso y su banda, o me puedo quedar y correr con la suerte de que no haya problemas, y de haberlos contar con el apoyo de la pandilla». Según mi lógica, el segundo escenario era el más conveniente. Yo ya había terminado con mi trabajo. La cantidad de testimonios que tenía era más que suficiente para llenar un espacio de una hora, si se me daba la gana. La calidad del contenido era de primer nivel. No tenía nada más que hacer ahí, solo cumplir mi palabra y honrar el acuerdo que habíamos pactado. Así que me ubiqué junto al Oso, en una de las mesas más escondidas, para evitar cualquier contratiempo. Ya para ese entonces él y algunos más me trataban como su amigo. Me había ganado su confianza. Durante todo el tiempo que estuve hablando con el Oso, la joven pandillera, que les había mencionado antes, se quedó con nosotros. Se acercó a mí y empezó a coquetearme sin ningún reparo. Francamente, lo que me faltaba: estar en medio de una pelea por celos. Y es que mientras yo la «toreaba» (para no provocar su furia por un rechazo, pero para tampoco caer en su juego) podía ver en la distancia al joven que antes había celado a esta Adelita por mí. Él y tres más me miraban con recelo, con rabia. Miradas iban y venían, mientras el Oso en su mesa se entretenía con otras dos muchachas. Yo buscaba su mirada para de alguna forma ponerlo al tanto, alertarlo de lo que estaba ocurriendo, pero me era imposible. Los jóvenes entonces miraban hacia la mesa de su líder para cerciorarse de que estaba distraído. Lo veía venir: sabía que estaba en problemas y que casi casi no tenía opciones para evitar una confrontación, la cual no sabía qué tan intensa podría ser. No tenía idea de qué consecuencias me podría acarrear. Todo esto solo lo estaba pasando por hacer un reportaje; una historia para la radio, en un programa donde ni siquiera me pagaban.

«¡Vaya costo!», pensé. «¿Valdrá la pena todo esto?». Ahora sé que sí. Ya me he acostumbrado a los riesgos necesarios para llegar al fondo de las cosas, para ser testigo de primera mano de los casos, acontecimientos, noticias... Soy uno de los pocos afortunados que se ha formado en las calles. No soy de la generación de Internet que todo lo quiere investigar y solucionar a través de un buscador. ¡Enhorabuena por esas vicisitudes, por esas pruebas! No las cambiaría por nada. Y de no ser por ellas, tal vez no estaría hoy aquí escribiéndoles todo esto.

Llegó el momento: los tres jóvenes caminaban hacia donde me encontraba, con la forzada compañía de esa atrevida joven, a quien ya había alertado de la peligrosa aproximación que se estaba dando.

—Ahí viene tu novio. Y se me hace que está bien enojado. Muy molesta me respondió:

—¿Mi novio? ¿El mugroso ese? Primero perra. Que venga para que vea como le rompo el hocico.

No había terminado la frase cuando ya la estaba tomando por el brazo y jalándola hacia un lado, mientras sus dos compinches se aseguraban de detenerme a mí cada uno por un brazo. La joven empujaba fuertemente a su enamorado y le gritaba:

—Ni se te ocurra que te rompo la cara.

Yo no sabía a qué se refería. Acto seguido, el muchacho la empujó bruscamente y ella fue a caer sentada sobre la mesa en la que se encontraba el Oso, quien de inmediato se levantó para detenerla, buscando con la mirada al responsable, que era el mismo que en ese instante sacaba una punta de su bolsillo en dirección hacia mí. Una punta es una pieza de metal utilizada para «picar» o «pinchar» a alguien. En pocas palabras, es un arma improvisada que hace las veces de puñal. Yo tuve que forcejear con mis captores hasta que logré zafar una mano y ganar un poco de distancia del despechado agresor, y justo cuando pensaba que sería inevitable tener que defenderme a los golpes (o como pudiera), vi como una mano se atravesaba en el aire propinándole un golpazo en la quijada al enamorado, quien cayó al suelo cual saco de papas. La mano que aún me detenía de uno de los brazos de inmediato me soltó, mientras se escuchaba al Oso decir:

–¿Quién se las quiere ver conmigo? ¿Qué les dije, bola de pendejos? Al güero nadie me lo toca. Con el güero nadie se mete o me lo quiebro. Sáquense a la chingada de aquí, ¡órale!

¡Uf! había estado cerca. De la que me libré. Si ella nunca hubiese caído en la misma mesa en la que se encontraba sentado el Oso, quién sabe qué suerte habría corrido.

Los chavos banda levantaban a su amigo y salían despavoridos. El macho alfa había dado una orden y sus órdenes no se cuestionaban. Me pidió que me sentara en su mesa para estar más seguro y, de inmediato, con un silbido y una seña, hizo que la mismísima manzana de la discordia se fuera a sentar conmigo. Ella ni tarda ni perezosa así lo hizo. No me era muy cómoda la situación, pero estaba menos presionado y decidí entonces hablar con ella para conocerla un poco más. La noche avanzaba a la vez que crecían mi sorpresa y admiración por esta chica. Su vida era un drama, una tragedia: violada por su padrastro y golpeada y acusada de provocadora por su madre. Decidió abandonar su hogar cuando solo tenía diecisiete años y ya llevaba tres fuera de su casa, al resguardo de su familia suplente, huyendo de quien se supone la cuidara más. De ahí su carácter agresivo y firme. Era una niña y me contaba sus sueños de encontrar a ese príncipe azul que la sacara de allí y de poder estudiar, vestirse bonito, tener una casa, su recámara, su cama y dormir en un mismo lugar todas las noches. Cosas que son tan comunes para muchos de nosotros eran un sueño para ella. «¡Cuánto damos por sentado en esta vida! Cuántas cosas que no valoramos y que para otros significan la vida», en eso pensaba mientras la escuchaba. Sus grandes ojos color verde se iluminaban mientras me confiaba sus pensamientos; creo que muy en el fondo deseaba que yo fuera ese el que la sacara de donde estaba. Sus acciones e intenciones así lo hacían ver: me tomaba de la mano y me abrazaba. El Oso me miraba de reojo y sonreía. En algún momento ella se levantó para ir al baño y él aprovechó para preguntarme:

—¿Te gusta? Está chida la vieja, ¿no? Y es a toda madre. No tengas miedo, sin bronca. Usted adelante si le dan entrada.

Solo sonreí. En verdad a esa hora ya estaba saturado, molesto, rabioso de saber que existía ese mundo torcido, lleno de dolor, traumas, resentimientos y de que no eran muchas sus opciones de escapatoria. Estaba de nuevo lleno de dolor por lo que descubría. Bien había valido la pena esa noche. Mi reportaje no sería más de lo mismo. El contexto era amplio, enorme, nutrido y aunque no estaba de acuerdo con muchas de las cosas que hacían, ni de cómo pensaban, entendía por qué lo hacían, por qué lo pensaban, pero, sobre todo, qué los mantenía sintiéndose así.

No fue mucho más el tiempo que estuvimos en el antro, ya para ese entonces eran cerca de las tres de la madrugada. Todos nos fuimos caminando por la banqueta (por la acera). De un lado, el Oso me pasaba el brazo y del otro me tomaba la mano la Adelita. No sabía a dónde íbamos ni cuál sería el siguiente paso; solo veía como uno a uno de los chavos sacaba sus bolsitas de plástico y empezaba a inhalar pegamento. Se pasaban las bolsas y las compartían entre ellos. A mí también me ofrecían, pero nunca quise probarlo; solo agradecía y se lo pasaba a alguien más. Pero en ese momento, el Oso me detuvo por la muñeca y me dijo:

—¿Qué ni un llegue le vas a dar? No le saque. Es solo pa que pruebe. Se supone que es uno de nosotros, ¿qué no?

Él tenía razón, pero yo no quería hacerlo, aunque tampoco me convenía negarme dada las condiciones en las que ya se encontraba mi anfitrión. Así que como pude me las ingenié para tomar la bolsa, llevarla hasta mi boca y engañarlos. Fingía que inhalaba el pegamento, pero, en realidad, siempre mantuve la bolsa cerrada. Afortunadamente, una vez fue suficiente y con júbilo el Oso me bautizó y a los cuatro vientos gritó:

—¡Banda! ¡Este es el banda más fresa o el fresa más banda! Chido chido.

De ahí que en el mundo de las pandillas me ganara el apodo del Banda Más Fresa. No sé si estoy bien, pero creo que el ser bautizado por el mismo líder de la pandilla es uno de los más altos honores y de no ser así, pues moriré engañado. No es que lo sintiera como una condecoración, pero para mí fue la certificación de que en realidad había entrado en su mundo, de que por unas horas había podido conectar con ellos y ver las cosas con sus mismos ojos. Uno de los retos más grandes para un reportero, cuando trabaja historias de tipo humano, es lograr el nivel de empatía más alto, para que la persona en cuestión confíe y se abra al cien por ciento. Para mí, esa noche lo conseguí. Fui un camaleón que logró vivir otra vida fuera de la propia.

La nueva instrucción del Oso, para lo que restaba de noche, era atracar una tienda para conseguir la cena, y después buscar un edificio abandonado donde pasar la noche. Honestamente, esa instrucción ya no era de mi agrado. Pasar la noche en un lugar abandonado no me preocupaba, pero participar de un asalto o ser testigo del mismo, sabiendo quiénes eran los responsables y encubrirlos, no era viable. Irme por encima de mis valores y principios no era una opción. Tenía que buscar la forma de zafarme, así que cuando me percaté de que caminábamos muy cerca —a tan solo una cuadra y media de mi cuarto de azotea— decidí darme a la fuga. Nos aproximábamos a un terreno baldío, sobre la misma acera por la que caminábamos, y al llegar a él me excusé un momento con el Oso y la Adelita, con el pretexto de tener que ir al baño. Me paré en el terreno baldío, cubriéndome con la pared de la casa contigua, y ellos siguieron su marcha convencidos de que después de hacer lo prudente me uniría a ellos. Pero en lugar de eso, atravesé el terreno hasta la calle paralela y me perdí en la noche, hasta que llegué a mi refugio. Así finalizó mi noche como chavo banda: con mis cintas de audio como tesoro, con muchos sentimientos encontrados y esperando que mis anfitriones no tomaran a mal mi partida. Sabiendo que me escucharían, solo me quedaba una cosa por cumplir: hacer bien mi trabajo y hacer valer sus palabras a través del reportaje. En eso trabajaría al día siguiente y pensando que no vería más a mi «padrino» de pandilla. Pero estaba muy equivocado.

Mi reportaje fue todo un suceso en Tuxtla Gutiérrez. Las líneas telefónicas no paraban de sonar. Mensajes de felicitación, opiniones contrariadas y demás inundaron esa tarde la estación de radio. Muchas fueron las hojas de llamadas que me dieron, que continuaban entrando aún después de finalizado el programa. El contenido conseguido era tan amplio que se tuvo que presentar en dos partes. Una de las mejores sensaciones que tuve en ese entonces fue ese trabajo. Me sentía satisfecho con lo logrado. Había cumplido con todos: con la banda, con la audiencia, con la estación, pero principalmente conmigo mismo. Había hecho lo que tenía que hacer con principios, respeto y responsabilidad. Así me lo hicieron saber los mensajes de algunas amistades que dejaron escritos, en trozos de papel, debajo de la puerta de casa, en los que me felicitaban por el logro. Misión cumplida. Cuando te entregas lo consigues. Desde entonces me he entregado a todo y a todos en este oficio sacrificado y lleno de satisfacciones.

Semanas después, mientras me encontraba trabajando en la discoteca, de la cual era gerente, unos elementos de mi equipo de seguridad me llamaron para comunicarme que alguien me buscaba en la puerta. Les pedí que investigaran de quién se trataba, porque estaba muy ocupado y lo más factible era que se tratara de algún cliente que quería acceso o una mesa. Unos minutos más tarde, dos de ellos regresaron con cara de circunstancia —y créanme que para el tamaño y físico de estos personajes lograr una cara de circunstancia no era cosa fácil—. Tenía que ser algo delicado muy delicado para que se pusieran así. «¿Qué pasa? —les pregunté—. ¿Por qué esas caras?».

Resulta que quien me buscaba en las afueras de la disco era el Oso acompañado de algunos miembros de la banda. Quería hablar conmigo. No sabían de qué, pero estaba intoxicado, drogado o alcoholizado y me rogaron que no saliera, que mejor llamáramos a la policía, porque muchos clientes estaban asustados con su presencia. ¡Por supuesto que no iba a hacer eso! Yo era el Banda Más Fresa, no era un desconocido para ellos, ni ellos para mí tampoco. Tal vez se trataba de algún problema o necesitaban ayuda. Finalmente, logré convencer a mi equipo de seguridad de que me dejara salir y ellos condicionaron mi salida a que dos elementos estuvieran conmigo todo el tiempo. Acepté y caminé hacia la puerta. Ahí estaba el Oso con muy mala cara, no de molestia, pero sí de los efectos provocados por «la mona» o 'inhalación de pegamento industrial'. Para mí ya era fácil diferenciar entre una borrachera y el consumo de esta sustancia. Extendí mi mano para saludarlo y él, notablemente emocionado y creo que sorprendido de mi recibimiento, no solo me saludó, también me abrazó y aplaudió para luego decir:

—¡Ya ven!, les dije que el Banda Más Fresa sí salía.

Lo tomé por el hombro y lo fui alejando de la puerta de entrada para evitar ahuyentar a quienes llegaban al antro, mientras, que con mucha discreción, me acompañaban mis dos compañeros de trabajo. Aún no sabía de qué quería hablar conmigo el líder de la banda; pero para mi sorpresa, me comunicó que venía a romperse conmigo la cara de «cuates», de 'amigos'. Seguramente se preguntarán, ¿cómo alguien se puede caer a golpes con otra persona en un gesto de amistad? Bueno, eso no es algo extraño entre miembros de pandillas. De hecho, en muchas de ellas la iniciación es así: a golpes entre amigos. Sus códigos son muy diferentes a los nuestros. Cuando le pregunté por qué, me respondió:

—Pues, porque te fuiste sin decirnos nada.

Inmediatamente, y queriendo sacar provecho de su estado mental, para evadir la situación, le pregunté que si habían escuchado el reportaje. Y, con alegría y emocionado por escuchar su voz al aire en la radio, me dijo que todos juntos habían escuchado los dos programas en la radio, que ya lo había hecho famoso y que había cumplido con mi palabra. Pensé que, con esta desviación del tema, la pésima idea inicial se disiparía; pero no fue así. El que una vez fuera mi entrevistado insistió en que nos rompiéramos la cara de «cuates». Este hecho implicaba también que no habría consecuencias mayores y tampoco armas de por medio. El negarse podría resultar ofensivo y entonces sí se podría pasar al siguiente nivel y dejar lo de «cuates» atrás. Mis dos jefes de seguridad estaban muy tensos y me miraban con ojos de preocupación. Uno de ellos se acercó peligrosamente hasta el Oso para detenerlo, pero de inmediato lo paré en el camino. Yo era consciente de que la única salida era acceder a la loca petición. Tal vez con eso de los cuates, y gracias a su estado, no sería nada complicado manejar la situación. Fue entonces que le pedí que lo hiciéramos en el estacionamiento para que no se armara un escándalo y no fuera a llegar la policía. ¡Hasta dónde había llegado mi afán de hacer ese reportaje! Ya las entrevistas habían salido al aire y yo todavía seguía lidiando con los protagonistas.

Para mi fortuna, cuando iniciamos nuestra «amigable» pelea, en efecto, la coordinación de mi contrincante era bastante paupérrima y solo tuve que moverme un poco para evadir sus ganchos. El resto de sus movimientos los tiraba al aire. No corría ningún peligro, solo tenía que seguir con la farsa por un rato más y seguramente él mismo desistiría. Los demás chavos de la banda festejaban, hacían bromas y echaban porras; pero todo en un tono, de verdad, amigable. Todos nos relajamos un poco más al ver que las cosas no eran graves y que mi encuentro pugilístico no pasaría a mayores... Hasta que cometí un error. En mi afán por terminar con el entretenimiento, y regresar al trabajo, abracé al Oso y lo mandé al suelo quedando yo en la posición dominante, deteniendo sus manos y pidiéndole que se rindiera. Por supuesto que no había comparación de tamaños. Y con un solo movimiento pasé de ser el dominante al dominado. Ahí estaba él encima de mí. Entonces ya estaba dispuesto a rendirme cuando en un movimiento —que ya yo conocía— se llevó la mano a la espalda para alcanzar su fierro. De inmediato les grité a mis acompañantes alertándolos para que lo detuvieran. Todo ese momento pasó en cámara lenta. Vi cómo el brazo de mi oponente viajaba desde su espalda hacia el frente dirigiéndose hacia mis costillas con el puñal en la mano, mientras, simultáneamente, sentía cómo uno de los miembros de seguridad de la discoteca se abalanzaba hacia él, justo a tiempo, para detener a centímetros de distancia el brazo y la mano que empuñaban el arma. A la vez que me lo quitaba de encima, se sumó otro de los elementos de seguridad. Todo se volvió un desastre, como era de esperarse. Este tipo de eventos nunca termina bien. A mí me metieron corriendo a la discoteca y al Oso lo sometieron quitándole el arma. Por suerte, no fue necesario golpear a nadie, ya que había un entendimiento en el ambiente de que se había roto la regla de «cuates», y no había sido por mí. Una vez dentro de la discoteca, y un poco más calmado, me dieron el reporte de todo lo ocurrido afuera y me aseguraron de que no hubo ni golpes ni resistencia por parte del líder de la pandilla para someterse y entregar el puñal. Que se fueron calmados y sin amenazas. Aunque un poco inquietos, y en una especie de alerta preventiva, todos continuamos con nuestra labor sin mayores contratiempos. Del Oso no supe más por esa noche, pero habría una visita más que se daría la semana siguiente.

La orden a mi equipo era de no agredir ni llamar a la policía si la banda se volvía a presentar. No eran enemigos ni buscaban hacerme daño. Si las cosas habían ocurrido como me habían contado, después del amistoso enfrentamiento, no había por qué preocuparse. Estábamos claros y, a cambio, lo único que me pedían era que no saliera más allá de la cadena de entrada a la discoteca. Si me llegaban a buscar, el puñal del Oso me había sido entregado y lo tenía guardado en la caja fuerte de la oficina.

Esa noche, una más de fin de semana y de fiesta en el antro, todo transcurría de forma normal, cuando, de pronto, recibí la noticia de que me visitaba de nuevo el ya famoso Oso. Esta vez no me asomé a la primera de cambios, no, en esta ocasión les pedí que averiguaran qué era lo que quería y cómo venía. Al menos estaba sobrio, según me reportaron, y venía a pedirme que por favor le devolviera su fierro. El mismo con el que me quiso picar y con el que quién sabe a cuántos ya había picado. Yo sabía el valor que tenía y lo representativo que era para él ese puñal. Así que subí a la oficina para sacarlo de la caja fuerte, lo envolví en una pequeña toalla, y lo llevé hasta la cadena de la puerta. Ahí, con los ojos fijados en el piso y con actitud de vergüenza y arrepentimiento, me encontré con el personaje. Intentó acercarse a mí, pero antes pidió autorización, al menos con la mirada. Me dio mucha pena verlo actuar así. Solo lo acompañaban dos de los miembros de la banda, pero aun así él vivía de su reputación y del respeto que tenía entre ellos. Por lo que ignorando la petición que se me había hecho, salí hasta la acera en donde, sin aviso, el Oso me dio un abrazo y me pidió perdón por lo ocurrido la semana anterior. Le hice saber que no había «fijón» (o sea, problema) a la par que le entregaba la toalla con su «juguete» (el arma). Me dio un fuerte apretón de mano y sin soltarme y mirándome a los ojos me dijo:

—Aquí tienes un «carnal» (un hermano) para siempre. Y cuando tengas un problema, solo tienes que llamar al Oso y nos quebramos a quien nos tengamos que quebrar. Mientras yo viva, así será, carnalito. Cuenta con la banda.

De nuevo me dio un abrazo y se fue con la noche. Los vi caminar hasta que la oscuridad los recibió en la distancia. La misma oscuridad en la que se quedaron, porque nunca más supe de ellos. Lo cierto es que aún hoy, después de tres décadas, siguen siendo parte de mi historia y son un nuevo reportaje que entrego a ustedes en este libro.

DE LO SUBLIME A LO RIDÍCULO
Y A LO SUBLIME DE NUEVO

El programa de radio en donde la voz de los chavos banda, entre otras, había encontrado un espacio había terminado; pero, afortunadamente, no quedé fuera de la estación. Por suerte, conocí a alguien que algún día supo ser amigo. Su nombre me lo reservo, pero le apodábamos el Negro. Él tenía un programa de música romántica, y tenía una de esas voces que llenan de ilusiones a las mujeres que por las noches no tienen nada mejor que hacer que escuchar la radio, y de aquellas que se hacen acompañar por ella para finalizar el trabajo pendiente o las entregas de la escuela o

Cuarto de azotea donde se instaló Fernando cuando atravesaba
uno de sus momentos más difíciles, 1991.

universidad del día siguiente. Su programa tenía mucho éxito y era muy escuchado y querido por la gente. Así que me invitó para ayudarlo cuando tuviera que salir y para presentar algunas canciones con él y hacer reflexiones sobre el amor y el desamor al aire. Cosa que no me desagradó del todo, ya que siempre he sido un romántico empedernido y siempre me ha gustado reflexionar sobre las relaciones humanas. Mientras esto ocurría, yo continuaba con el trabajo en el despacho de diseño con Alberto, del que ahora ya era socio. También iniciaba una relación tormentosa que me daba mucho material para descargar por las noches durante el programa. Además, con un suegro que no me quería para nada y una familia que estaba más que conflictuada. Familia que de una forma u otra había adoptado al estar tan lejos de la mía y que, por ende, me hacía parte de sus conflictos diarios. Ya que seguía teniendo una economía paupérri-

Interior del cuarto de azotea en el que padeció muchas vicisitudes, 1991.

ma —y aunque con dolor en el alma— tuve que abandonar el departamento de la quinta avenida, en el que me sentía apoyado por Vicente. Pero es que, además, el tiempo y la reconstrucción de la vida de Vicente se encargaron de llevarnos por caminos muy distintos. Recuerdo que las últimas veces que lo vi, él ya tenía una novia, que me presentó, y había dejado atrás la dolorosa pérdida de su mujer. Eso sí, siempre supe que estaría ahí en caso de necesitarlo. Es solo que nunca más le pedí ayuda, porque quería demostrarle que había entendido su mensaje, y que si él había salido adelante, después de perder a su esposa, yo también podía hacerlo. Sentía que se lo debía por todo el tiempo que me dedicó. Y lo cumplí, pero antes tuve que mudarme a un cuarto de azotea, que me rentaba la abuela de mi entonces novia, que quedaba justo al cruzar la calle frente a su casa y por el que, además, tenía que pagar una renta. Era pequeño

La única puerta que daba acceso a la diminuta vivienda, 1991.

y asfixiante. Todo de concreto y con una sola ventana, y donde —por su ancho— no cabía una cama matrimonial. La regadera del baño estaba justo sobre el excusado y el lavabo, es decir, uno se podía bañar, lavar los dientes, rasurar y al mismo tiempo estar sentado haciendo lo prudente. El agua era muy fría y se acumulaba hasta inundar el cuarto. La única puerta era de aluminio, perfecta para hacer las veces de sartén cuando las temperaturas eran elevadas, lo cual era prácticamente todo el año. Siempre olía a humedad y las hormigas pululaban saliendo por el drenaje y las comisuras de las paredes prefabricadas, que parecían ser su lugar favorito. Además, por su zona geográfica, que en su inmensa mayoría era selvática, las hormigas eran de buen tamaño y también picaban muy fuerte. Bueno, ese, ese era mi nuevo «hogar». Con retazos de alfombra vieja —que no recuerdo dónde los conseguí— le di un poco de suavidad al suelo para poner la colchoneta que usaba por cama, y con una estructura de ganchos, había logrado colgar mi ropa para evitar que hicieran sus nidos las hormigas. Nada acogedor —créanme— y mucho menos habitable. Pero no había para más, y si hasta ese momento en Chiapas me costaba trabajo colocarme en los medios, en la ciudad de México (donde vivían mis padres y hermanos) ni pensarlo. ¿Quién me daría una oportunidad? Por lo menos en Chiapas ya estaba empezando.

El Negro y yo hicimos varios programas juntos y mi entrada tuvo una buena acogida por parte de la audiencia. Un día él me pidió que cerrara el programa, lo que normalmente hacíamos con una frase inventada y relacionada con la letra de la última canción que tocábamos. No sé cuál era la canción, pero mi frase la tengo tan fresca como ese mismo día. El Negro les dio las buenas noches a los radioescuchas y a mí me cedió la palabra. Entonces yo di las buenas noches y muy orgulloso y con voz profunda y suave, como si quisiera enamorar a alguien, dije: «Recuerden que siempre existe una luz en las sombras». Él se me quedó mirando con una sonrisa y al mismo tiempo su cara se ponía roja, a punto de estallar, por lo que rápidamente cerró el micrófono y acto seguido, soltó tremenda carcajada y me preguntó: «¿De dónde sacaste eso, estás loco?». Yo de ninguna manera me sentí ofendido, para ese entonces teníamos muy buena amistad. Así que solté la carcajada igual que él y le respondí que no sabía. Rápidamente me pidió que hiciera silencio y, sin perder tiempo, abrió de nuevo el micrófono y cerró diciendo: «Se despidió de ustedes "el Loco De La Radio"». ¡Qué manera de reírnos después de eso! El apodo me gustó y sobre todo porque venía de un buen amigo (en ese entonces así era, después las cosas serían diferentes).

Cada noche disfrutábamos de nuestra compañía y de las cosas que hablábamos dentro y fuera del aire. Cuando él peleaba con su novia, el programa tenía un matiz diferente y lo mismo pasaba cuando el peleado era yo. Pero si el amor estaba con su mejor sonrisa, entonces el tiempo no alcanzaba para dedicarles todas las canciones a las mujeres que nos escuchaban al otro lado y que llamaban para decirnos todas esas cosas que se dicen los adolescentes enamorados. Ese espacio era una catarsis: una delicia. No me lo hubiera perdido por nada. Eventualmente recibíamos alguna llamada de Anabel para hacerse sentir presente: dando órdenes o corrigiendo algo. Una de las órdenes había sido no dejarme hablar mucho, porque todavía estaba muy verde, cosa que el Negro me confesó y que, para suerte mía, ignoré. Al ser un programa nocturno casi nunca éramos monitoreados por la jefa y los números eran muy buenos, así que no había porque alarmarse.

Eventualmente, pude hacer el programa solo las veces que el Negro tenía que salir de la ciudad a conducir eventos o presentaciones como maestro de ceremonia. En algunas ocasiones lo acompañé. Después de una de esas presentaciones, en las que siempre había tragos gratis para el conductor y sus amigos, en medio de una plática casual, le pregunté que si esos eventos no se le hacían muy pesados y por qué los hacía. Fue entonces cuando supe que le pagaban por hacerlo. «¿Qué? ¿Le pagan por hacerlo?», pensé. Pero ¡qué mejor manera de hacer dinero! Siempre eres el centro de atención, te toca fiesta gratis y, además, te pagan. Yo quería hacer lo mismo. Se lo dije y, mi buen amigo en ese entonces, me enseñó que no en vano me hacía acompañarlo a todos lados.

Poco a poco me fui fijando en todo lo relacionado con el manejo del escenario: la forma de motivar al público –de controlarlo también– y de ser fresco o simpático sin llegar a ser bufón. Él era muy bueno, pero su alumno tenía mucha hambre –literalmente «mucha hambre»– y vivía muy mal. Así que aprendí rápido. Mi primer evento ni siquiera estuvo planeado. Era un evento del Negro: un desfile de trajes de baño, que iniciaba justo a las doce de la noche, en uno de esos bares de mala muerte, lleno de machos que quieren ver carne y nada más. En definitiva, el público no estaba conformado por mujeres y los hombres que estaban ahí tampoco estaban para ver los modelos y comprárselos a sus esposas. La hora pactada para la presentación era las once de la noche de un viernes, por lo que terminamos el programa un poco antes, claro después de haber atendido varias llamadas triple X de las fanáticas de ambos, y de que el Negro invitara a dos de ellas a acompañarnos al evento. ¡Vaya que era arriesgado! Pensé que estaba mal de la cabeza. ¿Qué pasaría si las dos mujeres que había invitado eran un espanto y tenían joroba o tres ojos? ¿Qué haríamos entonces? Pero él lo tenía todo muy bien planeado, les había dicho que salieran a la esquina de su casa y que ahí las recogería. Cada una con diferente dirección, pero muy cerca la una de la otra, y del lugar también. Ese día despertó en mí otro de los grandes atractivos de ser una figura pública, el acceso a muchas cosas: fiestas, tragos gratis y, sobre todo para dos adolescentes que trabajaban en la radio y eran románticos, ¡mujeres!

Era un motivo más para seguir luchando por la carrera, ¿qué más podía pensar en esa época? Pero que equivocado estaba. Igualmente, tenía que pasar por todo eso para después entrar en el mundo real de las comunicaciones y tenerles el respeto que se merecen. Seguramente estarán preguntándose, bueno ¿y qué pasó con las citas de esa noche? Pues bien, subimos al enorme, viejo y un poco destartalado Impala color vino que tenía el Negro y solo recogimos a una de ellas, no pregunten por qué. Ya en el Impala, y después de haberme pasado al asiento de atrás, descubrí que me había convertido en el famoso mal tercio y que la química entre ambos me obligó a escuchar y a ver cómo él disfrutaba de la compañía de esa guapa mujer. Esta fue la antesala del evento en el cual mi entonces amigo sería el conductor y se luciría frente a su cita y frente a mí con esa habilidad y seguridad que había desarrollado frente a un micrófono y frente al público.

Al llegar al lugar del evento, el dueño nos dio la bienvenida y nos invitó a pasar hasta la mesa designada para nosotros. Minutos después de estar sentados ahí, el mesero llegó con una botella de ron (cortesía de la casa) y un servicio completo de refrescos de cola para preparar el conocido elixir llamado Cuba Libre, mientras terminaban de arreglarse las modelos del desfile. Así que mientras eso ocurría, el Negro, su cita y un servidor iniciamos la primera ronda de bebidas y, como era de esperarse, el que estaba de sobra y haciendo mal tercio era yo.

La plática entre ambos se intensificaba y el innegable flirteo subía de tono de una forma directamente proporcional a la cantidad de alcohol que consumían. Llegó el momento en el que la borrachera era evidente y los tres estábamos en el mismo nivel. Todo era muy agradable y yo estaba muy relajado; pero pensaba en cómo haría el Negro para conducir el evento, que estaba por comenzar, en ese estado etílico. La respuesta a mi pregunta estaba por llegar. El gerente de la discoteca se acercó a él para hacerle saber que las modelos ya estaban listas para arrancar y él asintió con la cabeza. Se levantó tomando al gerente por el hombro y dando unos pequeños pasitos hacia delante, de espaldas a nosotros, vi que hablaban algo; pero solo alcancé a escuchar que no había problema. Los dos se giraron y me miraron de una forma muy extraña; sonrieron y enseguida el Negro se sentó a la mesa, me pidió que me acercara y me dijo: «Órale, loco, ¿vas? Ya tienes tu primera conducción en vivo». Mi reacción fue preguntar, «¿qué?», acompañada de una sensación extraña en la que mi corazón latía irregular y fuertemente, como si fuera a salirse, y mi cabeza se llenaba de sangre, además de faltarme el aire por supuesto. ¿Qué yo qué? Pero si ni siquiera había tenido el valor de pararme frente a mis compañeros de escuela cuando en aquellos tiempos tenía que presentar alguna exposición. ¿A quién se le podía ocurrir mandarme al ruedo así? Y con tantas inseguridades que tenía sobre mi persona y mi larguirucha apariencia. Además, qué iba yo a decir si no tenía idea de cómo hacer un evento y mucho menos un desfile de modas. Fue tanto el temor, que las dudas se agolparon de tal forma en mi cabeza, que no pude reaccionar al anuncio y fue necesario que me despertara del trance con un «güey, te estoy hablando, ya están listos para que empieces». ¿Qué hacer? Tampoco estaba del todo sobrio, pero él menos que yo. Aún hoy tengo la duda de si en verdad quería darme una oportunidad o si lo hizo por la borrachera y la compañía que tenía esa noche. El caso era que estaba frente a un reto y no estaba ni siquiera armado adecuadamente: un deslavado pantalón de mezclilla y una camisa bastante raída, por tantas lavadas, conformaban mi atuendo. Mientras tanto, el Negro llevaba un traje oscuro y corbata más de acuerdo con la ocasión. Situación que terminaba por exaltar mis inseguridades. La muchacha que estaba con nosotros me daba una mirada desafiante, de esas que de seguro muchos de ustedes conocen y muchas de ustedes practican. Esa que te dice: ¿no te atreves?, ¿te da miedo?, ¿qué no eras muy fregón? Sentí la presión y no me quedó de otra. Me acerqué al Negro y le dije que no podía pararme ahí vestido así, por lo que llamamos al gerente y acordamos —para mi beneficio— que hiciera la conducción desde adentro de la cabina del DJ. Cosa que me tranquilizó mucho, ya que no estaría directamente expuesto

Fernando y el DJ Vampiro en la discoteca Daddy'o,
de la cual era gerente general, 1991.

DEL RINCÓN A LOS MEDIOS

a un público 90% masculino, ¿por qué sería? Nada de modas, querían ver féminas con poca ropa. En un estado de embriaguez, un tanto considerable, mi amigo se quedó en la mesa intercambiando gérmenes con su cita y yo me dirigí a la cabina donde ya me esperaba el micrófono y el DJ. Claro que yo tampoco estaba del todo en mis cinco sentidos, factor que fue favorable, porque gracias a ese estado me atreví a aceptar el reto.

Luces apagadas, música de fondo y de pronto humo, destellos: comenzó la fiesta. Desde donde me encontraba, se escuchaban los gritos de los allí presentes como si una tribu anunciara el inicio de algún ritual. ¡Qué valor el de esas modelos de atreverse a salir al escenario con tantos borrachos irrespetuosos! Solo querían ver «carne». Así de desagradable como lo leen: «carne» y nada más.

«Buenas noches a todos. Gracias por acompañarnos esta noche en la que podremos apreciar la nueva línea de trajes de baño...». Algo así fue lo que dije en mi presentación. Luego, entró la primera de las modelos y, tal y como lo esperaba, se encontró con un público difícil, agresivo y muy grosero. Pobres chicas que tuvieron que aguantar a tantos patanes. Así que entre palabra y palabra, trago y trago decidí meterme un poco con el público para ponerle un freno.

Recuerdo muy bien como un señor que estaba sentado justo a la orilla de la pasarela, por lo que las modelos en su recorrido le pasaban muy cerca, sin ninguna vergüenza, prácticamente desnudaba a cada una de las chicas, y llevaba un par de espejuelos que, en una ocasión, por acercarse tanto a una de las muchachas, estuvieron a punto de caerse al piso. Con el aspaviento para recuperarlos, la joven se asustó y brincó hacia el centro de la pista. Se escucharon muchas carcajadas, y con lo que me quedaba de voz (entre el cigarro y los tragos) le dije a través del micrófono:

—Ándale, cuatro ojos; tan baboso. Por lo menos aprende a aguantarlos, no vaya a ser que a la próxima se te salga un ojo, inútil.

En ese momento, toda la concurrencia se volteó hacia la cabina donde yo estaba y se produjo un corto silencio. Busqué con la mirada al Negro a ver si encontraba apoyo; pero estaba muy ocupado con su acompañante y cuando pensé que la rechifla y los insultos eran inevitables, justo cuando estaba a punto de salir corriendo, se comenzaron a escuchar aplausos y carcajadas. Incluso del mismo sujeto que antes casi perdía las gafas. Reía sin parar y aplaudía mi broma. ¡Qué descubrimiento! Mi comentario fue tan sorpresivo…, irreverente… o agresivo (como prefieran llamarlo) que en lugar de salir de allí enojado o decepcionado salí premiado. El resto de la noche, la conducción se convirtió en una retahíla de bromas pesadas para los irrespetuosos o borrachos que se pasaban de listos con las modelos y, de alguna manera, en un tipo de defensa para ellas.

Salí avante, aunque fue muy difícil y muy arriesgado. Ahora lo cuento con gusto, pero solo de pensar que alguno de aquellos borrachos hubiera decidido lanzarme una botella o hubiera intentado golpearme, entonces, tal vez, no lo estuviera contando así. Fue un riesgo que corrí y una nueva habilidad que descubrí y exploté al máximo. Así que sin pareja, pero con muchos amigos, aplausos y felicitaciones —además de tragos gratis— fue como pasé mi primera conducción con público y en vivo. Tal vez no fue el mejor lugar ni el mejor momento, pero créanme que lo volvería a hacer, no por los tragos gratis, sino porque cuando uno se enfrenta a un ambiente hostil y aprende a sobrevivir en él es mucho más fácil seguir adelante y enfrentarse a cualquier escenario. Es como un entrenamiento extenuante que, con el paso del tiempo, te ayuda a ganar un maratón.

La noche terminó y gustoso acepté las felicitaciones de César y su acompañante. De igual forma, me regresé a la casa para no hacer mal tercio. ¡Qué diferente fue el día siguiente en ese cuarto de azotea, y con la cruda que cargaba! Esa mañana de sábado, recuerdo muy bien que decidí hacer mi Acapulco en la azotea. Saqué una de mis toallas y me tiré en el concreto a tomar el sol para sudar todo lo que había bebido. Era algo raro, porque, aunque económicamente no tenía ningún aliciente, y prácticamente el agua la tenía hasta el cuello (en cuanto a finanzas se refiere), sentía que la noche anterior me había quitado un gran peso de encima. Rompí una barrera psicológica que me había atormentado desde mi infancia: el miedo al ridículo o a ser juzgado severamente por un grupo de personas o simplemente el miedo de hablar frente a varios seres humanos que centrarían su atención en mí. Ese miedo a la exposición —y el riesgo que representaba— me había convertido en un ser un tanto opaco durante algún tiempo de mi vida. De muy joven no era precisamente el más interesado en alcanzar el título del más popular en la escuela, prefería pasar desapercibido y no llamar mucho la atención.

En esa azotea, con soleada mañana y sin una cerveza al lado para ayudarme a aminorar la deshidratación generada por el excesivo consumo de alcohol de la noche anterior, sabía que había logrado vencer uno de mis más grandes temores. Había recuperado mi seguridad, la confianza en mí mismo, y me daba cuenta de que podía hacer mucho más. Lo pensaba y lo sentía. Quería seguir haciéndolo. Sin darme cuenta, esa noche probé la más poderosa de las drogas: los aplausos, el reconocimiento, la atención, ser el eje, el centro de atención. Destacar entre los desconocidos de un lugar me gustaba y quería más.

En ese entonces, además, continuaba grabando como locutor comercial para Víctor y su agencia y me había convertido en socio del despacho de diseño de Alberto, quien fuera mi maestro y quien también colaboraba con el Negro en el programa de radio. Mi vida social era muy activa. Conocía a mucha gente y empezaba a tener contacto con gente del medio: actores, cantantes, productores y todo gracias a la radio y los eventos a los que acudía. Siempre desaliñado, con el pelo largo (por falta de dinero para un corte) y flaco —más que un palo—, por la excelente alimentación balanceada para la que me alcanzaban los pocos pesos que ganaba: así aparecía en todos lados. Y con esa apariencia con *jeans* y una camisa cualquiera, con la que no me importaba presentarme en cualquier evento, en donde los demás vestían trajes y corbatas, empecé a ser reconocido por varios de los periodistas que coincidían en esos lugares. Me ubicaban con el Negro y sabían que era el Loco De La Radio. Después de todo, mi apodo coincidía con lo que veían los demás; aunque la realidad era otra. A duras penas me alcanzaba para comer, menos iba a alcanzarme para comprar un traje y llegar bien vestido a los eventos. No era algo que me preocupara mucho. A decir verdad, me gustaba romper el esquema y que todos se voltearan a mirarme por la vestimenta.

Así, poco a poco, empecé a ser alguien dentro del minúsculo medio de Tuxtla Gutiérrez, Chiapas. Una ciudad en México donde la vida era más lenta y mucho más ligera: con tiempo para dormir una siesta y caras conocidas por todos lados. Un lugar en donde las inmensas riquezas naturales facilitan la vida del ser humano y en donde la xenofobia en contra de los chilangos (oriundos del Distrito Federal de la Ciudad de México) o los norteños no existía. Se podía respirar paz y una especie de cordialidad entre todos sus habitantes y disfrutar al mismo tiempo del misticismo de sus orígenes y de sus creencias, de la inmensa variedad de sus alimentos y de la riqueza cultural del sureste de la república mexicana.

Ahí, cada noche, me sumergía en un mundo que inventábamos el Negro y yo y que invitaba a muchos radioescuchas a acompañarnos en nuestras fantasías y reflexiones, hasta que un día ocurrió algo que nunca hubiéramos esperado. Anabel tuvo que viajar a la Ciudad de México, por varios días, para arreglar algunas cosas del negocio de la familia, y su espacio, que era de dos horas (a partir de las doce del día, de lunes a viernes), tendría que ser cubierto por alguien. Era la hora más difícil de la radio, donde la competencia quemaba todos sus cartuchos para tener los mejores números de audiencia y las mejores y más caras ventas de espacios. Sin esperarlo, ella nos eligió al Negro y a mí para mantener el programa en un buen nivel en ese horario, mientras ella estuviera ausente: increíble que lo decidiera así, tendríamos el espacio del mediodía. Dos horas para nosotros y lo mejor de todo era que la única consigna era hacer un programa divertido y ameno con los recursos que se nos ocurrieran. Al mismo tiempo continuaríamos con el programa nocturno. Los primeros días estuvimos un poco desubicados por la diferencia de públicos y por la dinámica de la música y del programa. Esa primera hora tuvimos que enfrentar algunos problemas para comunicarnos, sin embargo, ya para la segunda hora de estar al aire habíamos descubierto el mecanismo que funcionaba. Desarrollamos un escenario en el que nos convertimos en protagonista y antagonista. Cuando uno era respetuoso, el otro era irreverente. Durante las llamadas que tomábamos al aire, uno de los dos escuchaba atentamente y apoyaba la opinión del radioescucha, mientras que el otro le pasaba por encima a sus comentarios y perspectivas. Durante los primeros días, esa dinámica comenzó a tener un fuerte impacto; y ya como para el cuarto o quinto día, con la temática de los corazones rotos, donde los engañados llamaban para desahogarse con esos dos personajes, que los criticaban y los apoyaban al mismo tiempo, además de algunas veces burlarse de sus desgracias, hizo lo que siempre habíamos soñado: llevarnos a los primeros lugares de popularidad de la radio en Chiapas. Los números crecieron favorablemente y, si mal no recuerdo, estoy casi seguro de que en algún momento logramos posicionarnos en el primer lugar de programación hablada en la radio de ese horario. Nuestra fórmula funcionaba y lo estábamos viviendo con todos los sentidos.

Fue tal el éxito que por primera vez mi nombre apareció en un periódico y fue publicado por el columnista de espectáculos para el periódico *La República en Chiapas*. El Negro me dijo que habían publicado algo sobre nosotros, con mucho orgullo claro, por lo que supe que no se trataba de algo negativo. Llevó el periódico para que lo leyera y con calma lo tomé y me senté en un lugar en el que no pudieran molestarme, porque quería saborear y acariciar con lentitud la idea de aparecer por primera vez como figura pública. Era importante. ¡Al fin mi trabajo dejaba huella! Mi nombre quedaba impreso para la posteridad. Lo leí lentamente y respiré profundo con cada renglón. Dejé que el olor a tinta y a papel de periódico me abrazara. Vibraba de emoción, pero trataba de no demostrarlo. Quería correr y gritar a contárselo a todo el mundo; pero no tenía muchas personas con quienes compartir mi éxito. Los míos estaban a muchos kilómetros de distancia y a los demás no les importaba tanto, así que lo guardé para mí y lo mantuve conmigo hasta el primer día que pude compartirlo con mi familia. Guardé esa página como mi mayor tesoro. Todavía recuerdo una frase dentro del artículo, que elogiaba nuestro trabajo, que decía algo así como: «La frescura con la que conducen». Porque en general, el escrito nos proyectaba mucho más como un equipo. Según su redactor, nos habíamos convertido en la pareja *boom* de la radio; lo que nos puso de moda en eventos de conducción, además de grabaciones, y no necesariamente juntos. Surgían ofertas para trabajar tanto juntos como separados. Teníamos que aprovechar ese momento y lo estábamos haciendo; aunque el Negro me llevaba mucho camino por delante, ya que además estaba en la televisión local al frente de un noticiario, lo que lo convertía en toda una personalidad.

Una de esas mañanas, mientras hacíamos el *show* del mediodía, recibimos una llamada de la conductora de la competencia, quien se encontraba transmitiendo en el mismo horario que nosotros, y quien nos monitoreaba mientras hacía su programa. Su llamada nos sorprendió muchísimo a los dos, aunque el Negro ya la conocía, no era muy común que eso ocurriera y menos en un medio en donde la envidia y la competencia son cosa de todos los días. Su nombre es Griselda Pérez Robles (¡cómo te extraño condenada! Tú eres la culpable de que me haya hecho adicto a las cámaras de televisión, a la improvisación, a la información, a ese olor a gelatina quemada que se respira en un estudio de televisión, después de un rato de encendidas las luces, y a la adrenalina que recorre el cuerpo cuando empieza la cuenta regresiva para entrar al aire. Gracias mi querida Gris, por todo lo que significaste y significas en mi vida profesional). Nunca lo olvido ni lo olvidaré.

Esa llamada... esa llamada que nos hizo Griseldita ha sido la más noble que recuerde hasta el día de hoy y la más honesta. «Solo quería felicitarlos por el excelente trabajo que están haciendo, me encanta como lo hacen y me encanta competir contra dos profesionales. Mil felicidades a los dos», eso fue lo que nos dijo. Y claro el siguiente fin de semana volvieron a salir nuestros nombres en la columna de espectáculos de Humberto de la Cruz.

Nos estábamos afianzando en una muy buena posición; pero todo era demasiado bueno... ¿Dónde estaban las complicaciones que invariablemente aparecen cuando las cosas marchan bien y que te ponen a prueba en la vida? Pues no tardaron en llegar. Anabel se enteró en México del terreno que habíamos ganado y vio los números que habíamos obtenido durante su ausencia —que por supuesto superaban los obtenidos por ella— y aún estando en México, sin mayor explicación, dio la orden de reducir el espacio radiofónico de dos horas a una hora, hasta que ella regresara. No hay mucho que explicar en cuanto a esta reacción, al menos a nosotros nos quedó muy claro. Pero, por desgracia, necesitábamos el trabajo y nadie se atrevió a abrir la boca; aunque yo todavía ni siquiera tuviera un sueldo, pero había que aprovechar la oportunidad que la hija del dueño me estaba dando y lo hice. Muy desanimados, por la respuesta de la estación a nuestros buenos resultados, continuamos tratando de dar lo mejor en cada minuto de ese espacio, que duró una semana más hasta que regresó la «titular del *show*». Y sin nada más que unas gracias, quedamos fuera de ese espacio y continuamos únicamente con el de la noche.

La llamada de Griselda al programa me brindó nuevas expectativas y una nueva amistad. Alguna vez la fui a visitar a la estación donde trabajaba y me di cuenta de que me escuchaba con interés en cuanto a mis planes, inconformidades y sueños. Éramos muy parecidos, con la única diferencia de que ella sí cobraba: y muy bien. Aprendí muchas cosas de Gris.

Un día recibí una llamada en la que me hizo saber que un canal de televisión local tenía intenciones de hacer un programa de videos y que la estaban invitando como conductora o VJ; pero que, según lo que ella sabía, también estaban buscando una pareja hombre para el *show*. Me explicó de qué se trataba y me preguntó si quería acompañarla, que no perdería nada. Yo, por supuesto, le dije que sí. Acordamos el día y lo que trataríamos de proponer. Compartí la noticia con el Negro y —aunque no me dijo nada— sé que no lo vio con buenos ojos, porque me di cuenta de que no se alegraba como antes lo hacía. Mientras yo seguía colaborando con él, nuestra amistad se fue enfriando, y es que parte del trabajo que antes era solo para él, ahora era repartido, ya que los organizadores de eventos también me buscaban a mí para ser su maestro de ceremonias. Creo que se activó el maldito sentimiento de los celos profesionales. Varias veces pensé que se trataba solo de una etapa, después de todo, habíamos logrado muchas cosas juntos que otros no habían podido hacer, y la gente nos veía como un equipo, incluso la perspectiva de la prensa era esa: la mancuerna funcionaba muy bien. Además, teníamos una amistad profunda, prácticamente había adoptado a su familia como mía: a sus padres los llamaba tíos, a su hermana le decía prima, las demás hermanas y cuñados me veían también como parte de la familia; pero esos lazos a veces no son suficientes y, por lo visto, esta vez no fue la excepción.

FAMILIA, SUEÑOS Y PESADILLAS

Un fin de año, recuerdo haber estado en la Ciudad de México pasando las fiestas decembrinas, claro, sin olvidar la odisea que tuve que pasar para llegar ahí, y es que después de haber viajado en esos incómodos camiones de pasajeros, por más de doce horas, y con un pavor terrible de que el chofer fuera un cafre, con graves problemas intestinales (por tantas horas sentado en esos pequeños sillones) y la falta, en muchas ocasiones, de un baño al que acudir para liberar un poco de presión estomacal, fue toda una tortura. Pero al final del camino, cuando llegaba a la central camionera, con cara de náufrago y con el estómago a punto de reventar, más las capas de sal en mi cuerpo, por el sudor que se secaba y que volvía a emerger durante el viaje, y que mantenía mi pelo como un trapeador seco sin haberse lavado nunca, con el que podía hacer los peinados más exóticos, porque parecía tener una especie de gel natural, que me permitía manipularlo como yo quería, sin que este perdiera su firmeza (claro, por lo sucio), cuando caminaba hacia donde sabía que estaría mi padre esperando, y al verlo a él y a alguno de mis hermanos, inmediatamente se me olvidaban todos esos males.

Estaba de nuevo con mi familia: esos seres que alimentaban mis sueños y curaban mis heridas. Era como regresar de un campo de batalla para ser sanado y preparado para enfrentar un nuevo combate. Mi padre se levantaba al verme y, como siempre, con ese rostro serio me daba un abrazo seco para luego dejar salir alguno de sus comentarios burlones sobre mi persona. Claro que esa era su forma de hacerme saber lo mucho que me quería y lo reprimido que se sentía por no dejar aflorar sus sentimientos; pero lo entendía perfectamente. Era su forma de decir, «te extrañé». Mientras tanto estaba mi madre en casa esperando a que llegara para darme una de esas comidas calientes y abrazarme y suspirar fuerte, con la ilusión de que esta vez me quedara y no me fuera más de su lado, para así seguir consintiendo a su retoño y contarle todos esos sueños que yo entendía a la perfección, abriendo su alma con cada palabra y pidiendo la ayuda del hermano mayor, para hacer entender a los rebeldes adolescentes que tenía por hermanos, las cosas que estaban haciendo mal, y es que era una mejor opción que pedírselo a mi padre que, en aquel entonces, con esa rigidez, hubiera optado por poner alguna drástica sanción para que se acatara su mandato: así era en esa época. Irónicamente, en los años venideros la vida le puso fuertes golpes que le hicieron ver las cosas de otra forma y mi viejo cambió por completo.

Así llegaba y encontraba mi hogar. Peleaba con mis hermanos por tonterías y otras veces me sentaba a hablar seriamente con ellos, sobre todo con mi hermano menor, Jorge. Dolía mucho ver lo desintegrada que estaba mi familia en ese tiempo. Es algo que aún hoy me duele y que de seguro me seguirá doliendo, porque fueron muchos días perdidos por estupideces. Supongo que era necesario para todos pasar por eso, para así lograr la unidad que ahora tenemos. Ahí estaba en casa, con la familia y con las salidas con mi primo José Antonio, que algunas veces duraban hasta las seis de la mañana comiendo tacos en la esquina y viendo cómo salía el sol, lo que nos hacía correr a nuestras casas antes de que se fueran a despertar nuestros jefes (que normalmente ya estaban despiertos). Esa visita era diferente. En esa ocasión, no estaba seguro si regresaría a Chiapas a volver a sumirme en el miserable cuartucho de azotea que tenía por casa, padeciendo hambre e incomodidades. Estaba indeciso... Tal vez me quedaría en México, en casa de mis padres, y buscaría hacer algo en la capital. Pero solo bastó convivir con ellos unos días para darme cuenta de que ya no encajaba, que mi rol había sido olvidado por ellos y por mí, y que las confrontaciones con mi padre, a causa de la independencia a la que me había acostumbrado, eran cada vez más fuertes e incómodas. Así que tenía que regresar. Además, mi novia en ese momento tenía un peso importante en mi decisión.

La noche de Año Nuevo, antes de salir a la cena familiar, recibí una llamada del Negro desde Chiapas para que entrara al aire y felicitara a los radioescuchas por el nuevo año y para felicitarnos entre nosotros. Podría asegurar que esa fue de las últimas llamadas en las que sentí que todavía había una amistad honesta entre nosotros. Él anunció el enlace vía telefónica hasta la ciudad de México con «nuestro Loco De La Radio», luego intercambiamos felicitaciones con todos los que habíamos trabajado durante ese año y yo cerré diciendo: «El 1992 pasa a la historia y el 1993 estrena pañales nuevos». Tenía 23 años cuando eso pasó. Nos despedimos con un «salud» y por supuesto con mi frase célebre: «Recuerden que siempre existe una luz en las sombras». Después, el Negro me confesaría que había retomado mi frase para cerrar la emisión anual del noticiario local que presentaba en televisión. Sentí nostalgia por esa tierra en la frontera sur de mi país, por el esfuerzo extremo que había realizado y por los grandes avances a nivel personal que había logrado. Esa noche de fin de año, me asaltaron muchas dudas: ¿dejaba a un lado todo lo que había alcanzado o regresaba a Chiapas para seguir luchando? Tenía que estar muy seguro de que no se trataba de un callejón sin salida y de que no perdería mis años productivos peleando con un molino de viento como el Quijote. Esa noche se fue entre intermitentes abrazos y felicitaciones y una mente muy ocupada; con esa ecuación y claro con una maldita zozobra que me consumía emocionalmente. Pero algo dentro de mí acabó por convencerme de que debía regresar y así fue. Muy en contra de lo que mis padres creían que debía hacer, y con la noticia de que si esa era mi decisión me dejarían hacerlo, pero sin que un solo centavo saliera de la bolsa de mi padre, si acaso del camión de regreso y nada más, pues así, el necio que ahora escribe regresó a continuar la prueba que él mismo se había puesto.

El regreso fue difícil y lo que encontré al llegar también. Mi novia me había sido infiel durante mi ausencia, y aunque intentó por todos los medios de esconder su traición, desde el momento en el que llegué, algo me decía que había ocurrido una infidelidad. Después uno de sus primos, sin querer, y gracias a mi habilidad aún elemental para entrevistar, me lo confesó. ¡Vaya ánimo con el que me había quedado para continuar mi cruzada! Después de varias discusiones decidí perdonar falsamente su infidelidad y continuar con la relación. Tal vez era parte de la gran necesidad emocional que tenía la que me venció ante la situación. No quería sentirme solo y me daba terror pensar que así podría ser. El Negro se había ido al norte del país a Monterrey, Nuevo León a continuar sus estudios y yo no me encontraba en mi mejor momento a nivel emocional. Una situación bastante complicada que habría hecho correr a muchos: con dolores y cansancio interno que me hacían llorar muy seguido entre las cuatro paredes de ese gris y húmedo cuartucho. Algunas noches lloraba hasta que el cansancio me vencía y caía dormido para luego despertar deshidratado y con los ojos hinchados. Esa fue mi bienvenida de regreso. Cada vez lo veía todo más difícil, negro, pesado, denso... Me asfixiaba ese aire que respiraba por las noches y por las mañanas. Los días los pasabas prácticamente como un zombi, haciendo todo en piloto automático y refugiándome en el refrán que reza: «Dios aprieta, pero no ahorca». Algo bueno tenía que salir de todo este espinoso camino.

En aquel entonces, Alberto, mi exmaestro y socio del despacho de diseño se convirtió en mi compañía de todos los días, gracias al trabajo y a la comodidad de su auto que nos llevaba y nos traía a todos lados. De pronto, uno de los eventos más importantes que se llevaba a cabo en la costa de Chiapas estaba por anunciarse. El evento tendría lugar en una zona bastante precaria en cuanto a instalaciones hoteleras se refería, salvo se tuviera una propiedad, como era el caso de muchas familias bien acomodadas de Tuxtla Gutiérrez. Se trataba de un certamen de belleza que se llamaba Señorita Puerto Arista y el cual tenía cierto eco a nivel regional. Este evento solía recibir la atención de los medios, principalmente por la prensa escrita, ya que normalmente el jurado estaba conformado por personalidades del mundo de la farándula como actores, actrices, cantantes y, algunas veces, hasta productores, todos conocidos y vigentes a nivel nacional; por lo que lo hacía más relevante. Para su conducción se acostumbraba a invitar a alguna figura nacional para que junto a un conductor local amenizara el evento que se dividía en dos etapas. La primera de ellas transcurría al medio día y estaba a cargo de los conductores locales. El escenario era una especie de palapa (cabaña) improvisada a la orilla del mar, sin ninguna instalación espectacular, pero ese trasfondo marino le daba un toque muy especial. Óscar Hernández era el nombre del bandido que organizaba el evento, y es que tenía fama de deberle dinero a todo con el que había trabajado. El Negro, quien regresaría de vacaciones para esas fechas, había sido el encargado de conducir este evento por varios años y ya casi se había convertido en el presentador oficial del mismo; pero en esta ocasión, fue a mí a quien le ofrecieron la conducción del certamen, gracias al vínculo que tenía mi novia con Óscar, quien había sido el organizador de la Feria Chiapas, en donde mi novia había sido electa reina. Así que la primera etapa la conduciría con ella y la segunda, o sea la final, con Kate del Castillo. Excelente oportunidad para ser vigente como conductor, sobre todo, ya que no tenía ningún espacio en la radio: el Negro había terminado su programación nocturna y yo solo seguía siendo un locutor comercial. Además, me pagarían todos los gastos de hospedaje y comida, así que acepté. Alberto decidió acompañarme: nos iríamos en su carro a la costa y mi novia se iría con el resto del grupo donde estaban las concursantes y Óscar. Salimos una mañana con Alberto al volante. Varias horas de viaje y un calor mortal no fueron obstáculos para nosotros. Al llegar al pintoresco pueblo pesquero, un día antes, para evitar cualquier contratiempo, buscamos la dirección del lugar donde nos quedaríamos, según lo acordado con Óscar. Y una vez allí, comencé a sentir un dolor estomacal severo y muchas ganas de vomitar. Algo malo me pasaba y no parecía nada temporal. Encima de mi malestar, el lugar no era para nada agradable: el lavabo —que en ese momento tanta falta me iba a ser— no era más que una imitación de baño comunal que se encontraba al centro de un arenoso patio, y los cuartos eran unas improvisadas bodegas que, seguramente, los lugareños adecuaban para los visitantes en la época vacacional. Ese era el lugar que nos habían asignado para quedarnos: asqueroso y sucio, con dos catres y yo con el maldito dolor de estómago. Por otro lado, el sol pegaba fuerte como si tratara de secar la última gota de sudor de mi cuerpo pesado y picante, y convirtiendo el intento de cuarto en el que estábamos en un baño-sauna. Alberto notaba mi malestar y estaba preocupado porque mi color era amarillento y unas pronunciadas ojeras se empezaban a marcar de forma exagerada bajo mis ojos debido a la deshidratación. Pensamos que lo mejor sería comer algo, así que nos fuimos hacia la playa donde había pequeños restaurantes. En uno de ellos pedimos algo: erradamente para mi condición, mariscos. Y, claro, después de comer qué mejor que unos tequilas para matar cualquier infección. Quince minutos más tarde, cuando todavía el sol bronceaba cuerpos, yo tuve que recluirme en el remedo de cuarto y tirarme en uno de los catres con un dolor que solo de recordarlo me provoca náuseas. Aunque sudando y con fiebre, de acuerdo con el diagnóstico de Alberto, de igual forma, al día siguiente me esperaba la conducción del evento. Mi socio quería cancelarlo y llevarme de regreso a Chiapas para que me atendieran en un hospital; pero me negué y le dije que estaría listo, así que él, fiel a la causa, me apoyó en la decisión y fue por un balde de agua. Mojó una camiseta y mientras yo estaba entre dormido y despierto —por la alta fiebre— él mojaba mi cabeza para refrescarme un poco. Salió durante algunas horas en busca de medicina y de algún suero para rehidratarme. No recuerdo muy bien qué tantas cosas me hizo tomar, sé que vomité en repetidas ocasiones y que no tenía fuerza ni para ponerme de pie. Así pasé la tarde de ese día y parte de la madrugada del día siguiente, hasta que por fin rendido y un poco mejorado me dormí. Desperté sintiendo una debilidad espantosa y con la garganta sumamente lastimada por el constante vómito; pero con la firme idea de que haría esa conducción sin importar como estuviera. Alberto despertó y me preguntó que cómo me sentía. Respondí que mejor, y me dijo que al menos ya me había vuelto el color pero que tenía una cara de agotamiento terrible, por lo que me preguntó si aún estaba seguro de querer seguir con el evento, que lo pensara bien y que si no que mandara por un tubo a Óscar y nos regresáramos. Por un momento quise aceptar su oferta, pero algo dentro de mí me dijo que aguantara y así lo hice. Saqué mi ropa de la maleta, me puse mi traje de baño y salí a la arena, en donde estaba la regadera de agua fría, que daba servicio a los que estábamos ahí. Me duché y me alisté para el ensayo.

Llegamos al lugar donde se llevaría a cabo el evento para ensayar. El lugar estaba lleno de gente y de mantas con logotipos de patrocinadores. Había música a todo volumen y empleados de seguridad en la entrada que solo permitían el acceso a los organizadores del evento. Al llegar a la entrada, para acabar de completar el cuadro, nos negaron el paso, y aunque le expliqué hasta el cansancio al orangután que estaba en la entrada que yo era el conductor del evento y que tenía que pasar para ensayar, este me impidió la entrada. Le pedí que buscara a Óscar y que confirmara mi versión; pero decía que no podía (ya saben, era uno de esos especímenes que no entienden de razones). Así que después de un rato y de saludar a algunos fotógrafos y reporteros vi a Óscar asomarse y al verme, muy molesto y preocupado, me dijo:

—¿Dónde andabas? Tenemos que ensayar.

—Nada, que este güey no me deja entrar y no quiso ir a avisarte que llevo aquí afuera hace más de una hora.

Después de la explicación, nos dio las entradas y nos entregó los pases para organizadores. Empezó el ensayo y no tuve ni un solo problema. Mi novia estaba junto a mí y eso me hacía estar un poco más tranquilo. El actor Fernando Changueroti era parte del jurado y ya andaba por ahí observando todo. Además de saludar a algunos amigos, a mi novia, a Óscar, a Alexis (un fotógrafo del diario *La República*) y a otros más, me preguntaron qué había hecho la noche anterior que traía una cara terrible; y por más que me esmeré en explicarles lo mal que había estado, nadie creyó que fuera cierto, todo terminaba en un «Estás crudo y ya. No te hagas. ¿Qué tiene de malo?». Hasta que me cansé de querer convencerlos y terminé por responder que estaba crudo y que me sentía débil, pero que a fuerza de suero con sales minerales empecé a recuperar un poco mi vitalidad.

Con una organización desastrosa, inició el evento. Las participantes tardaban en cambiarse más de lo previsto, y claro yo tenía que rellenar esos espacios muertos improvisando hasta que me hicieran la señal de que ya estaba todo listo. Así que entre bromas, anécdotas y porras para las favoritas fui sacando el evento adelante. Tres horas después, finalizó la primera etapa y ya se tenía a las finalistas. Yo no había visto a Kate ni a la plana mayor del plato principal que sería al final de la noche. Ni tampoco había visto mi dinero y es que, de acuerdo con el trato, al finalizar la primera etapa Óscar me liquidaría el total de mis servicios. Mientras lo buscaba para preguntarle qué había pasado, uno de los reporteros de espectáculos se acercó a mí para platicar y felicitarme, y me dijo que le daba gusto que me hubieran dado el evento a mí y qué bueno que se lo había ganado al Negro. ¿Qué? ¿Cómo que se lo había ganado? Sí, de acuerdo con él le había ganado la plaza por primera vez al Negro, quien llevaba más de tres años consecutivos, o algo así, siendo el conductor de ese evento. Esta era la primera vez que no lo hacía. Para ellos eso era una buena nota. Me limité a decirle que éramos muy buenos amigos y que de ninguna manera yo le haría algo de esa índole y que, además, Óscar me había contratado a mí porque el Negro estaba en Monterrey. A lo que me respondió: «Pues sí, pero regresó de vacaciones y, de hecho, anda por aquí. ¿No lo has visto?». Me quedé frío. Si el Negro estaba ahí, ¿por qué no me había dicho nada y por qué no me había saludado? La respuesta era evidente: no éramos más la pareja de la radio, ahora éramos competencia, y para él eso era más importante que cualquier amistad. A los pocos minutos lo vi pasar con Alexis, el fotógrafo, y a lo lejos le grité: ¡Negro, Negro! Él giró la cabeza hacia donde yo estaba y, sin saludar, se volteó y comentó algo con Alexis. Ambos se rieron. Ese día entendí el mensaje: nadie podía ser más que él. Competir con él o robarle la atención de los demás, eso no lo perdonaría nunca y desde ahí sería su peor enemigo. La amistad se había terminado. Ahora se trataba de quién vencía a quién. ¡Qué complicaciones las de este viajecito: mi salud, mi amigo, mi dinero…! Se suponía que fuera algo divertido; pero lo único que yo quería era que eso terminara ya y regresar a mi jodido pero tranquilo cuarto de azotea.

Después de tan «buenas noticias» pude por fin hablar con Óscar y pedirle una explicación sobre mi pago, a pesar de que sabía que él siempre terminaba debiéndole dinero a todo el mundo. No estaba dispuesto a dejar pasar el incidente y tenía que asegurarme de que él cumpliera con el pacto que habíamos hecho y así se lo hice saber. Muy molesto, me dijo que al final de la noche me pagaría mi parte.

—¡No! –le dije–. No quedamos en eso y si no me pagas ahora no hago la conducción de la noche.

Con cara de sorpresa me miró y me dijo:

—No te pongas en ese plan que cualquiera puede hacerlo y, además, no te pago nada. Es más, el Negro anda por ahí y él siempre lo ha hecho, de seguro que si le pregunto lo hace.

Se produjo un momento de tensión total… de silencio. Yo le lancé una mirada de susto a Alberto mientras una sonrisa burlona se dibujaba

146

en el rostro de Óscar. En ese momento sentí coraje y confusión y pensé en cuál sería la mejor solución para no quedar en jaque mate. Y es que ningún trabajo debe obtenerse a cambio de una humillación. Entonces, vale la pena preguntarse qué tan seguro estás de lo que eres, de lo que vale tu trabajo y de la diferencia entre este y cualquier otro. De todo eso y de otras cuantas cosas más depende la respuesta. Seguramente, tú que me estás leyendo, ya tienes una respuesta. De inmediato y claramente le contesté: «Muy bien, si así es como lo ves, pídele que lo haga a quien se te dé la gana; pero qué poca madre tienes, y si alguien me pregunta, le voy a decir que no lo hice porque no me pagaste cuando quedamos. Seguramente será buena nota para alguien de la prensa». Esa fue mi respuesta: una extraña mezcla de razón y de instinto. Sin mirar a nadie me fui caminando hacia la playa mientras Alberto hablaba con él sobre algo que a mí no me interesaba escuchar. Mi postura era muy clara. Caminé y llegué hasta la orilla, donde las olas del mar dibujan sus límites, y me senté sobre la arena con un sol que bajaba poco a poco por el horizonte. Ahí trataba de calmar mi rabia y la mezcla de sentimientos que me invadían después del suceso con el Negro. ¡Al diablo el eventito y los famosos que se habían dado cita ahí! Aunque me pesaba perder la ilusión de que alguno de esos famosos me hubiera podido ayudar a tener algún contacto con la televisión nacional mexicana. Estaba a punto de agarrar todas mis cosas y largarme de regreso a Tuxtla, pero antes decidí tomarme unos minutos para sentarme en esa playa que ni siquiera había podido disfrutar. Caminé hasta la «bodegucha» donde me estaba quedando y empecé a empacar mis cosas, en espera de Alberto, para poder regresar a casa. Minutos después apareció Alberto con el dinero en la mano, me lo mandaba Óscar y me pedía que regresara a la palapa para comer y hablar conmigo. De muy mala gana y con el dinero en la cartera regresé al lugar del evento donde Óscar me esperaba. En una mesa reservada para invitados y organizadores, tuve la oportunidad de conocer a Fernando Changueroti, con quien estuve platicando por un rato, y quien se mostró muy complacido con el trabajo que me había visto desempeñar horas antes. En medio de nuestra platica, me dijo que contaba con su apoyo en México y que no dudara en hablarle si visitaba la capital. En cuanto a mi reencuentro con

Óscar, nos saludamos y nos apretamos fuertemente las manos en señal de perdón o del fin del problema, y me dijo: «Sin malos sentimientos, ¿*ok*?». Yo solo asentí con la cabeza. Me hizo una seña invitándome a sentar a la mesa para departir con los demás. Lo sabía. La decisión que había tomado era la correcta, me había hecho respetar por este hombre de dudosa reputación y había confiado en mis capacidades y en el desempeño de mi trabajo. ¡Qué bien se sentía el estar sentado ahí!, después de salir airoso ante tantas complicaciones y al saberme, si no indispensable, al menos merecedor de un trato y un respeto profesional por mi desempeño, es decir, mi forma de hacer lo que hacía, valía la pena como para que este sujeto se retractara y cumpliera con lo prometido.

El resto de la tarde fue mucho más llevadero y mi estado de ánimo mucho más estable que el que tenía en la mañana. Se revisó el guion varias veces y se checó el audio; se ensayó de nuevo con las finalistas y se preguntó toda la tarde por Kate del Castillo. Y es que muchos compañeros de la prensa la estaban esperando: como siempre —y como debe ser— ella llegó justo a tiempo para el evento. Tras bambalinas nos presentaron y nos sentamos a revisar el guion. Muy guapa, muy amable y muy amigable y yo con una cara de muerto fresco y vestido con mi primer traje negro, uno que mis padres tuvieron a bien regalarme en mi más reciente visita a la Ciudad de México. Lo compramos en un mercado de pulgas y lo recuerdo con mucho cariño, ya que ese fue mi único traje durante mucho tiempo y el que me ayudó muchísimo a estar presentable en cada uno de los eventos a los que me invitaron como conductor. Así que, con el vestuario apropiado, una excelente compañera y la oportunidad de por primera vez ser tomado en cuenta por la prensa y en compañía de una figura nacional, estaba listo. Rompimos rápidamente el hielo, aun con la estrecha y asfixiante vigilancia de mi novia que no se despegaba de mí ni un minuto.

Estábamos listos, el lugar lleno a reventar y la voz del *disc jockey* anunciando el inicio del evento. Muy nervioso, con los papeles en la mano y con el deseo de buena suerte de parte de Kate, salí al podio en donde nos tocaba conducir. También con un poco más de presión, debido a que, segundos antes de salir, Kate me reveló que no era conductora y me pidió que, por favor, le echara la mano.

Caminé por esa tarima con la sensación de que el corazón se me iba a salir y con ese fenomenal flujo de adrenalina del cual aún soy adicto. Me paré frente al micrófono y la luz del seguidor se encendió: el *show* había comenzado. Sí, se parecía mucho a lo que se ve en las películas de temas inspiradores, no hay por qué negarlo. Uno empieza a darse cuenta de que poco a poco se va convirtiendo en alguien, y de que se ha iniciado un camino en concreto, y de que en cada evento (no importa cuántas veces se haga) se repiten las mismas sensaciones.

Fernando conduce junto a la actriz Kate del Castillo el evento Señorita Puerto Arista, 1993.

Los huesos y la carne se cimbran al estar frente al micrófono, y cuando las luces del reflector te dan en la cara, cegándote, sin dejarte ver quién está detrás de ese halo, y se oye un murmullo de voces, sientes toda la energía que cientos de almas generan frente a ti y que inevitablemente se estrellan en tu ser físico y energético. Es como si un baño de fuerza rebotara en tu piel y te sofocara por un instante. Instante que muchos no son capaces de asimilar y se empequeñecen hasta que sus presencias se apagan, desaparecen, se deslavan, pierden toda personalidad. Pero cuando logras sobreponerte a esa montaña rusa emocional y absorbes todas esas extrañas fuerzas humanas que emergen desde la multitud: las recibes y las canalizas, las ecualizas y después las amplificas. Cuando haces eso brillas, creces y te ganas la oportunidad de demostrar que sus derroches tienen un receptor que guarda, atesora y acumula sus emanaciones, que se suman a muchas fuerzas y que te hacen ser quien pretendes. El mismo público te mide y te autoriza o te reprueba. Así pasó esa noche, cada paso que describí fue de los que de forma consciente experimenté esa

Cuando Fernando hizo su debut en la conducción, aún era un jovencito desconocido, mientras Kate del Castillo ya gozaba de fama internacional, 1993.

DEL RINCÓN A LOS MEDIOS

noche. Los había estado analizando en cada pequeña conducción y sabía que eran necesarios para poder empezar con el pie derecho. Son cinco segundos en los que las piernas y los brazos se mueven sin control y por más que uno trata de detener ese temblor es incontrolable. Lo único que se puede hacer es disimularlo y resistir el embate sin perder la cordura, mientras el pulso y los latidos cardíacos se estabilizan, o de plano salir corriendo; aunque con esta última opción seguramente nunca más serías contratado como conductor o maestro de ceremonias.

Ese día rompí el peligroso umbral de los cinco segundos y, como se esperaba, rompí también el silencio. Di la bienvenida al público y seguí el protocolo para presentar a Kate del Castillo con todos los honores. Las horas pasaron y entre bromas y un nerviosismo evidente de ambos, nos fuimos apoyando durante toda la noche, hasta que poco a poco encontramos el punto exacto. De ahí en adelante, la noche y el evento se fueron como mantequilla. Y aunque hubo varios intentos de sabotaje a nuestro trabajo, todo terminó bajo control. Fotos, felicitaciones, entrevistas

El periodista deja ver sus dotes histriónicos y supera uno de sus mayores miedos: hablar frente a un público, 1993.

(obviamente a Kate, pero al menos con presencia mía en algunas fotografías) y, bueno, después la fiesta y la celebración al final de la noche.

Todavía faltaban algunas sorpresas. Al regresar al cuartucho que teníamos por hotel, para pasar la última de las noches antes de volver a Tuxtla Gutiérrez, la mañana siguiente, nos dijeron que esa última noche no estaba pagada y que si queríamos quedarnos los gastos correrían por nuestra cuenta. Mi cara y la de Alberto (mi socio) eran la prueba perfecta de que más de un sentimiento puede ser gesticulado con gran facilidad: enojo, frustración y preocupación. Las tres emociones se reflejaban claramente en las líneas de expresión de nuestros rostros y a mí, en particular, una sensación eléctrica me hacía respirar rápido y no muy profundo, en pocas palabras, estaba ¡enojadísimo! Después de todo lo que habíamos luchado y discutido, y de habernos arreglado con Óscar, terminó tomándome el pelo y ahorrándose algunos pesos a costa de mi incomodidad. Obviamente, ni Alberto ni yo nos quedaríamos en la pocilga que teníamos por habitación. Así que tomamos la decisión de regresar a casa, aunque tuviéramos que manejar por la noche y por la madrugada en una carretera sumamente peligrosa. Subimos nuestras cosas al carro decididos a comenzar el recorrido y cuando íbamos saliendo del lugar entre la gente, los borrachos y el ambiente de fiesta apareció la que fuera mi novia en turno (en esa época reina de la Feria Chiapas) con una de sus amigas y nos preguntó que a dónde íbamos.

—Nos vamos de aquí.

—¿Qué pasó?

—Nada, que el pasado de listo de Óscar no pagó la última noche de estadía y no nos vamos a gastar el dinero que ganamos en un hotel. Así que nos vamos.

—Espera, yo todavía tengo mi habitación de hotel, ¿por qué no se quedan con nosotras y nos vamos juntos mañana?

Sonaba muy bien. Y además de quedarnos podría pasar la noche con mi novia. ¡Quién podía resistirse a esa invitación! Pues bien, la noche no acabó ahí. Nos dirigimos al hotel, que era el mismo en el que se hospedaban Kate del Castillo y su hermana Verónica, Fernando Chiangueroti y Óscar. Claro que cada uno en su propia habitación (así se forman los chismes, ¿no?, y después vienen las demandas). Pero de Guatemala nos fuimos a Guatepeor. Al llegar al hotel: nada de nada, es decir, no había ninguna habitación reservada para mi novia. Así que ahora, ni ella ni nosotros teníamos dónde quedarnos. Y con los grandes agujeros en los bolsillos que yo tenía en esa época, no había manera de que pudiera enfrentar el gasto. Además, lo que me habían pagado tampoco me alcanzaba para eso. Ahora las cosas estaban mucho más complicadas: tenía también que cargar con la desamparada de mi novia, su amiga y otros dos más que se habían sumado a la lista. Entre tanto sube y baja pasaron las horas y dieron casi las tres de la mañana, por lo que el regreso a Tuxtla quedó descartado, y es que tampoco se trataba de exponer la vida. De alguna forma, que no recuerdo claramente, alguien del grupo consiguió las llaves de lo que era un asilo de ancianos del Gobierno del Estado, que estaba por estrenarse en pocos días, por lo que todo era nuevo, hasta las camas. Así que allí decidimos quedarnos: en un asilo de ancianos. Una anécdota, un poco torcida o bizarra, que ocurrió allí es que en una de las camas había un pedazo de cartulina doblado por la mitad, como una especie de distintivo de esos que se ponen en las mesas para las reservaciones o invitados especiales, y ¿saben qué nombre tenía escrito?, pues sí, efectivamente, «Fernando». No me detuve a pensar en qué significaba eso: la coincidencia o la ironía del asunto, solo sentí un escalofrío en la piel y decidí no dormir en esa cama.

Al día siguiente, salimos de regreso a Tuxtla Gutiérrez y llegamos por la noche. Hecho pedazos y agotado, cerré mis ojos y me pregunté, «¿Valdrá la pena todo esto? ¿Me servirá de algo o solo estaré perdiendo el tiempo? ¿Para qué demonios pasar todo esto sin saber si llegaré a algún sitio?». Hoy sé que valió la pena, y se los cuento, pero tengo que aceptar que las dudas eran muy grandes, y que en el camino cuando no se es nadie, no se tiene un nombre y se está empezando hay que aguantar a muchos hijos de la… mala vida y comer mucha porquería.

Los días siguientes al regreso fueron algo tristes: había perdido a un amigo o al menos eso era lo que yo sentía después de lo ocurrido con el Negro en Puerto Arista. Razón por la que prácticamente quedé fuera de la radio. En esos días, tampoco parecía que hubiera alguna oportunidad de regresar, no después de convertirme en una amenaza para más de uno dentro de la radio. Decidí entonces ponerme las pilas y buscar un espacio en la televisión local. Me acerqué al canal del Gobierno del Estado en donde se abrió una puerta para un *casting* de voz; pero fue un fracaso. Me puse tan nervioso que me faltaba el aire y se me cortaba la voz. Una vez frente al micrófono olvidé todo lo que Pedro me había enseñado y una de mis piernas comenzó a temblar como la gelatina. Nunca pude controlarla. Salí derrotado, humillado y decepcionado de mí por tan tremendo fallo. No era una etapa emocional favorable para mí. Pasaba por una de esas crisis por la que todos pasamos en algún momento de nuestras vidas. De nuevo a punto de rendirme, en quiebra total y con muy poca luz al final del camino. Pero cuando menos lo esperaba recibí una llamada, era Griselda Pérez Robles la que hablaba y las noticias me caían muy bien, de nuevo había una gran puerta que se abría. Era el seguimiento a lo que ya antes me había mencionado: el programa de videos. No sé por qué —y nunca se lo he preguntado—, pero pensó en mí, y eso que yo lo único que había hecho era radio. Resulta que a ella la había llamado el director general de XHDY-TV Canal 5, una emisora local de Chiapas, y le había ofrecido hacer un programa piloto dirigido a los jóvenes. Se trataba de un programa musical en el que no solo se buscaba presentar los más recientes videos musicales, sino uno en el que también se hablara de música, pero con conocimiento y con un agudo y sarcástico sentido editorial en el que se les permitiera a los presentadores expresar sus opiniones, lo que con el paso del tiempo, eventualmente, los posicionaría como críticos o líderes de opinión en el ámbito musical. Sin duda esto sonaba muy agradable, pero también pretencioso —por qué no decirlo—. A mí me parecía una oportunidad única, pero era consciente que ante las bases musicales de Griselda y de su conocimiento sobre tendencias, grupos y antecedentes yo me quedaba muy corto, es decir, yo sabía lo suficiente como para poder hablar de música contemporánea y tenía una idea clara y conocía perfectamente a los grupos que sentaron bases en los setentas, gracias al tiempo que pasé con mis primos, pero antes de eso era prácticamente un neófito en ese tema. Y ese era uno de los puntos medulares que se buscaba para el proyecto: conocimiento musical. A pesar de estos puntos en contra, acepté la invitación de Griselda para asistir a una primera cita con Lincoln Salazar Ferrer, el jefe. Tampoco era que tuviera muchas opciones en ese momento, así que para mí era un salvavidas. Ya haría yo lo necesario para ponerme a la par con Gris en cuanto a conocimiento musical; aunque, además, debo admitir que la confianza, seguridad y tranquilidad que la Gricha (como le decía) me transmitía eran excepcionales. Siempre me dio buena vibra y siempre fue un poco maternal conmigo. Me imagino que le caí bien y por eso decidió darme la mano... y por mucho tiempo. Es uno de esos seres que no sabemos si son ángeles que nos mandaron para enderezar nuestras vidas o seres humanos que en algún otro tiempo o espacio fueron parte de nuestra familia.

LINCOLN, GRICHA Y LA TELE

Así, un día nos dimos cita en las oficinas de Canal 5, filial de Televisa México. Cuando el taxi en el que viajaba se acercaba al lugar, alcancé a ver un enorme muro de color blanco: enorme en longitud no en altura. Le pregunté al chofer si ese era el canal, a lo que me respondió que sí. Estaba muy emocionado solo de imaginar qué habría detrás de ese muro, y es que, si así se veía por fuera, de seguro por dentro tendría la misma majestuosidad. Después de todo, era un canal de televisión. Imaginaba que tendría estudios grandes o por lo menos con las dimensiones que le permitieran contener el equipo necesario para producir sus programas.

Canal de televisión en el que Fernando trabajó, por primera vez, como anfitrión de un programa televisivo, en Tuxtla Gutiérrez, Chiapas, 1992.

Bueno, así pensaba de acuerdo con mi lógica juvenil. Bajé del auto y toqué un pequeño timbre que se encontraba a un lado de un intercomunicador. Pocos segundos después, escuché una voz que me preguntaba muy amablemente que a quién buscaba, yo le respondí que tenía una cita de trabajo con el señor Lincoln Salazar Ferrer. Se produjo un pequeño silencio que fue interrumpido por una chicharra o algo parecido. Sonó en el seguro de la puerta dándome acceso al canal. Por fin descubriría las dimensiones de ese lugar.

Mis expectativas eran muy grandes y estaba listo. Di mi primer paso al interior y me posé sobre un suelo de grava o piedrilla. Imaginé que se trataba de la zona de estacionamiento. Levanté la vista y descubrí que había un gigantesco terreno con una estructura al centro, que contenía la antena transmisora, y al lado derecho una pequeña edificación de una sola planta, por lo que me pregunté: «Bueno, ¿y dónde está el canal?». Quise descubrir las maravillosas instalaciones que imaginaba, así que de nuevo mis ojos auscultaron la zona —con detenimiento— con la ilusión de haber pasado por alto algún detalle que revelara el lugar donde se encontraban los estudios. Me asomé detrás de la pequeña edificación que allí se encontraba, tal vez detrás podría estar lo que buscaba; pero para mi sorpresa nada. Eso era todo lo que había: un pequeño cuadro blanco de concreto con una entrada. Claro con muy buena apariencia y con una facha formal, pero pequeño para un canal de televisión. Caminé hasta la entrada del lugar y me encontré con una recepción y una secretaria, que atendía a los que llegaban, y justo al lado derecho de la entrada, se encontraba el control maestro, lugar desde donde sale la señal a todos lados. Para quienes no lo saben, normalmente, el control central no se encuentra en un lugar expuesto, sino más bien en uno muy seguro y poco accesible para el público, para evitar que cualquier curioso pueda presionar algún botón y dejar al canal fuera del aire o seleccionar la cinta equivocada. Es más, si un grupo armado tomara el control central de cualquier canal de televisión, prácticamente, podrían hacer lo que quisieran con la transmisión de la emisora y con lo que usted recibe en casa, es decir, es un lugar sagrado. Hacia el lado izquierdo se veía un pasillo que —según creía— llevaba hacia los estudios y las oficinas. Es más, tenía la esperanza de que tal vez la construcción no fuera hacia arriba, sino hacia abajo, es decir, que lo más grande estuviera en una especie de sótano, algunas veces es así. También sentada ahí estaba Griselda. Nos saludamos, mientras a mí me invadía la ansiedad. No estaba precisamente nervioso, pero sí estaba muy ansioso por saber qué pasaría al final de la reunión y de cómo quedarían las cosas. Griselda me adelantó un poco sobre la forma de ser de Lincoln diciéndome que era un buen tipo, que le tenía muchas ganas al programa, y que sería de los pocos, además del noticiario local, que se produciría en Canal 5. Y es que, en la mayoría de los canales locales, la programación era una repetición de lo que las televisoras nacionales transmitían, y lo único que se hacía era abrir espacios para la publicidad local.

Llegó el momento esperado, la señorita nos dijo que podíamos pasar. Al fondo del pasillo encontraríamos la puerta de la oficina del señor Lincoln. Con cada paso crecía la incertidumbre. Avancé sin creer mucho, sin ilusionarme, es más, en ese momento no creía en nada, ni esperaba nada. Estaba ya cansado de la falta de espacios y de oportunidad para demostrar lo que podía hacer y, por supuesto, de los abusos y raquíticos sueldos que te dejan morir de hambre. En ese momento, no me importaba ser agradable, diplomático o político con quien fuera que me iba a entrevistar; mi intención era cumplir con Gris. Así que fui porque sí, porque no tenía dinero ni espacio y no quería quedarme solamente diseñando campañas publicitarias o carteles, o lo que fuera, en el despacho de publicidad con Alberto.

Antes de tocar la puerta, esta se abrió y de ella salió un personaje bastante simpático. Ustedes, al igual que yo, seguramente esperarían a un hombre trajeado, con cuello blanco, camisa bien planchada y un traje impecable, ¿no? Bueno pues, siento decepcionarlos, este personaje era pequeño, un poco pasado de peso, con una cara muy agradable, con bigotito y un tanto pelirrojo, que vestía *jeans*, una camisa bastante arrugada y llevaba una de esas pulseras tejidas en su muñeca derecha, lo que me dio muy buena espina. Todo acelerado, como si el mundo se fuera a acabar, nos saludó de forma muy casual y nos invitó a pasar. Así estaban las cosas. Esa fue la primera impresión, y creo que de entrada la química fue muy buena; pero aún faltaba hablar con él.

Entramos, nos sentamos: Lincoln en una silla detrás de su pequeño escritorio, acorde con su estatura. De inmediato rompió el hielo. Era jovial y proyectaba confianza y demostraba mucho ánimo por trabajar con dos jóvenes inquietos como los éramos Gris y yo.

—¿Qué les parece la idea? Me imagino que Griselda ya te platicó, ¿no? —me preguntó. Y antes de que respondiera continuó con su monólogo cargado de ilusión y de energía.

—Lo que quiero es que hagamos un programa sencillo, pero al mismo tiempo uno con el que los jóvenes se claven, o sea que se interesen tanto por el tema de la música como por sus presentadores. En esta ocasión, no tenemos presupuesto para hacerlo. No hay dinero y tenemos que venderlo.

Fue entonces cuando se encendió la luz roja de alerta. ¿Es que acaso había vuelto a caer en el cuento de nunca acabar? Ahora resulta que los presentadores también son agentes de ventas. Yo no estaba nada positivo ese día, cualquier cosa la podía tomar a mal, pero, solo unos segundos después, Lincoln aclaró:

—No es que ustedes lo tengan que vender, eso lo trabajaré yo directamente. Ustedes se dedicarán a hacer el programa y obviamente a hablar de música, porque eso es lo importante. Quiero que sepan de lo que están hablando, que no sean de los que siempre halagan a los artistas y a sus videos, sino que quiero que sean capaces de construir una crítica honesta cuando haya basura o grupitos de estos que no sirven para nada: que critiquen. Se deben convertir en líderes de opinión, en cuanto a música se refiere, que sean ustedes quienes dicten las canciones de moda en Chiapas. Esa es la idea. Y por lo pronto, para empezar, yo acabo de abrir una agencia de venta de celulares que estará anunciándose dentro del programa, así que lo primero que necesitaríamos es un nombre, ¿ya tienen alguno?

Me quedé sin palabras, era exactamente lo que siempre había esperado: esa flexibilidad, esa actitud, esa oportunidad de ser protagonista y de tener el respaldo para crecer del «mero, mero», como decimos en México. Era como si alguien hubiera escuchado mis súplicas. De pronto una sensación de felicidad y alivio inundó todo mi cuerpo y me enderecé en la silla, en la que había estado como escurrido y con los brazos cruzados en señal de bloqueo. Mi perspectiva cambió completamente. Volví a creer que sí existía gente coherente en los medios. No hablamos mucho más, solo nos pidió que nos viéramos en la semana para llevarle propuestas de posibles nombres para el programa.

Al salir de ahí, Gris y yo fuimos a casa de uno de sus familiares y platicamos animadamente de lo bien que nos había caído el director de Canal 5 de Chiapas. También divagamos un poco sobre las cosas que podríamos hacer. Echamos a volar nuestra imaginación y no perdí la oportunidad de hacerle saber, de nuevo, lo agradecido que estaba con ella por su apoyo y por haberme invitado a formar parte de ese proyecto. Mencionamos algunos nombres que se nos ocurrían en el momento, mientras caminábamos por el jardín de la casa, en donde la lucha entre la tierra húmeda y el pasto era evidente, esto daba un aspecto sombrío al lugar, pero en ese momen-

Fernando como presentador de un concierto masivo del grupo de *rock* mexicano Kerigma en Chiapas, 1993.

to, la humedad y las pequeñas manchas verdes, que buscaban abrirse paso entre la tierra, me hacían sentir paz; algo que en cualquier otro día podría haberme provocado tristeza. Ese día no. Yo había renovado mis aspiraciones y, además, era algo que me gustaba.

Gracias a la infancia que tuve y a mis primos Pancho, Jorge, Juan y Víctor (y un poco a mis primas) poseía un cierto conocimiento musical que podía resultar interesante, sobre todo a Lincoln quien era contemporáneo con él. Además, había sido un aficionado al *hard rock* en la época de los ochenta, donde grupos como Ratt, Skid Row, Mötley Crüe, Ángeles del infierno, Guns N' Roses, Scorpions, Kerigma... y muchos más marcaban una línea entre el pop, la música con la que se identificaban los niños «bien» o fresas, y el *heavy metal*, para quienes se creían más rebeldes como yo. Esa música nos daba una imagen que, a la par, nos servía como un tipo de escudo para que nadie se metiera con nosotros. Un mecanismo que hasta la fecha sigue siendo recurrido muchas veces por adolescentes inseguros que no desean ser expuestos ante nadie. Así podía controlar un poco mi entorno, bueno, por lo menos así lo veía yo en esa época. Ese era mi historial musical y el cual apuntaba un fuerte punto a mi favor, porque al hablar de música con Lincoln lograba comunicarme de forma coherente y por demás interesante. En muchas ocasiones, Lincoln mencionaba temas musicales que eran completamente desconocidos para mí, entonces yo fingía saber de lo que me estaba hablando. Estoy seguro de que más de una vez él se dio cuenta; pero veía mi esfuerzo por encajar y eso le parecía agradable.

De inmediato me adentré en la lectura de publicaciones enfocadas por completo al ámbito musical, como lo eran la revista *Rolling Stones*, *Billboard* y algunas otras que circulaban en el mercado y que eran consideradas las biblias musicales, que te permitían mantenerte al día y saber qué era lo que estaba de moda. También eran las más vendidas por todo el mundo. Aún, durante todos estos años, conservo algunos ejemplares, con la intención de enmarcar algunos de sus artículos y de sus portadas y colgarlos en una pared, para honrar esa época que nunca he escondido y que me lanzó al frente de las cámaras de televisión. Además de que me dio la oportunidad de conocer todo el proceso televisivo en cada una de sus áreas y no solo eso, sino también de adiestrarme en diversas funciones que iban desde las más técnicas, como jalar cables, hasta las de producción, edición, diseño de imagen y por supuesto las creativas.

Después de escribir varios nombres en un trozo de papel, me reuní con Griselda y comparamos los suyos con los míos, ya para ese entonces la radio no me importaba tanto, aunque no dejaba de asistir a mis grabaciones con Víctor y, como buen profesional, de hacer las cosas al cien por cien.

Una mañana fui a visitar a Gris en la estación de radio donde trabajaba, a la que en alguna ocasión me acerqué en busca de trabajo, de una oportunidad o para al menos lograr acceso a los programas en vivo, para empaparme un poco de cómo se hacían. Pero nada de eso conseguí, así que de nueva cuenta la vida me llevaba al frente de la entrada principal. Me detuve y miré fijamente el cristal blanco que se erguía frente a mí, esta vez de forma diferente. Así lo sentía y recordé la vergüenza y la inseguridad con la que llegué esa primera vez. Sabía que en esta ocasión ya no sería un fantasma detrás de esa puerta, como en esa primera visita en la que pasé desapercibido y nadie se fijó en un fachoso estudiante, que, como muchos otros, se acercaba a pedir ayuda para conseguir una oportunidad. Aquella vez las secretarias, recepcionistas y el resto del personal ni siquiera levantaron sus caras para mirarme; tenían muchas cosas que hacer y sus mentes muy ocupadas como para perder el tiempo conmigo. Esas escenas se repetían una y otra vez en mi mente, mientras respiraba profundo frente a la puerta e imaginaba la satisfacción que esta vez sentiría: y es que ahora ya sabían quién era. Me había convertido en un dolor de cabeza para ellos durante algún tiempo; claro, al lado del Negro cuando transmitíamos juntos en ese espacio temporal del medio día. Casi podía verles las caras de sorpresa y escuchar los saludos de esas secretarias que antes ni los buenos días me dieron. Ya mi nombre existía en los medios y sonaba en algunos pasillos. ¡Qué sensación tan agradable! Era un regreso triunfal. Además, ya en alguna ocasión Gris me había comentado que el director estaba interesado en que trabajara con ellos. Nunca hubo una propuesta formal, pero todo hubiera sido concretado con tan solo una comida. Sonreí y revisé mi indumentaria, bueno los trapos que llevaba puestos, y avancé con la cabeza en alto y con toda la seguridad que tenía de que mi nombre ya tenía algo de peso, al menos a nivel local. Empujé esa puerta mientras el sol iluminaba mi sonriente cara. Puerta que, por cierto, ese día sentí mucho más ligera. Firme di mi primer paso hacia el interior. ¡Oh, Dios! ¡Qué diferencia! Al entrar, cada una de las secretarias y de las personas que estaban sentadas, en la improvisada sala de espera, levantó su vista al escuchar el chirrido de la puerta provocado por el óxido. A diferencia de la vez anterior, muy pocas cabezas bajaron sin inmutarse como en antaño, solo unas cuantas, y eran básicamente de quienes se encontraban en la sala de espera. Así pues, cada una dibujó una sonrisa y cada vez que pasaba junto a alguno de estos amables seres escuchaba un, «¡Hola, Fernando!, ¿cómo estás?, ¡qué milagro que nos visitas!, ¿qué te trae por aquí?». Y solo con la misma sonrisa hipócrita, me volteaba a verlas, como recordándoles lo que un día habían hecho al ignorarme. A ninguna le respondí y seguí directo hacia la oficina de la titular del área ejecutiva (quien, por cierto, estaba guapísima y aseguraban que salía con uno de los dueños; pero, bueno, nunca supe si era cierto). Me paré frente a ella y con su carita angelical y un tono muy cordial me saludó muy cortésmente:

—¡Hola, Fer! ¿Cómo estás? ¿Vienes a ver a Gris?

Claro yo no iba a desaprovechar la oportunidad. Así que me incliné para saludarla como se merecía: con un beso en la mejilla. De inmediato ella avanzó un poco al borde de la silla y aceptó con gusto mi saludo. ¡Vaya porquería en la que nos hemos convertido! ¿Cómo puedes ser alguien solo porque aparezcan unas estúpidas palabras con tu nombre en dos o tres publicaciones del periódico local, cuando antes ni siquiera te tomaban en cuenta para preguntarte qué se te ofrecía? Después de todo, ese era su trabajo. Le respondí a la sensual asistente ejecutiva que sí, que efectivamente estaba ahí para ver a Gris, y me dijo:

—Dame un segundo, déjame ver en dónde está.

Marcó el teléfono, colgó y listo.

—Adelante. Gris está en la cabina número tres. ¿Sabes cuál es o quieres que te acompañe?

Qué mejor que verla levantarse de esa silla y caminar con ella hasta llegar con Gris, ¿no? Claro y de paso cruzar dos o tres palabras y disfrutar de sus atractivos en el trayecto (y es que a esa edad cualquier cosa con curvas me llamaba la atención), por lo que le dije:

—Sí, es mejor que sí me acompañes, ¿no? ¿Qué tal si me pierdo?

Sonriente y con un «claro» se levantó y se inició la pasarela, perdón el recorrido hasta la cabina de mi colega. Gris, muy trabajadora como siempre, se encontraba de espaldas a mí, con un gran cristal que hacía de la cabina un espacio aislado, y justo frente a ella se encontraba el operador de audio. Al verme, levantó su mano en señal de saludo y es que, en ese momento, tenía los audífonos pegados a las orejas. Me miró y con una sonrisa me hizo pasar entre señas y gesticulaciones. Me despedí de la guapa acompañante y entré cautelosamente para que el ruido, que pudiera provocar mi entrada, no se colase en la transmisión en vivo que estaba realizando Griselda. Me senté junto a ella, mientras la observaba sumergida en un montón de papeles, que a la vista de cualquiera parecería que formaban un desorden; pero como siempre he dicho, cada cual tiene su orden. Después de admirar por algunos minutos su capacidad para hacer no sé cuántas cosas a la vez, ella puso una canción, y mientras esta tocaba nos saludamos. Me preguntó si ya tenía la lista de posibles nombres «porque urge que veamos a Lincoln mañana, me habló hace rato y quiere que se grabe el piloto mañana». Se podrán imaginar hasta donde fue a dar mi quijada. No sonó al chocar con el piso porque estaba alfombrado, pero poco faltó para eso. Era casi imposible de creer, solo lo había visto una vez y ya estaba por grabar su programa piloto.

Todavía no teníamos el nombre, ni nada, y ya se estaba dando el primer paso. ¡Qué velocidad y qué suerte! Sorprendido y confundido acorralé a Griselda con un montón de preguntas. «Pero ¿cómo? No entiendo. Vamos a grabar el piloto mañana y ni siquiera tenemos un nombre. ¿Ya? ¿Me aceptó?, es decir, ¿ya quedamos los dos? ¿Cómo voy vestido? ¿A qué hora? ¿Te dijo algo de mí?». Estas eran algunas de las preguntas que como ametralladora empecé a dispararle a Gricha (como le decía de cariño), quien parecía tener toda la información necesaria para de una vez por todas terminar con mi asombro, pero no fue así, me dijo:

—Yo no tengo idea de nada, me habló súper acelerado para decirme que nos veíamos mañana a las nueve de la mañana, que te avisara porque íbamos a grabar el programa piloto.

Así que me quedé igual. Soltó una carcajada enorme y me dijo que luego seguíamos hablando porque tenía que entrar al aire de nuevo. A pesar de la excitación del momento, la canción había terminado, por lo que tenía que contener toda esa energía, guardar silencio y esperar a que pasaran unos minutos para poder continuar con nuestro diálogo. «¡Qué fresca!», fue lo primero que pensé. ¿Cómo pretende Griselda que me quede callado si lo único que me provocaba era gritar, abrazarla y correr a decirle a todo el mundo que pronto no se podrían librar de mí, ya que mi cara y mi voz estarían en la televisión regional. Y todos esos envidiosos que me habían hecho dudar, ahora tenían que tragarse sus palabras y aceptar que el creer en tus sueños y trabajar duro por ellos, siempre da resultado, y la mejor prueba era este logro. Pero todo eso tenía que ser interrumpido, contenido y controlado por unos cuantos minutos para que el *show* radial continuara. Era demasiado y no sabía si lo podía soportar. Encima de eso, Griselda me tenía preparada otra sorpresita: en el momento menos esperado, se encendió la luz roja de la cabina, que indicaba en vivo y alertaba que el micrófono estaba abierto, Gris empezó a hablar, mientras mi cabeza corría a millón: pensando, planeando, organizando y tratando de salir del estupor que la noticia me había causado. Y justo cuando estaba por controlar todos esos sentimientos y pensamientos para arrancar como siempre a proyectarme en sueños y logros, mi querida Gricha me hizo salir del trance cuando a través del micrófono preguntó:

—¿A qué no saben quién está aquí conmigo? Ni se lo imaginan. Es un amiguísimo mío con quien compartiré en un próximo proyecto. ¿Ya saben o no? Bueno pues, es ¡Fernando López Del Rincón!, el Loco De La Radio. De seguro ustedes lo escuchaban en otra frecuencia, pero ahora está aquí conmigo. Así que, si quieren preguntarle algo, las líneas telefónicas están abiertas. Mientras tanto te doy la bienvenida. ¿Cómo estás, Fer?

¡Vaya pregunta! ¿No creen? Claro que mi respuesta fue una de esas que solo se dan por salir del paso. Hubo algunas llamadas preguntando cualquier cosa, pero principalmente que cuál era ese proyecto en el que estaríamos juntos. Cosa que nunca se aclaró y que, como buena estrategia, generó mucha expectativa entre los radioescuchas. Así Gricha finalizó el programa, sin revelar nada más; y con una enorme sonrisa de satisfacción nos volteamos a ver, justo cuando el letrero lumínico de color rojo se apagó. No fue necesario decir nada. Fue una de esas miradas con las que se dice todo. Tomó sus cosas y decidimos salir de ahí para platicar en otro lado. A toda prisa, caminamos por los pasillos de la estación, como si no hubiera nadie, solo sombras, ni siquiera la linda recepcionista que antes robaba toda mi atención había podido romper mi concentración y emoción al salir de las oficinas. Pasaron horas, no sé cuántas, en las que Griselda y yo hablamos de nombres para el programa, divagamos con lo que haríamos, lo que diríamos y hasta hicimos dos o tres veces la presentación como si la cámara estuviese encendida frente a nosotros. Después de toda esa emoción, nos despedimos deseándonos la mejor de las suertes, y con un beso y un abrazo, de esos que se quedan grabados en la mente, de esos que cuando uno los recibe siente certeza y confianza, así quedamos en vernos al día siguiente. Esa fue una noche diferente y ¡vaya que era diferente! En ese momento, nunca imaginé el cambio que tendría mi vida. Ahora ya nada sería igual. Era una noche en la que dos caminos se dibujaban frente a mí y en mis manos estaba la decisión de elegir cualquiera de ellos. Eran dos futuros alternos con diferentes desenlaces. Esa noche no me di cuenta de tan grande disyuntiva, hoy, a la distancia, quiero pensar que tomé la decisión correcta; pero no lo sé a ciencia cierta. El futuro que elegí me ha dado mucha felicidad y plenitud, y eso es lo que vale.

Me recosté en la cama, cerré los ojos y a diferencia de otras noches, en las que la incertidumbre por el futuro era objeto de todos mis desvelos, esa noche en particular, solo respiré profundo, disfrutando del aire tibio y húmedo de selva que entraba por la pequeña ventana, para minutos después caer en un sueño profundo y relajado. Así perdí la conciencia en los brazos de Morfeo, con todo y ropa, hasta que la luz del sol me despertó para recordarme que tenía un importante día por delante. Se trataba de mi primera oportunidad de estar frente a una cámara y de poder demostrarme a mí mismo que tenía la madera, el carisma, la actitud; pero sobre todo la inteligencia que se necesitaba para estar, por fin, en los medios y en un canal profesional de televisión y no en talleres universitarios.

EL PRIMER DÍA DEL RESTO DE MI VIDA

El día había llegado. Desperté aún vestido con la ropa del día anterior y muy exaltado. No sabía ni qué hora era. Y eso que ahí, en el nido de las águilas (como a veces le llamaba al cuarto de azotea), usualmente ningún sonido me alcanzaba a despertar. Me enderecé y le eché un rápido vistazo al reloj para ver la hora. Por fortuna, solo eran las ocho de la mañana y la cita era a las nueve. Entre bostezos y un nerviosismo que poco a poco me sacaba del sueño —que aún me tenía un poco aletargado— busqué entre mis cosas el papel en el que había escrito algunos posibles nombres para el programa, lo coloqué junto a mi ropa, y el agua fría de la regadera se encargó de despertarme por completo. A la carrera, con el pelo húmedo, unos cuantos centavos en el pantalón y el mágico papel que contenía mis ideas, salí corriendo a la calle. Era una mañana de esas en las que el sol brilla de una forma especial. No sé si es porque uno se siente diferente que lo ve así o si porque de verdad la luz es diferente a la de los demás días. Me paré en la esquina para abordar un taxi, ya que por fin contaba con el dinero, y —como suele suceder— justo ese día, tardó más de lo normal en aparecer uno. Basta con que uno tenga prisa o una cita importante para que ocurran este tipo de cosas. Nada que cuando apareció el pintoresco taxi, ya era un poco tarde, así que tenía que apurarme. Le pedí al chofer que acelerara un poco, por suerte este chofer ya me conocía. No era la primera vez que viajaba en su taxi, así que me dijo que no me preocupara que íbamos a llegar a tiempo, que quizá unos cinco o diez minutos después de la hora acordada con Lincoln. No podía hacer nada más que acomodarme en el asiento trasero y tratar de calmar mi ansiedad; pero, por el contrario, cada minuto que pasaba, el nivel de tensión y frustración aumentaba, por no poder ir más rápido. Miraba el reloj que tenía colgado el chofer a un lado del volante, y me concentraba en cada minuto, como si con la mente tratara de controlarlo: hacerlo más lento y estirarlo

Fernando como maestro de ceremonia con su gran amiga
y compañera de trabajo Griselda Pérez Robles, 1991.

para que no dieran las nueve de la mañana. No podía dejar de pensar que estaba retrasado y que era el día más importante de mi corta carrera dentro de los medios masivos. Así hice el recorrido completo, con sentimientos de culpa, por no haberme levantado más temprano, y con una actitud fatalista, que ya me pintaba fuera del proyecto, y algunas otras torturas psicológicas que querían castigar mi falta de precaución. Hasta que al fin pude ver ese interminable muro blanco que rodeaba el canal. Y al tiempo que llegaba, veía otro vehículo acercarse. ¡Vaya sorpresa! Se trataba de Gricha que también llegaba tarde. Ese fue mi mejor antídoto para dejar los sentimientos de culpa a un lado, ya no me sentía solo ni tan culpable. Gris bajó del auto y esperó a que yo bajara del mío. Nos saludamos, con cara de asustados, como si hubiéramos cometido un crimen y fuéramos cómplices, y ante un pequeño silencio que logró interrumpir una fuerte risa nerviosa. Claro que fue Griselda quien la soltó, cosa que me tranquilizó bastante. Siempre me pasaba lo mismo con esta mujer, ella siempre se encargaba de quitarle el fatalismo a cada situación complicada en la que nos veíamos involucrados, mientras que yo, por naturaleza, siempre era un manojo de nervios. No sé qué era lo que hacía o decía, ni siquiera tengo idea del porqué, pero ella lograba darme la tranquilidad que tanta falta me hacía para enfrentar con lucidez y temple el siguiente obstáculo.

Nos paramos frente a la entrada principal, me miró fijamente y me dijo, «Tranquilo, ya estamos aquí. ¡Ya que! Vamos ahora a ver qué pasa y a echarle ganas, ¿no?». Solo le sonreí y le dije: «Pues, ¡ya que!». Escuchamos la chicharra que anunciaba el acceso al canal y empujamos la puerta que de inmediato se abrió. Al llegar al vestíbulo, la secretaria ya nos esperaba, y sin perder tiempo nos dijo que pasáramos a su oficina. Con el corazón en la mano, caminamos hasta la puerta que se encontraba abierta. Un poco tensos por la hora, que para ese entonces ya marcaba treinta minutos más de la hora acordada, nos encontramos con Lincoln sentado y atendiendo una llamada. Nos sonrió y nos hizo una seña para que tomáramos asiento. Segundos después, finalizó la llamada y colgó. Luego, nos miró fijamente, en lo que parecía el preámbulo de un llamado de atención. Lo cual sabíamos que nos merecíamos, ya que no teníamos una razón que nos justificara. Pero para nuestra sorpresa, después de mirarnos por unos segundos fijamente, salió como de una especie de estado hipnótico y brincó de su silla diciendo:

—Pues listo, vámonos al estudio para empezar, ¿no?

Claro que ninguno de nosotros dos dijo nada, y como si fuéramos un resorte brincamos de nuestras sillas y lo seguimos hasta el estudio. Solo nos miramos, sonreímos y encogimos los hombros en señal de extrañeza por la forma en que Lincoln reaccionaba algunas veces, aunque esta —para ser sincero— nos había favorecido y mucho. Entramos al estudio donde había dos sillas frente a un muro azul, una cámara, dos micrófonos pequeños, de esos que se cuelgan en la solapa del saco o en la camisa, y nada más. Nos presentaron al camarógrafo de nombre Guadalupe, conocido también como el Pillo Ojeda. Bonachón, sonriente y con una panza que mostraba una buena alimentación, sin duda basada en la vitamina «T»: de tortas, tacos y tamales; pero muy amable y con toda la intención de ser amistoso. Creo que hubo buena química desde el principio con este regordete simpático personaje y compañero de trabajo, con quien compartiríamos tantas cosas en el camino. Justo a un lado del estudio estaba la cabina de edición y ahí un nuevo elemento: Ricardo. Un ser sumamente huraño y vivo, de esos que no te miran a los ojos, que por más que quieras no puedes confiar en ellos. Siempre una pequeña duda de su sinceridad te mantiene alerta ante sus acciones y comentarios. Su recibimiento fue muy seco y formal y no cruzamos ninguna otra palabra. Tiempo después, logramos hacer funcionar nuestra relación laboral, y puedo decir que hasta nos acercamos al punto de ser buenos amigos, pero siempre con una distancia, por seguridad de su parte y de la mía. Así, después de la presentación, Lincoln nos dio las indicaciones de cuáles serían los videos que se presentarían y nos enseñó un equipo de cómputo que había traído de su casa al canal, solo para lograr los efectos especiales de nuestra producción, y todo gracias a un muy utilizado *software* conocido como Video Toaster. Se podía ver la ilusión y la confianza que tenía en el *show* y en nosotros. El Chief —como le apodamos de cariño— preguntó si ya teníamos algún nombre para el programa. Saqué mi papelito y empecé a leer algunas de mis sugerencias, mientras Griselda y él opinaban sobre lo que escuchaban. Algunos les parecieron buenos, otros no tanto, y al final, ante tantas opiniones, no llegamos a nada. En algún punto, Griselda y él hablaron sobre la necesidad de un nombre que estuviera relacionado con videos y con el canal. Fue entonces que de alguna manera surgió el nombre mágico, nada inteligente, por cierto, al menos ahora así me parece. Se llamaría «Cinco en vídeo». ¡Qué original! El canal era el cinco y presentaríamos videos. Vaya que nos rompimos la cabeza, ¿no? Ese era el nombre con el que grabaríamos el programa piloto o programa de prueba, ya después pensaríamos en otro nombre.

El Chief estaba muy ansioso por iniciar la grabación, y quería que nos pusiéramos en nuestros lugares, por lo que nos subimos a la pequeña tarima cubierta con alfombra gris, y nos sentamos en las dos sillas que habían sido colocadas una junto a la otra. El Pillo se acercó y nos colocó los micrófonos. Las luces generales bajaron de tono hasta apagarse y se encendieron las luces del estudio. Fue ahí que por primera vez mis manos empezaron a humedecerse. Sí estaba sudando, pero en las palmas de mis manos; nunca antes eso me había pasado. Sentía que algo me quería salir del pecho, eran los latidos acelerados de mi corazón: adrenalina mezclada con tensión y emoción. No había ningún guion, solo Griselda al lado mío y nuestras voces, habilidades y el carisma que pudiéramos proyectar. Nunca hubo una orden de trabajo o un plan de desarrollo del programa ni un *script* ni un ensayo ni nada de eso. Solo una pequeña hoja de papel con los nombres de los videos musicales que presentaríamos. «Siéntense y tranquilos, solo sean ustedes y hablen de lo que quieran sobre los videos o de los grupos. Ustedes no dejen de decir lo que piensan o lo que creen». Esas fueron las palabras del Chief. «Estoy aquí al lado, en la cabina, para verlos por el monitor». Enseguida abrió la puerta y salió hacia donde Ricardo monitoreaba la cámara, las luces y el audio. No teníamos un apuntador, así que solo una cámara y el Pillo eran nuestra vía de comunicación con la cabina. Griselda y yo nos miramos a los ojos, nos tomamos las manos y con una sonrisa que iluminó su cara, me hizo saber cuánto confiaba en el trabajo que juntos podríamos hacer. El Pillo levantó la mano con cinco dedos extendidos, señal que indica que hay que estar prevenidos para la cuenta regresiva de los cinco segundos, después de los cuales empezaríamos a grabar.

Una de las recomendaciones había sido que grabaríamos como si estuviéramos en vivo, es decir, no habría cortes. Se haría todo sin parar. El aire acondicionado del estudio nos mantenía frescos, sin embargo, un sudor frío no dejaba de brotar por mis manos. Sabía que era necesario sentir eso: me mantenía alerta y llegaría el punto en que rompería con esa tensión, ya conocía bien mis reacciones. A esta es a la que llamé la barrera de los cinco. Ya después le agregué diez segundos más, por lo que se convirtió en la barrera de los quince. Se trata de quince segundos de una tensa descarga de adrenalina que te hace temblar, y la cual debes controlar en no más de quince segundos, porque de no ser así, se convertiría en pánico escénico y ahí perderías el control y, por ende, la oportunidad. Ese pánico donde la voz se corta, las ideas se agolpan y se nubla la memoria hasta el punto de no poder hablar más. Ese yo lo había experimentado muchas veces, pero en esta ocasión, aunque era una situación muy tensa, sabía que no podía permitir que me dominara.

Cinco, cuatro, tres, dos... silencio. Un conteo final en nuestras mentes y estábamos al aire. Al menos teníamos que hacerlo como si fuera así. El Pillo, con la cámara al hombro, se acercó a nosotros y enseguida se encendió el foco rojo que indica que está grabando. Era el momento de empezar. En una inmediata reacción, Gris y yo nos presentamos: ella a mí y yo a ella, sin haberlo planeado. Fue como telepático... mágico. Nos inventamos un saludo en el que al mismo tiempo decíamos el nombre del programa y nos chocábamos las palmas en alto. Así empezó todo.

Como buena mancuerna que éramos, lo hicimos de principio a fin sin parar, con todo lo que se nos ocurrió: bromas, críticas descaradas y burlas sobre algunos artistas y su material; y, desde ese primer programa, desarrollamos un estilo de humor negro en el que las víctimas éramos nosotros mismos, es decir, no perdíamos la oportunidad de hacernos bromas pesadas, que alimentaban un poco el ritmo del programa y hablaban de nuestra empatía. Lo cual era interesante, además, porque en ese entonces era raro que este tipo de relación —entre un hombre y una mujer— se diera de esa manera en la televisión. Pero, además, siempre cuidamos el contenido musical y la información. Minuto a minuto podía sentir cómo crecíamos en proyección y cómo nos asentábamos frente a esa cámara que no dejaba de viajar de un lado al otro.

Griselda y Fernando en la grabación de su primer programa de videos musicales emitido por Canal 5 de Chiapas, 1993. Captura de video en formato VHS.

En algún punto, Griselda tuvo la genial idea de incluir al Pillo entre los diálogos, entonces hacía bromas con él o le pedía su opinión sobre algunas de las cosas que comentábamos. El Pillo contestaba con un movimiento de cámara o asomando una mano frente a esta; pero nunca aparecía en cuadro. Así, poco a poco se fueron pasando los minutos, con un misterioso silencio por parte de Lincoln, quien no se asomó nunca para decir nada o para darnos alguna indicación. El Pillo nos avisó que llegábamos al último segmento y que tendríamos que despedir el programa. Así llegamos al final y la barrera de los quince había sido superada. El control de la escena había sido completamente nuestro. En ningún momento titubeamos o se produjeron silencios. Siempre había algo que decir y si no lo había lo inventábamos. A ella se le daba muy fácil, créanme. Griselda siempre tenía algo más que decir.

Esa fue la primera vez que estuve frente a una cámara con la oportunidad y las intenciones de trabajar en un medio masivo de comunicación o al menos la primera vez que estuve tan cerca de conseguirlo y que la propuesta fuera tan franca. Cuando caí en la cuenta de que habíamos finalizado la grabación, las luces se encendieron y poco a poco volvía a la realidad. Era como si otro Fernando hubiera estado al frente de la misión durante más de cuarenta minutos. Fue una extraña sensación. Tal vez, la presión o la tensión me habían hecho bloquear algunos de mis sentidos. O había sido tanta la concentración, que no me dejó tiempo para disfrutarme cada minuto. Griselda respiró profundo y exhaló fuertemente, como si hubiera terminado de correr; pero sonrió con una clara expresión de satisfacción. Extrañamente, ninguno de los dos habló. Guardamos silencio. Como si las palabras se nos hubieran acabado. El Pillo nos miró fijamente también sonriendo y levantando el dedo pulgar de su mano derecha, a la vez que dejaba la cámara sobre el tripié, en señal de aprobación. La puerta de la cabina se abrió y de ahí salió el Chief con una mano en la barbilla, como si estuviera pensando. Enseguida se volteó hacia nosotros, y seguramente ambos mostrábamos una expresión extraña, porque en cuanto nos vio, se rio un poco y nos dijo:

—¿Qué les pasa? Ya quiten esas caras. Ya pasó, no dolió y no les voy a hacer nada.

Nuestra respuesta fue soltar unas carcajadas nerviosas y relajantes. Nos levantamos, les dimos las gracias a Ricardo y al Pillo, y nos fuimos a la oficina del Chief con toda calma y esperando a que nos hablara, que nos dijera algo: bueno o malo, pero algo. Entramos en la oficina y muy tranquilo nos preguntó cómo nos habíamos sentido. Nosotros, por supuesto, respondimos que muy bien, muy tranquilos. No le iba a decir que al principio las manos me sudaron y que el aire se me fue un poco durante los primeros segundos del programa, o que estuve a punto de pedir cinco minutos para que se me pasaran los nervios. Solo había que decir lo que él quería escuchar o al menos lo que nos dejara en una mejor posición. Por su actitud y por sus comentarios, además de lo amigable que era con nosotros, todo indicaba que había quedado complacido con nuestro desempeño. Y así fue. Nos confirmó la agradable sospecha al decirnos que había quedado muy bien y que le había parecido tan bueno, que estaba casi seguro de que ese sería el primer programa que se transmitiría al aire. También dijo que más adelante nos acoplaríamos más y que de seguro podríamos hacer más cosas. Que trataría de meterle algunos efectos con la computadora, durante la edición, para darle una imagen más juvenil y «locochona»; pero que estaba perfecto. Dijo, además, que el programa sería transmitido los sábados al mediodía; y que él tenía la intención de que estuviéramos ahí para contestar las llamadas del público; y que pensáramos en otro nombre para cambiar el de *Cinco en vídeo*, idea que a mí en lo particular me pareció genial. Una gran sonrisa se dibujó en nuestros rostros y miles de ideas empezaron a aflorar entre secciones y lugares dónde grabar, para que no fuera todo en el estudio, claro, además de posibles patrocinadores y promociones, como grabar un comercial para anunciar el inicio del programa. Pero lo que más se podía sentir en esa tarde era una sensación de triunfo y sobre todo de unión y de amistad. Todos estábamos en la misma frecuencia y, sin querer, teníamos en común el cariño por un mismo proyecto: una misma meta. Queríamos triunfar con nuestro esfuerzo y que, por fin, Lincoln pudiera ser el productor de algún programa y no solo el director del canal. Fue casi imperceptible la forma en que nos hizo saber que habíamos pasado la prueba y que iniciábamos ya nuestro trabajo dentro de Canal 5 de Chiapas. Casi podría decir que no caí en la cuenta de lo que pasaba.

Esa tarde, al salir de la oficina, repasaba y repasaba cada palabra y la actitud de Lincoln después de la grabación, y aún no podía asimilar que ya era una realidad, después de haberlo deseado por tanto tiempo... así de fácil, así nada más. Era mucho el regocijo, pero extrañamente la celebración fue muy silenciosa: un abrazo, un beso y un fuerte apretón con Gricha; eso fue todo lo que hubo.

Estuvimos casi todo el día ahí. Salimos por la tarde y una vez llegué a casa, solo pude sentarme y seguir pensando y repitiendo la película de lo que había pasado. Le di mil vueltas a las palabras del Chief y me hice mil preguntas: ¿cuánto me pagarían?, ¿cómo sería eso de pertenecer formalmente a un canal de televisión y salir en pantalla?, ¿qué podía hacer y qué no? ¿Me lo estaría tomando demasiado en serio? Pero por qué no tomarlo en serio, si era lo que llevaba meses o años tratando de conseguir. Llegó el momento de aterrizar y pensar qué debía hacer paso a paso, reflexión tras reflexión.

Cerca de mi colchón tenía algunas revistas sobre música y me puse a hojearlas, sin afán de encontrar nada o de leer un artículo en especial, solo quería matar un poco el tiempo, por lo que pasaba cada hoja lentamente. Miraba las fotografías de algunos artistas y de algunos grupos y recuerdo haber visto la fotografía de la portada de un disco que contenía una de esas viejas loncheras de lámina, de las que llevábamos de pequeños a la escuela, y me detuve a observarla detalladamente: sus orillas oxidadas, su dibujo en la parte de al frente... Me sonreí y recordé un poco lo fácil que era cuando se tenía esa edad, a diferencia del momento que vivía (por cierto, sigo pensando igual). En eso estaba pensando, y para nada me acordaba de que el nombre del programa aún no estaba definido, cuando justo en una esquina de esa portada descubrí la palabra melómano. Era la primera vez que la veía y me llamó mucho la atención. Así que traté de deducir su significado a partir de lo que leía en el artículo. Pude concluir que hablaba de una persona adicta a la música. Más adelante en el texto se referían a la melomanía como la obsesión por la música. De ahí se me ocurrió que ese sería el mejor nombre para el programa. Lo anoté para proponerlo la próxima vez que estuviera con Gris y Lincoln. Sin duda, fue un día que marcó mi destino. Por primera vez me involucraba de lleno en la televisión y sentía de nuevo esa pasión por lo que estaba haciendo. Mi cabeza estaba llena de ideas por desarrollar. El programa quería hacer historia, ruido, destacar... Era como esa misma sensación que había tenido cuando grababa los comerciales de radio con Víctor y Pedro.

Esa noche dormí con el nombre del programa en mi cabeza: era especial, no era cualquier nombre. Era un nombre fuera de lo común, con un poco más de contenido, y, además, sentía que de esa forma se evitaba un poco la frialdad de todos esos nombres obvios y comerciales que abundan en la televisión. Incluso decidí diseñar el logotipo. Siempre había tenido una especial inclinación por el *jazz* y el saxofón, así que, sin duda, parte del logotipo sería un saxofón. Y volvía a pasarme lo mismo de siempre: no podía detenerme. No solo me preocupaba por hacer mi trabajo, sino que siempre quería aportar más de lo que me pedían. Trataba de impregnarme hasta los huesos de cada proyecto del que me apasionaba y este, sin duda, era uno de ellos.

Durante los días siguientes no hubo mucho contacto entre Gris, el Chief y yo, salvo una que otra llamada esporádica de Griselda para platicar sobre las últimas noticias de Lincoln. Yo me dediqué a seguir trabajando en la agencia de publicidad con Alberto y a practicar de vez en cuando frente a un espejo, como si estuviera haciendo el programa. Estudié todo lo que pude sobre música y pasé gran parte del tiempo viendo programas de televisión en la oficina o en casa de mi socio. En ese momento, las cosas con la agencia no estaban nada bien. Cada vez nos costaba más trabajo poder sufragar los gastos. Estábamos a punto de quebrar, pero, para ser sincero, no era algo que me preocupara mucho. Estábamos en pláticas con una agencia más grande, que había llegado a la ciudad, para absorber nuestra cartera y fusionarnos, en pocas palabras, cerraríamos, les pasaríamos nuestros clientes y seríamos sus empleados. Mientras tanto, yo luchaba por absorber como una esponja todo lo que podía en cuanto a conducción, ropa, actitud, contenido, conciertos, etc. Solo había un pequeño problema: no tenía dinero como para poder tener el *look* de esos conductores que trabajaban en televisión; pero sí tenía la opción de integrarme al movimiento *underground*, ese en el que cualquier trapo tenía cabida en el vestuario de un presentador o de un cantante. Mientras yo me encontraba sumido en todo esto, las cosas avanzaban con el Chief. Gris recibió una llamada para que lo fuéramos a ver de nuevo. Ella me avisó, como siempre, y nos vimos otra vez en el canal. Una vez ahí, con el ánimo que lo caracterizaba, nos llevó hasta la cabina de edición y nos mostró el programa ya finalizado y con los efectos que pudo generar en el *software* de su computadora. Efectos como de película de cine: en blanco y negro, solarización... En fin, todo lo que se le ocurrió. Además, había musicalizado el programa completo en cada participación de nosotros. En esa muestra se podían ver largas horas de trabajo invertidas. El resultado era espectacular, sobre todo en comparación con la programación juvenil que existía en esa época en la televisión local. La calidad era muy parecida a la de los programas nacionales. De acuerdo con él, ese era el nivel que debería tener siempre el producto final. Él había decidido dejar su computadora en el canal para poder editar el que hasta entonces se llamaba *Cinco en vídeo*. Su mirada era como la de un adolescente, como si por fin hubiera podido entrar a la banda de *rock* que cantaba en las posadas de la escuela. En algunas ocasiones, su entusiasmo rebasaba al nuestro, claro, era su tesoro, y nosotros parte de él. Esa pulsera tejida con colores brillantes en su mano derecha, me dejaba claro que Lincoln era uno de esos individuos que siempre sería roquero o al menos que su lado juvenil lo viviría por siempre a través de la música y su contacto con los intereses juveniles.

Llegó el momento de las preguntas. Éramos como amigos y siempre nos sentábamos a platicar muy relajados, con el humor y el ánimo de quienes planean alguna travesura juntos. ¡Vaya travesura la nuestra! Se trataba nada más y nada menos que de un programa de televisión. Estaba muy claro, todos los que estábamos dentro de esa oficina teníamos la misma actitud: estábamos en contra de los rígidos parámetros establecidos por la sociedad, nos gustaba romper esquemas y, si era posible, escandalizar un poco, ¿por qué no? Éramos los consentidos del jefe, así nos empezaban a llamar en el interior del canal; pero de muy buen ánimo, nunca de una forma ofensiva. Entendíamos bien sus ideas y él las nuestras. Esa tarde hablamos sobre el nombre y, casualmente, Griselda también llegó con el nombre de «Melomanía» como propuesta. Ya que ambos coincidimos, fue más que contundente que ese sería el nuevo nombre del programa. A Lincoln también le gustó, no le encantó, pero pensó que era el mejor y terminó aceptándolo. Ahora sí todo estaba listo, solo faltaba un pequeño detalle, ¿cuánto íbamos a ganar? Ahí fue donde las cosas dejaron de ser tan positivas —para variar—. Hablar de dinero era el tema más delicado —como en todo negocio—; aunque aquí era lo menos importante para mí, sabía que lo que fuera que me ofrecieran no sería un factor limitante en mi decisión de quedarme en el proyecto. Lo hacía yo o lo haría cualquier otro, y es que en nuestro continente —y tal vez en el mundo entero— cuando no se es reconocido es difícil ponerle un precio a tu trabajo, sobre todo cuando hay muchos en fila esperando por una oportunidad como esa. El que cobre más barato seguramente será el que se quede con el puesto. En muchas de las ocasiones, no importa la capacidad, el talento o las habilidades que se tengan. Desgraciadamente, así es hasta que logras hacerte de un nombre.

Definitivamente no correría ese riesgo, ya lo había visto muchas veces en la agencia, éramos muy caros, y aunque la calidad era muy superior, el cliente prefería pagar menos. Es una especie de prostitución: la mayor satisfacción al menor precio.

Nuestra pregunta tuvo respuesta y no fue nada alentadora: dependía de la cantidad de patrocinadores y de acuerdo con eso podíamos cobrar más o menos. No había un sueldo preestablecido para los presentadores: era así de fácil. No era nada personal, pero no querían perder dinero. Si acaso, nosotros mismos podíamos conseguir clientes y de ahí nos tocaría un porcentaje. Me desanimé —y mucho— porque aun cuando el Chief sabía que éramos lo que buscaba estaba dispuesto a perdernos si no aceptábamos la oferta. Yo fui muy claro y le dije que necesitaba un sueldo, porque vivía solo y no tenía mucho apoyo económico. Me parecía muy bien que nosotros también participáramos de las ventas; pero no era nuestro trabajo y sería muy bueno si me echaba la mano. Silencio, tensión y hasta un poco de molestia se pudo percibir en el ambiente. Un respiro profundo y una cara de consternación fueron los elementos decorativos por la pregunta incómoda. Por el rabillo del ojo pude ver una pequeña sonrisa en la cara de Griselda, como señal de aprobación de mi postura, aunque no fue una exigencia o un ultimátum, tenía que hacerlo. ¿Qué podía perder si me decía que no? De igual forma, lo iba a hacer. Después de la tensa calma, que habría durado unos instantes, y de una seriedad que congeló el ánimo de los segundos anteriores, al fin Lincoln levantó la vista, que tenía fijada en los papeles apilados y en orden sobre su escritorio, y se encontró con la mía, ávida de una respuesta positiva. Por suerte así fue. Si a Griselda no le molestaba, él estaba dispuesto a pagarme algo, aunque fuera mínimo cada quince días. Claro que Gris no tuvo ningún inconveniente, por lo que mi pregunta, por primera vez, había logrado obtener una postura favorable. Por supuesto que la cantidad ofrecida era muy baja, no me alcanzaba ni para pagar la renta del nido de las águilas; pero al menos me pagarían por hacer lo que más me gustaba y hasta divertirme un rato. Con una sonrisa les agradecí a ambos el gesto, y con alguna broma del Chief, el ánimo regresó a su nivel de júbilo y de creatividad. Luego nos recordó, una vez más, que él solo quería que no fuéramos los típicos «lamesuelas» de todos los grupos y solistas. Dicho esto, salimos por la puerta con la cabeza en alto y muy seguros de que podríamos con el paquete. Ella, siempre positiva y segura de sus capacidades, me hizo saber que había hecho lo mejor, y que me quedara tranquilo que no había problema, que ella tenía varios contactos para patrocinar el programa, porque de seguro íbamos a sacar una buena lana.

A diferencia de otras ocasiones, en esta ya teníamos una serie de fechas para grabar regularmente. Nos habíamos puesto de acuerdo con el Pillo y, de acuerdo con las indicaciones del Chief, ya teníamos un horario para hacerlo. La cosa iba en serio. Nada de favores. Era un trabajo y me pagarían por él, pero lo más importante, la puerta se había abierto, y si trabajaba duro podía llegar a la televisión nacional. Al menos ese era mi mayor anhelo. Lo importante era empezar, lo demás vendría con el tiempo.

El primer programa salió al aire y los comentarios no se hicieron esperar. Hubo de todo: críticas y felicitaciones, muchas llamadas telefónicas que pedían videos y canciones específicas y algunas otras con mensajes negativos; pero la mayoría de ellas con un hambre inmensa de ser tomadas en cuenta. Griselda y yo intentábamos responderlas todas. Al final del programa, anotamos el total de llamadas para hacerle saber a Lincoln,

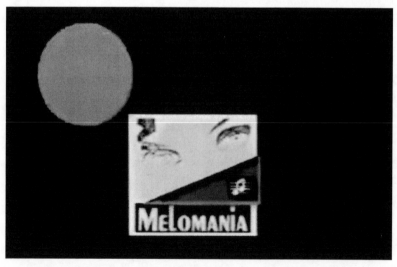

Logotipo del programa musical *Melomanía*. Captura de video en formato VHS.

que nos veía en su casa, cuántas habíamos recibido. Varios amigos habían estado pendientes de *Melomanía* y no tardaron en llamar para hacer sus observaciones y comentarios.

Mientras el programa avanzaba, yo no podía hacer más de una cosa, y, frecuentemente, me distraía mirándome en el televisor que teníamos frente a nosotros en la recepción. Era un sábado que transcurría con normalidad para todos; pero para Gris y para mí era el sábado más especial de nuestras vidas. Estábamos en televisión local al aire, hablando lo que se nos daba la gana, como unos verdaderos líderes de opinión en cuanto a música se refiere. Aunque en ese primer programa no hicimos alarde de nuestro agudo sentido crítico. ¡Qué satisfacción y qué importante me sentía! Ahora sería diferente, ya no sería uno más caminando por la calle, sería alguien distinguido. No era que iba a ser famoso; pero al menos sería conocido, sería una figura pública, local pero pública al fin. Quería que todos lo supieran, así que le hablé emocionado por teléfono a mis padres, que aún veían lo que hacía como algo pasajero o al menos eso era lo que me hacían sentir. No creo que vislumbraban hacia donde iba toda esta excitación y entrega. Pero nada, entre cervezas y unos tacos, me fui a festejar con mis amigos. Con ellos compartí risas y llegué a sentirme algo importante, gracias a que ellos me elogiaban a cada segundo. Sentía que me veían diferente y eso alimentaba mi ego.

EL RAT PACK

Esa tarde, no me cansé de preguntarles de forma obsesiva cada detalle que recordaba del programa: lo que dije, lo que dijo Griselda, cómo se movió, cómo me moví, la forma en que miré a la cámara... y si me faltaba algo. Me sometí a la crítica, me expuse, les di la libertad y les exigí escuchar sus juicios. Aunque dentro de mí sabía que se trataba de la crítica menos objetiva y más hipócrita, ya que eran mis amigos. ¿Qué tan críticos podían ser? Mi querido amigo Luis Magaña, compañero incansable de tantas batallas y tantos sueños, el Sabañón, como nos decíamos, y es que teníamos la mala o buena costumbre de buscar palabras en el diccionario (de esas que nadie sabía su significado, ni había escuchado) para después poder usarlas y dirigirnos a otras personas, de ahí que también las usáramos entre nosotros, y aunque el significado de sabañón no era algo agradable o amable, era diferente y hacía única la forma de comunicación que lográbamos desarrollar entre nosotros. Por cierto, «sabañón» quiere decir 'hongo que crece en el pie'. Pues bien, Luis Magaña era el único que parecía no darle relevancia al hecho de lograr tener tu propio programa de televisión, y aun siendo uno de mis mejores amigos en esa época, se limitó a hacer bromas un tanto pesadas y a tomar muy a la ligera lo que comentábamos; pero ya estábamos acostumbrados.

Los Meyer o' Brian éramos un grupo de cuatro amigos que más bien habíamos formado una familia sustituta entre nosotros. Y es que en el caso de cada uno, alguna de las figuras paternas o maternas se encontraban ausentes. Así que como si fuéramos una pequeña familia, en la que cada uno desempeñaba un papel, claro de forma inconsciente, nos tomábamos muy en serio las cosas que cualquiera de nosotros hacíamos, es decir, la aprobación del grupo era lo más importante para nosotros. Era nuestra guía para seguir o para cambiar lo que estábamos haciendo. Por eso, ese día, la retroalimentación más importante que recibí fue la de ellos: Rubén Domínguez, Luis Magaña y Lalo Gutiérrez.

Ahí estaba escuchando y disfrutando cada análisis e idea que surgía de la nutrida charla; pero me preguntaba qué era lo que pasaba con Luis que hasta cierto punto minimizaba mi logro. Nada que nos confrontara o que me molestara, yo estaba seguro de que él estaba feliz por lo que yo había logrado, y que no era una cuestión de celos, nunca lo fue; pero él siempre quería más de mí, y gracias a eso siempre quise darle más. De hecho, cuando más apoyo de alguien necesité para salir de la televisión local, el primero en aparecer fue el Sabañón o Luis «Tataglia» (otro apodo que le teníamos).

La mesa de análisis continuó por varias horas y recibí muchas ideas frescas de lo que debía hacer para destacar entre los programas de videos musicales que había en la televisión local y nacional, que, por cierto, para esa época pululaban. Entre abrazos y bromas, además de las tan disfrutadas felicitaciones, nos despedimos listos para juntos marcar la diferencia cada uno en su campo. Lalo era reportero de espectáculos para un periódico local. Luis era como una especie de relacionista que tenía contactos y conexiones para colarnos entre la gente importante, él tenía ese don de ser sociable y conectarse muy bien con quien se le pusiera enfrente. Por su parte, Rubén Domínguez era sumamente creativo y positivo, además de ser el galán del grupo, y quien también era como un hermano pequeño para mí. Y yo, bueno, pretendía ser el portavoz de sus ideas a través de los medios. Por fin sentía que las cosas empezaban a tomar forma, aun con las carencias de siempre: la falta de dinero, de un lugar digno donde vivir y demás situaciones, pero con una gran diferencia, mi autoestima se encontraba en un buen nivel. Ya las cosas negativas no lo eran tanto, por fin era alguien frente a los ojos de quienes antes ni siquiera me tomaban en cuenta, como cada vez que llegaba a una discoteca o a algún bar de esos de moda. Antes tenía que llamar por su nombre al de la puerta, como si fuera mi mejor amigo y lo conociera de años, para que me dejara entrar, mientras todo el mundo me empujaba y por el costado él pasaba a los «niños bien» con sus novias y sus mejores trapos, pues ahora, sin importar si tenía los mejores trapos, o si llegaba con sabe Dios quién, mi cara era mi boleto de entrada. Con las peores fachas, pero era el de *Melomanía*.

Así que, en todos lados, ahora, el cavernícola de la puerta era el que quería saludarme como si fuera mi gran amigo. «¿Qué onda, Fer? ¿Cómo estás? Pásale, vente por acá». Claro junto a alguna broma estúpida para sonreír conmigo. Normalmente teníamos mesa y nos sentaban cerca de la pista. Incluso, en algunas ocasiones, hasta nos invitaban a una botella, y para nuestra sorpresa, algunas «niñas bien» nos miraban con cierto interés. ¡Cómo da vueltas la vida! Ahí estábamos. Claro que antes cuando Rubén o Luis eran los que hacían su aparición, siempre teníamos la entrada garantizada, pero ahora yo también tenía la llave y Lalo, bueno pues, el reportero de farándula y sociales, tenía el acceso garantizado. Los cuatro ahora éramos importantes. Al fin sabíamos lo que era el poder de los medios. Bueno, al menos el poder que nos daba para hacer algunas cosas que antes ni siquiera habíamos pensado. Así era como irresponsablemente, como cualquier inexperto e inmaduro comunicador (que quede claro no necesariamente joven inmaduro), utilizaba parte de los beneficios de mi *status* para divertirme con mis amigos. Como si eso fuera lo importante, ya después la vida se encargaría de darme una buena lección que me ayudaría a madurar, pero por el momento todo marchaba sobre ruedas.

El programa cobraba mucha fuerza y la gente joven lo acogía muy bien. Lincoln seguía cuidando a su bebé y Griselda y yo éramos excelentes amigos. Habíamos desarrollado una química sumamente fuerte. Los patrocinadores ya estaban más que colocados y empezábamos a recibir invitaciones —como pareja del programa— para ser jurados y maestros de ceremonias en diferentes eventos. Los cantantes nacionales ya sabían que el programa líder en el que tenían que presentarse era el nuestro: Ricardo Arjona, Gloria Trevi, Stephanie Salas, Santa Sabina... en fin, casi todos. Las críticas en la prensa eran buenas gracias a Eduardo. Y de vez en cuando tenía la oportunidad de aparecer en las fotografías de sociales con algunos de mis amigos y amigas o incluso con los famosos que pasaban por *Melomanía*. Rosario, uno de los más temidos columnistas de sociales en el periódico local y a quien conocí gracias al Negro, escribía de forma positiva sobre mí; aunque para ello tuviera varias veces que aguantar sus borracheras y su nefasto sentido del humor hasta altas horas de la madrugada. Pero era un sacrificio que sabía que tenía que hacer si quería que el «don» escribiera bien sobre mí y sobre el programa. Varias noches llegué a pensar que tenía un comportamiento un poco extraño. No lo sé con certeza, pero por ahí se rumoreaba que era gay, aunque eso no era lo que me molestaba, lo que me ponía furioso era que ya con sus copas encima desvariaba, y algunas veces sentía que intentaba hacer algunos avances hacia mi persona.

No hay nada más molesto que tener que aguantar el acoso, pero más desagradable es verse enganchado en una borrachera con alguien que no te cae del todo bien y encima pretende que seas afín con sus preferencias sexuales. Nunca fue nada directo, pero como dijera Juan Gabriel en la entrevista que le hice, «lo que se ve no se pregunta». Y al señor Rosario se le notaba a leguas que ya envalentonado con unos tragos de más, y a sabiendas del miedo que algunos le tenían por su acceso al cuarto poder, abusaba de su posición. Uno más de esos que hacíamos mal uso de nuestra privilegiada profesión. Afortunadamente, siempre lo supe sortear y

Fernando junto a la banda de *rock* mexicana Café Tacuba
y la representante de artistas musicales para la feria Chiapas, Connie Ruiz, 1993.

nunca hubo mayor altercado. Lo más cercano a uno fue una noche en la que me consta que estuvo a punto de hacer una declaración directa a mi asustada persona. En aquel momento, no sabía si estaba listo para manejar la situación, cualquiera que fuera. Eran cerca de las cinco de la mañana y mientras los meseros cerraban el lugar, nosotros seguíamos en la mesa, claro, ¿cómo iban a correr al señor Rosario? El caso es que, con insinuaciones cada vez más serias, me bombardeaba a cada segundo, y justo cuando mi paciencia estaba por terminar con su humor negro y su acoso, ya cuando me disponía a levantarme para enfrentarlo y decirle que si seguía le iba a romper la cara, una extraña amiga, que estaba sentada con nosotros en la mesa, estoy seguro de que pudo ver mi cara cambiar de tono hasta tornarse roja, así que segundos antes de mi explosión, ella se levantó y muy a su manera le pidió por favor que dejara de molestarme, que ya había sido suficiente. Gracias a Dios se le ocurrió a esta desconocida hacerlo, y es que si no las cosas hubieran terminado muy mal y seguramente nunca más hubiera vuelto a escribir algo positivo sobre mí en su columna. Así que, en ese momento, sin pensarlo dos veces, me levanté de la mesa y como fantasma atravesé la puerta del lugar para desaparecer entre la noche y el rocío de la madrugada. Esa fue la última vez que departí con un columnista de un periódico. No quería verme de nuevo en una situación similar. Mejor de lejos y con respeto. Si escribían algo que fuera porque de verdad lo querían hacer y no por yo andar soportando abusos y sabrá Dios qué otras mañas. Cada quien con sus costumbres y listo.

De camino a casa no hacía más que repetir, «¡Qué poca! ¿Qué se cree este tipejo? Lástima que no le partí la cara, pero para la próxima no me va a importar quién sea, me canso que se la rompo. Solo porque escribe en un periódico piensa que le tengo que aguantar sus descaros ¡ni loco!». Sentía una mezcla de impotencia, miedo y frustración ante la cruel realidad de cómo algunos tratan de cobrarse lo que nadie les ha pedido. ¡Vaya precio el que pretendía ponerle a sus columnas! Eventualmente, al ser un lugar tan pequeño, coincidí con él en varios eventos y solo le saludaba si no era muy tarde y si el alcohol aún no llevaba mucho tiempo de haber empezado a rodar de mesa en mesa. La realidad es que trataba de evitarlo cada vez que me lo encontraba, y creo que él se dio cuenta de

Fernando entrevista al cantante mexicano Alex Syntek para su programa musical *Melomanía*, 1994.

mis evasivas, porque dejó de saludarme y, claro, cada vez escribía menos sobre mí en su columna, hasta que dejé de aparecer casi por completo. Al menos me quedé con la gran ventaja de que su empujón hiciera que los demás periódicos me incluyeran en sus páginas y eso no lo podía evitar. Así que una columna más o una menos no importaba.

Toda mi concentración estaba puesta en el programa. Y mientras más pasaban los días, más cosas se nos ocurrían y más definíamos nuestro lenguaje. Éramos en definitiva irreverentes e innovadores. Inclusive llegamos a pensar que Lincoln nos iba a decir algo, pero, por el contrario, le provocaba risa y nos daba crédito por lo que hacíamos. Nuestra sorpresa no paró ahí, cuando el programa fue transmitido, recibimos una gran cantidad de llamadas aplaudiendo nuestra osadía. Nos atrevimos y en ese momento descubrí que la irreverencia o el llamar a las cosas por su nombre, sin filtro, de forma cruda y dura pero cierta, era un punto importante para la audiencia. Eso me dio licencia a pensar que no tenía que seguir limitándome a las normas sociales. Podía hacer y decir lo que nadie se atrevía a decir. Esa fue la caja de pandora que, sin querer, Gris y el Chief habían destapado. No había quien me parara. Después de esa eventualidad, los apodos a famosos, las palabras pasadas de tono y las críticas severas a las estrellas de «cartón» —que pretendían ser cantantes— estaban a la orden del día en mi repertorio.

Durante varios meses, Griselda había sido mi guía en el arte de definir la línea de conducción del programa, para que tuviera pies y cabeza y una columna vertebral; pero ahora era imposible detenerme. Había aprendido muy bien, ahora sabía por dónde ir y cómo y cuándo decir lo que se tenía que decir. No hubo ninguna queja, por el contrario, sentía que Griselda y Lincoln estaban contentos con el resultado. Los veía satisfecho con el crecimiento y la seguridad que demostraba, mientras en la calle la gente ya me paraba para comentarme algo sobre el programa.

Cada vez eran más las llamadas y las peticiones que hacían al programa. Todo iba de maravilla. Mis amigos eran quienes más orgullosos estaban de mi avance. Salíamos a todos lados con la frente en alto y los dinosaurios de la crítica musical que transmitían por radio, a quienes Griselda ya conocía, por fin me dirigían la palabra. Parecía que me empezaba a ganar un lugar, un respeto. Fue en esa etapa que descubrí la importancia del contenido. Ya no me importaba salir en las páginas de sociales ni en las columnas: eso dejó de ser importante para mí. Creo que es un proceso por el que muchos pasan. Uno empieza a evolucionar inevitablemente hacia un nuevo nivel de responsabilidad; al menos eso me ocurrió a mí. Ahora anhelaba reconocimiento en el submundo al que ingresaba poco a poco. Era un grupo conformado por seres que no solo se divertían con la música, sino que también la calificaban: la acreditaban o la rechazaban. El más serio era Miguel, no recuerdo su apellido, pero sí recuerdo que era el dueño de un lugar llamado El submarino amarillo en honor al cuarteto de Liverpool, The Beatles. Ahí se reunían los viernes por la tarde a tomar cervezas los más prestigiosos críticos de música de la radio local, los que se diferenciaban de los locutores comerciales y de los que trabajaban con el sistema de la «payola» (que es pago por promover canciones). Aquellos que solo escuchaban unos cuantos, los que sabían de música y que no siempre sintonizaban frecuencia modulada, pero que tenían prestigio entre los melómanos. Un día pude entrar a ese mundo gracias a Gris y a las severas críticas que lanzábamos al aire y, por supuesto, también a la libertad que nos daba Lincoln de programar y seleccionar los videos que nos daba la gana. En nuestro género, disfrutábamos de la verdadera libertad de expresión: no éramos víctimas de la «payola» o de las casas disqueras.

Ese día aprendí que el poder estaba en el conocimiento y me dejé de estupideces como querer aparecer en las secciones de sociales o usar mi linda cara para entrar a los antros de moda, cosa que a mis amigos no les agradó mucho. Entonces ansiaba el respeto y el reconocimiento de los que sabían de qué hablaban: quería ser uno de ellos.

Un día en esa cantina (El submarino amarillo) tuve la oportunidad de compartir la tarde con Miguel. Era un hombre de pelo largo, un poco pasado de peso, con un *look* de roquero de los setenta y con actitud de chico malo de hijo del *heavy metal*. Se sentó a platicar conmigo y me miraba detenidamente como preguntándose, «¿Qué hago yo sentado en esta mesa con este hijo de los ochenta?». Sin decir palabra me alcanzó una cerveza. Me di mi primer trago y todavía no habíamos cruzado una sola palabra, así que decidí ser yo quien lanzara el primer torpedo.

—Esa portada es de Scorpions, ¿verdad?

Lentamente se volteó a verla y un tanto sorprendido me dijo:

—Sí, y ¿tú cómo sabes?

Esa fue la llave: recitar de memoria los nombres de los grupos que mis primos (contemporáneos de Miguel, con los que compartí parte de mi infancia) escuchaban. Esa fue la tarde más enriquecedora que recuerdo, en la que aprendí a pensar como un crítico de música y obtuve gran aceptación de su parte al escuchar mis puntos. Ahí me inicié como discípulo de uno de los melómanos. Por fin sentía que tenía la oportunidad de justificar el nombre del programa y hacerle honor. El momento era el correcto: seguíamos creciendo y dentro del canal nuestro panorama se ampliaba.

Lincoln nos ofreció, a Gris y a mí, hacer un especial de la Carrera Panamericana que iniciaba en Tuxtla Gutiérrez, Chiapas y terminaba en Nuevo Laredo, Tamaulipas. Un recorrido que iba desde la frontera sur hasta la frontera norte de mi país, en donde autos clásicos y de colección, que eran modificados, recorrían toda la república mexicana en uno de los eventos deportivos más prestigiosos a nivel internacional. Era una increíble oportunidad para tener mayor proyección, aunque ya para ese entonces, el programa no solo se veía a nivel local, sino que una de las afiliadas del canal nueve de Villahermosa, Tabasco lo retransmitía y empezaba a tener muy buena aceptación.

Yo cada vez pasaba más tiempo en el canal involucrándome en la producción junto a Ricardo, el encargado de editar *Melomanía* y prácticamente de todo lo que salía al aire en el canal. Mi intromisión no le agradaba mucho, pero yo, aprovechando el apoyo del director del canal y a sabiendas de que él no se negaría, por miedo a meterse en un problema, me pasaba horas con él sugiriéndole qué videos incluir y opinando sobre todo lo que tuviera que ver con el contenido. Varias veces nos peleamos, pero no pasaron de ser discusiones insulsas con uno que otro insulto infantil. Al final siempre nos reconciliábamos. Ahí fue cuando más me acerqué a este difícil personaje y logré establecer una especie de amistad por conveniencia —para ambos, claro está—.

El despacho de diseño —con todo el dolor de nuestro corazón— tuvo que cerrar y Alberto, sumido en una tremenda depresión, negociaba con Jumbo Tron, una empresa mayor de Miguel Ángel Godínez, hijo del general Godínez, quien años después tendría a su cargo la difícil tarea de contener al Ejército Zapatista de Liberación Nacional (EZLN).

Pasábamos horas en la terraza de su balcón en donde Alberto me compartía sus tristezas más profundas. En algunas ocasiones lo saqué de su casa y lo llevé a algún lugar para así evitar sus depresiones, que, en parte, creo que eran porque Alberto se sentía responsable de mí. Él era como parte de mi familia. Además de la falta de dinero que eso representaría para mí: yo dormía, comía y vivía prácticamente en esa agencia. Dentro de ese contexto surgía la oportunidad de poder ser parte de un programa especial como lo era la Carrera Panamericana. Así que hice lo posible. Entraba y salía del canal como si fuera mi casa, y cuando era muy tarde dormía en mi improvisado departamento. El Sabañón (Luis) me prestaba ropa para no salir peor que antes. Grabar se hizo más difícil de lo que pensaba, no por todo lo que pasaba a mi alrededor, eso lo dejaba siempre a un lado para no perder concentración, sino por los horarios.

Durante una junta con el Chief y Gris planeamos un poco lo que íbamos a hacer. Los corredores ya estaban llegando y estarían por días en la explanada de la Feria Chiapas exponiendo sus autos, además de calentar sus motores y hacer ajustes a sus equipos. Era una verdadera fiesta en todo Tuxtla Gutiérrez: llena de personajes, modelos, pilotos, mecánicos y una diversión para las escuderías. Queríamos cubrir los dos días a fondo y estar presentes el día del arranque. Después tendríamos un día para preparar el programa y transmitirlo al día siguiente de que los autos comenzaran su recorrido. El Pillo sería nuestro camarógrafo —todo el tiempo— junto a su asistente Marco, un joven moreno y flacucho que tenía que cargar todo el día la casetera, con ese cuerpo que parecía de paja, con un peso en el hombro de por lo menos diez kilos: no era fácil.

Con mucho ánimo salimos de la junta y hablamos con el Pillo, que, aunque también estaba animado por estar con nosotros, debido a la buena relación de equipo que teníamos, solo se quejó de la carga de trabajo que le esperaba. Pero con una sonrisa de oreja a oreja dijo: «Pues, ya que lo dijo el jefe, ¿no?». Luego soltó una carcajada que yo no entendí muy bien, y creo que se reía de nosotros porque no sabíamos lo que nos esperaba: el estudio era una cosa y la calle era otra, eso lo sabría al día siguiente.

A LA CALLE

Eran las siete de la mañana y ya estábamos en el canal. Hacía frío y tenía mucha hambre, porque no había desayunado —para variar y no perder la costumbre— y solo tenía ganas de estar en la cama. Griselda llegó con una chamarra que me antojaba querer ir a buscar un lugar donde dormir y usarla como cobertor. Aún adormilado miraba cómo el Pillo subía el equipo con Marquitos. Nosotros los ayudábamos con los casetes y las pilas, todos dentro de un Volkswagen al que me urgía subirme para poder acurrucarme y dormirme, mientras llegábamos a las instalaciones de la Feria Chiapas, que se encontraban a unos veinte minutos de donde estábamos. Aún nos faltaba pasar por la ventanilla para buscar la acreditación de prensa, ya que no todos tenían acceso a los eventos de los pilotos, y,

Fernando junto a su excompañera de televisión, Griselda, listos para cubrir la Carrera Panamericana, el evento automovilístico de velocidad tipo *rally* más importante en su categoría, en su edición 1993. Captura de video en formato VHS.

El periodista presenta por segunda vez el especial para televisión de la Carrera Panamericana, 1993. Captura de video en formato VHS.

además, había muchos patrocinadores de por medio, es decir, mucho dinero, por lo que había más complicaciones; aunque la prensa era siempre bienvenida. No puedo negar que una cierta emoción, por la aventura que se avecinaba y por los carros que veía, me iba despertando poco a poco. Así que cuando subí al carro; nada de sueño. No pude dormir y me dediqué a platicar sobre lo que haríamos y a soñar con la posibilidad de poder subirme a uno de esos carros de colección, para darle una vueltecita solo o con uno de los pilotos.

Llegamos al lugar y el movimiento era impresionante: gente que subía y bajaba cosas; edecanes con sus trajes pegaditos, con logotipos de aditivos y marcas automotrices; gente extraña de pelo largo, fachosa, llena de grasa, con una cerveza en la mano, ¡a las 9 de la mañana!; pero todos con una sonrisa y con mucho ánimo. Por otro lado, camiones que cargaban autos de carreras y motores colgados con cadenas; cosas que nunca antes había tenido la oportunidad de ver, además de una cantidad impresionante de gente reunida.

En algún momento, durante la llegada, dudé sobre mi capacidad de poder manejar tantas cosas, algo que fue provocado después de ver tantas actividades sucediendo a la misma vez, es decir, no sabía por dónde empezar ni con quién; pero después de un poco de reflexión logré diseñar un pequeño plan de trabajo que compartí con Griselda. Plan que minutos después fue quebrantado, desmembrado y borrado del mapa por nuestro querido jefe Lincoln, quien a su llegada ya lo tenía todo ordenado, todo lo que quería que hiciéramos, aunque, a decir verdad, tenía mucho parecido con lo que nosotros teníamos pensado. De ninguna manera Lincoln se impuso, él siempre nos escuchaba y siempre tomaba en cuenta nuestros puntos de vista en cada cosa que hacíamos, así que lo tomamos con buena gana, igual como él hacia las cosas con nosotros. Éramos un equipo; y bien sólido, bien integrado: nunca dejó de serlo.

Esa mañana transcurría entre subidas y bajadas, inglés y español, debido a que muchos de los pilotos o mecánicos eran estadounidenses, en fin, entre Griselda y yo tratamos de sacar lo mejor de cada entrevista y de darle ese toque fresco que caracterizaba nuestra conducción, sobre todo, en este caso, que era algo totalmente diferente a lo que habíamos hecho

Fernando entrevista a uno de los organizadores de la Carrera Panamericana, 1993.

hasta el momento. Esta vez no se trataba de música ni de videos ni de entrevistas a músicos o a cantantes; el objetivo, que fue lo primero que nos aclaró el Chief, era explicarle a la gente cuál era el proceso de la Carrera Panamericana: cómo se preparaban, qué tenían de especial los carros y todo lo necesario para que el televidente quedara bien informado sobre el evento. Aunado al aspecto informativo, nos instaba a incluir elementos que le dieran vida a nuestra intervención, así como bromas, preguntas no convencionales (sin formalismos), nada serio, técnico o aburrido, pero sí informativo. Eran muchas cosas las que había que cuidar, pero, al final, el objetivo se logró.

Con un hambre terrible, un cansancio, no menor que el hambre que teníamos, y una buena dosis de exposición al humo de motores (dos días consecutivos) Griselda y yo, de nuevo, logramos sacar adelante el reto. Además, nos convertimos en pioneros de la realización de un programa especial sobre la Carrera Panamericana. Era el primero en su categoría, y gracias a la publicidad que había sido pautada dentro de los espacios del canal, había una gran expectación sobre lo que se vería, lo que implicaba una mayor responsabilidad. Así que el equipo (y hablo de todos, desde Lincoln hasta el asistente del camarógrafo, incluyéndome a mí) estuvo en el proceso de edición, musicalización, generación de gráficos, etc., en todo lo necesario para terminar la producción que saldría al aire esa misma noche.

Después de dos días de trabajo sumamente intenso, pocas horas de sueño y mucha mucha adrenalina estábamos aún en la isla de edición dándole los toques finales al programa, y cuando ya faltaban solo un par de horas para que fuera transmitido, salí de ahí corriendo para llegar a casa de mi entonces novia y ver el programa al aire como cualquier otro espectador. Claro y para escuchar los comentarios de ella y quienes estuvieran ahí. Fue una noche buena, un buen programa y estaba satisfecho, y aunque no recibí mucha retroalimentación por parte de mi novia y su familia, sabía que habíamos cumplido con nuestro objetivo. Mi cuerpo se relajó y cuando salí a la calle en medio de esa noche húmeda y estrellada, me detuve a respirar profundo, tanto que el aire ya no cabía en mis pulmones. Estaba solo, como normalmente lo estaba cuando el estrés me rebasaba, aceptando mi triunfo, saboreando cada minuto de esos días, haciendo un recuento en mi mente de cada momento difícil o de desgano que había superado como si fuera una película. Cada una de las discusiones mientras editábamos, de los problemas técnicos cuando insertábamos los gráficos, cada respiro, cada suspiro me sabía a gloria.

Hubo buenos comentarios. En general, fue bien aceptado. Incluso varios de los participantes de la Carrera Panamericana nos pidieron nuestros

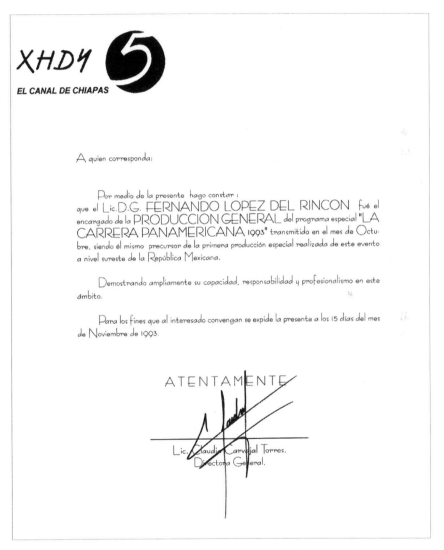

Carta de recomendación por la producción del especial para televisión
de la Carrera Panamericana, 1993.

datos para contactarnos y poder enviarles una copia del programa. Un recuerdo tan bonito que, aún años después, al estar ya trabajando en Televisa, algunos compañeros del área de deportes recordaron conmigo, y de buena forma, ese primer especial. Y es que nunca se le había dado la importancia a un evento que reunía a la comunidad automovilística internacional. Ese fue un buen paso. Ahora tenía la espinita clavada y quería hacer más. Había descubierto la calle, los imprevistos, las sorpresas, las historias que nunca llegarían a un estudio, la imagen que nadie tiene, la entrevista que todos querían, el acceso a los lugares restringidos para los mortales, un espacio importante y un espacio que sin duda me daba la oportunidad de desarrollarme más. Se abría una puerta y tenía que aprovecharla. No podía dejarla ir; esa era otra herramienta que podría utilizar.

Pasaron los meses y mi participación en los proyectos del canal fue aumentando de acuerdo con las posibilidades y los eventos al mismo tiempo. Por otro lado, yo trataba de hacer un dinero extra conduciendo desfiles de moda, eventos o lo que saliera de trabajo extra para salir adelante día a día. Mi situación económica aún no había mejorado, por lo que tenía que seguir luchando. Lo que sí había mejorado era mi estado de ánimo. Tenía muchas esperanzas de seguir creciendo profesionalmente y me sentía muy apoyado por mi jefe y por mis compañeros. Pero como siempre, como en cualquier historia, algo tenía que pasar y pasó.

Un día cuando más sólido me sentía en mi trabajo junto a Griselda, ella me dijo que lo que le pagaban era muy poco y que tenía otros proyectos, que quería seguir creciendo y que había recibido algunas ofertas que le quitarían mucho tiempo. Así que necesitaba llegar a un acuerdo con Lincoln sobre su sueldo o si no iba a tener que irse. Me quedé frío cuando la escuché. La simple idea de hacer el programa sin Gris me aterrorizaba. Me hacía sentir desprotegido y desarmado. No porque no pudiera hacerlo solo, pero éramos un equipo. No competíamos, todo lo contrario, nos complementábamos. Y créanme, encontrar eso en los medios es muy difícil, y lo digo sin temor a equivocarme. Desde ese día, sé que no es nada fácil encontrar tu complemento en pantalla.

Mi reacción inmediata, después del trago amargo, fue de optimismo. Era como de negación: como esas veces cuando alguien muy querido muere o algo muy malo te pasa y te niegas a aceptarlo. Con ingenuidad y sin ánimos de aceptar su postura, le dije a Griselda que seguramente encontraríamos la forma de que ella llegara a un acuerdo con Lincoln o que tal vez podríamos conseguir que los patrocinadores le dieran más dinero, que se quedara tranquila. Sin duda ella estaba tranquila; el intranquilo era yo. Para Griselda las cosas estaban muy claras, y como no se trataba de una pelea, sino más bien de los mejores intereses para ella, pues estaba muy tranquila. Aunque su mirada reflejaba un cierto desencanto, es decir, creo que ella sabía que era el final de la pareja de *Melomanía*. Entre el cariño y la nostalgia navegó su mirada, como cuando un niño pregunta por Santa Claus y está en ese punto en el que ya sabe que no es real, pero sus padres tratan de hacerle creer que sí, que sí existe, bueno pues igual. Yo la quería convencer de que Santa existía y me quería convencer a mí, pero ya todo estaba dicho. Griselda me notificó que esa misma tarde hablaría con el jefe para dejar claro, de una vez por todas, qué pasaría, y así, con esa preciosa incertidumbre y nada alentadora noticia, entramos a grabar lo que podría ser uno de los últimos o el último programa juntos. Ya se imaginarán el esfuerzo de ambos para que las caras tristes no se notaran en un programa que, más que todo, requería de una alta energía positiva.

Ese día me llevé una lección que jamás he olvidado: controlar las emociones, anestesiar tu espontáneo lado humano y hacer honor a la frase que reza «el *show* debe continuar». Aún en este momento, puedo revivir la presión que sentí en mi pecho y la gran frustración de no poder hacer nada para evitar un desenlace que me dolería y que por la naturaleza de mi trabajo no podía exteriorizar. Después de todo, el público no tenía la culpa y lo que quería era ver al mismo de todos los días; al que dejaban entrar en sus casas porque los distraía, los animaba o los informaba.

No importa lo que sientas: si te duele la cabeza, si te rompieron el alma o si sencillamente tuviste un día terrible, ese que se sienta al frente de una cámara tiene que ser el mismo de ayer. Tus estados de ánimo no cuentan y tus emociones menos. Cada quien tiene sus problemas en casa, sus dramas y lo que menos quieren es saber cuáles son los tuyos, si no se imaginan cuántos canales y programas de televisión existirían con gente platicando cómo le fue al final del día. Aunque para ser honestos, ya no estamos muy lejos de eso con los famosos *reality shows*, que no son más que la muestra más vulgar de nuestro morbo, de esa manía enfermiza de ver y no ser vistos. En fin, a pesar de todas esas sensaciones, cumplimos con nuestro trabajo: 43 minutos grabados que se convertirían en una hora, gracias a los patrocinadores que nos pagaban nuestros sueldos y que irónicamente no llegaban al precio necesario para retener a Griselda dentro del programa.

La tensión traspasaba nuestros cuerpos físicos y el ambiente olía a color «gris». El silencio del Pillo y las miradas perdidas se adelantaban a cualquier conclusión. Finalizó la grabación y después del Pillo acercarse a quitar los micrófonos, Griselda lo miró fijamente con un adiós, sin querer decirlo, y sin más habló: «Ahora vengo, voy a arreglar eso». El Pillo y yo nos quedamos fríos, sembrados en el suelo de ese estudio. Por unos segundos ninguno de los dos hizo movimiento alguno. Solo bajamos un poco la cabeza y miramos fijamente el gris sucio de la alfombra que cubría el estudio, como si un movimiento nuestro fuera a romper los cristales de la armonía o de la esperanza que merodeaban el ambiente. Cuando por fin decidimos mirarnos a la cara y movernos, solo atinamos a darnos unas palmadas en la espalda. Palmadas de desaliento y desgano que trataban de darle ánimo al otro. Y al otro lado, el antes agradable rechinido de la puerta del estudio, que en esta ocasión anunciaba la salida de Griselda, la mujer y amiga que un día no solo creyó en mí, sino que también me hizo creer en mí, que me hizo descubrir mis habilidades y afirmar mi carácter para no dudar de mi presencia frente a una cámara o frente a un público. Esa mujer que me sacó del cascarón cuando yo todavía no sabía si quería salir. La que me colocó frente a las luces por primera vez. La que me convirtió en alguien público.

Ahí sentado en el escalón de ese cuarto, donde vimos nacer nuestro primer sueño, donde di mi primer paso y balbuceé mi primer comentario ante una cámara de televisión, ahí decidí esperar. Sabía que Gris me buscaría al salir para decirme qué había pasado.

Mi primera pareja de televisión y, hoy por hoy, a una de las que más extraño. Estaba arreglando su situación y buscando lo que se merecía o al menos lo que necesitaba. Mientras tanto, yo solo me dedicaba a repetir mentalmente los cientos de escenas y los momentos que tuvimos durante las grabaciones. Inconscientemente hacía un resumen de nuestro recorrido profesional. No sé cuánto tiempo habré pasado sentado en ese lugar, solo sé que reaccioné y salí de mi estupor cuando de nuevo escuché el rechinar de la puerta y supe que Griselda estaba por entrar con una respuesta para alimentar mis temores y acallar mi incertidumbre. Como siempre, con una sonrisa y esa mirada de ternura se acercó a mí y se sentó a mi lado. No había mucho que preguntar, por su forma de tocar mi espalda y de mirarme a los ojos, me imaginé el resultado de su reunión con el Chief.

—¿Qué pasó, Gricha? —le pregunté.

—Pues nada, mi Fer. Ya fue, ya estuvo. No hay billete y pues la verdad a mí no me conviene. Prefiero estar de lleno en la estación de radio. Me sale mucho mejor y me gano más dinero. Además, tengo tiempo para hacer otros proyectos que me están ofreciendo con Gobierno del Estado.

Así de fácil y con la tranquilidad que la caracterizaba me lo dijo todo. No supe ni qué responder. Tenía dos opciones: una de ellas era la línea dramática, la escena de telenovela barata, de esas que tanto se consumen en nuestro país, y la otra, la de alguien que apoya, entiende y acepta que no es más que por el bien de esa otra persona a la que quieres tanto. Pero claro, yo aún no tenía la madurez necesaria y busqué el punto medio dejándome llevar un poco por mis emociones y tratando de hacer valer en algo mi intelecto. Con ese hueco en el pecho y la falta de aire que te oprime las costillas articulé mi respuesta. Entre mi enojo por la situación y el dolor por su abandono me salió decirle:

—Pues, ¡qué mal! Ahora que, si por mí fuera, te daría mi dinero, pero yo también estoy bien jodido. Bueno, tú sabes, peor que tú. ¡Está de la fregada! La verdad me duele muchísimo y no sé cómo demonios le voy a hacer para hacer el programa yo solo. Es terrible y te voy a extrañar muchísimo. Te quiero mucho. Fuiste tú quien me enseñó este desmadre de la televisión, pero sabes que te apoyo.

Se sonrió y me dijo:

—¡No manches! Tranquilo que tú eres muy bueno y lo vas a hacer muy bien solo. Además, yo sé que vas a llegar muy lejos; que no se te olvide. Vas y tienes que llegar muy lejos.

Le di un abrazo fuerte y nos miramos con los ojos aguados, y de alguno de los dos salió una lágrima y rodó hasta nuestra ropa. Fue un abrazo significativo: fuerte en su sensación, pero sobre todo en su contenido, de esos que se dan y se reciben pocas veces en la vida, sin intenciones extras, de los que sientes la energía del otro traspasarte hasta los huesos, de esos en los que tratas de dejar impregnado tu ser en la otra persona.

Me levanté y caminé hacia un lado del estudio; ahí estaban el Pillo y Ricardo esperando lo que Griselda tuviera que decirles. Al caminar hacia la puerta donde estaban, y entrar, no quise mirar sus caras. Ya había tenido suficiente. Con pasos lentos y pesados caminé hacia la salida del estudio. De ahí atravesé la recepción y salí del canal, ausente por completo, solo atinaba a dar un paso tras otro. La verdad es que no pensaba en muchas cosas, más bien estaba tratando de procesar todo lo que había pasado, de entender cómo sería todo después de ese día. Ni siquiera pensé en ir a ver a Lincoln para hablar con él y preguntarle qué pasaría. Me limité a caminar por la calle entre las grandes casas de la zona residencial cercana al canal y entre sus enormes árboles que dejaban pasar los últimos rayos del sol. Vacío, miedo, inseguridad, coraje, frustración, tristeza, desgano eran solo algunas de las sensaciones y sentimientos que se habían apoderado de mí.

Sentado en una orilla de mi cuarto, con la noche estrellada y mis vecinas las sirvientas, me quedé no sé cuánto tiempo pensando. Pero había algo que rebotaba dentro de mí como si fuera un eco obsesivo, las últimas palabras de Griselda: «Tranquilo que tú eres muy bueno y lo vas a hacer muy bien solo. Además, yo sé que vas a llegar muy lejos; que no se te olvide. Vas y tienes que llegar muy lejos».

Se lo debía y si ella lo había dicho y había creído en mí, como lo hizo, tenía que ser así o por lo menos, lo tenía que intentar. Entonces al día siguiente, fui a ver Lincoln para ver qué haríamos, pero esto tenía que seguir adelante, tenía que ser grande y yo estaba dispuesto a hacerlo crecer en nombre de Gricha y de la pareja con la que había crecido. Yo me aseguraría de que estuviera orgullosa de mí. Ese fue el último pensamiento de la noche. Así fue como terminó ese desagradable día pero que una vez más marcaba una pauta importante en mi vida profesional y personal.

Sentía que por primera vez me lanzaría del paracaídas sin instructor, y ¡vaya que me lancé! Hoy en día creo que sigo en vuelo y no sé cuándo vaya a parar. El empujón que Griselda me dio aún me tiene en movimiento.

Al día siguiente, hablé con Lincoln y me expresó lo mal que se sentía por la partida de Griselda. Sé que fue honesto, no se trataba de una televisora multimillonaria, por el contrario, no era otra cosa más que una repetidora de programación nacional, que con grandes esfuerzos trataba de inventarse algo de producción local. Sé que si él hubiera podido pagarle más dinero lo hubiera hecho. Pero de verdad no se podía. Platicamos un buen rato sobre todas las cosas que se habían hecho y cómo había evolucionado el programa cuando estaba Gris. En ese momento me dio la noticia de que los resultados de audiencia del *show* eran muy positivos, por lo que empezarían a transmitirlo también en Villahermosa, Tabasco. Prácticamente, esto significaba que cubriríamos todo el sureste de la república mexicana. Esa sin duda era una noticia alentadora y emocionante. Con más ganas teníamos que seguir adelante. Era ambicioso pensar que pudiéramos lograr el sueño de tantos programas y tantos talentos locales y que una producción local lograra llamar la atención de las producciones nacionales y llegar hasta ahí. Ese era el siguiente paso y lo tenía muy claro, pero y ¿qué pasaría entonces con el concepto del programa? ¿Estaría yo solo o buscarían a alguien más? Y si se buscaba a alguien más, ¿cómo se le iba a pagar? ¿Se daría la misma situación que se suscitó con Griselda o no? Pues todo eso lo platiqué con el jefe y lo dejó claro y de inmediato: se harían *castings* abiertos entre mujeres conocidas del jefe y de los empleados del canal que estuvieran interesadas y que coincidieran con el perfil del *show*. En realidad, no era un *casting* completamente abierto, pero ese era el primer paso. Mientras tanto, yo estaría haciendo el programa solo en la calle para darle un nuevo giro. A quien contrataran se le pagaría lo que se pudiera y se le dejaría claro desde el principio para que no ocurriera lo mismo. Bien pues, ¡manos a la obra! Ahí estaba yo de nuevo con mis retos, sueños y locuras en puerta tratando de darle otro color al programa, para que me hiciera brillar entre tantas ofertas y tantos programas y canales.

Los días pasaron con micrófono en mano y caminando por las calles de Tuxtla Gutiérrez con hambre, cansancio y un enorme costal de sueños e

Fernando durante la conducción del programa *Melomanía*, 1993.
Captura de video en formato VHS.

ilusiones que alimentaban cada noche, y con el Pillo y su cámara al hombro. A lo largo del día tropezaba con algunas personas que me reconocían vagamente y otras que no sabían mi nombre; pero que se acordaban de haberme visto en un programa de televisión o algo así. En fin, parecía que poco a poco mi trabajo me hacía salir un poco del anonimato. Yo, mientras tanto, seguía devorando todas las revistas que hablaban de música y que se atravesaban en mi camino. El Pillo me apoyaba mucho. Siempre buscaba un lugar distinto donde grabar y con un encuadre diferente. Y en la edición, Ricardo experimentaba con los nuevos efectos de sus máquinas de posproducción. Era la forma de cada uno de nosotros de aportar a un programa que más que ser un éxito comercial era un éxito personal. Sin duda nos llenaba de esperanza y de ganas de querer luchar por salir del patrón de producción local. Les daba sentido a nuestras carencias, porque era nuestro de principio a fin y nos dejaba gritar: aquí estamos, sabemos lo que hacemos y lo podemos hacer mejor; existimos, no somos un número de nómina más. Somos alguien: un camarógrafo, un creativo, un presentador. Somos equipo. Esa era nuestra bandera de todos los días. Ese era el latir de nuestras ganas de seguir produciendo por unas cuantas monedas que no nos hacían ni más ni menos pobres. Seguíamos al pie de lucha, todo a pulmón.

No sé en cuántos lugares habré grabado: decenas de locaciones, calles, restaurantes, hoteles, plazas públicas, pueblos... Perdí la cuenta, pero al mismo tiempo la calle me transformaba, me impactaba, me afectaba. El pueblo me compartía muchas cosas y me hacía aterrizar en muchas realidades. Mi misión era salir a la calle e involucrar a la gente con el programa. Los mecanismos eran muchos: llevar la contraria en alguna discusión sobre un cantante, un grupo o alguna canción; generar polémica y diversidad en las opiniones sin importar la edad ni el género, al contrario, a veces esos eran los mejores elementos con los que contaba. Era todo un éxito cuando los seguidores de la música contemporánea chocaban con las generaciones de antaño o no tenían idea de qué les hablaba. Los amantes de la música de décadas anteriores destruían y comparaban a los cantantes de los sesenta con los que sonaban en ese entonces y decían: «Ahora todo es ruido», «Los de ahora no cantan nada», «¿Cómo se atreven a decir esas cosas en sus letras», «¡Qué falta de respeto!». Esas eran algunas de las declaraciones que obtenía y mi papel era defender a mi generación y a nuestra música, así que ya se imaginarán las situaciones. Por supuesto que hubo muchas veces en las que coincidía, y pobre del cantante o artista que caía en mi boca, porque, créanme, no quedaba muy bien parado. Mas sin embargo, la calle empezó a metérseme entre mis poros y es que durante las grabaciones veía cosas que no me dejaban estar en paz, que me causaban molestia, enojo. El pavimento que pisábamos era compartido con indígenas que vendían lo que fuera para su supervivencia; mendigos pidiendo monedas en las esquinas; estudiantes que querían aprovechar el micrófono, no para hablar de música, sino para exigir que se respetaran sus derechos estudiantiles; «chavos banda» que nos veían con recelo, y cuando grabábamos hasta tarde, llegamos a tener encuentros con prostitutas que empezaban su jornada laboral o travestis que recorrían la avenida central y quienes, por cierto, en esa época habían sido víctimas de una serie de homicidios sistemáticos que se investigaban y tenían conmocionado y aterrorizado al pueblo. Esa era la calle. La brutal realidad del pavimento y sus rincones. Una verdad que no era parte de nuestra cámara y no sonaba a música, que solo quedaba grabada en mi memoria, pero no en la cinta. Ese escenario me hacía alejarme frecuentemente de *Melomanía*. Había algo en mí que quería hundirse en la profundidad de la conflictiva sociedad. Quería tomar aire y zambullirme entre todos ellos para escucharlos, entenderlos y llevar su voz al foro que los sacara del anonimato. Pero no sabía cómo hacerlo. Solo sé que quería encontrar la fórmula, la puerta que les diera la entrada. Eran y son seres que no veo en los noticieros nacionales y tampoco en los locales. ¿Por qué? Eso me preguntaba hasta el cansancio. Debo confesar que el programa de videos me parecía un insulto cuando mi frecuencia vibraba con estas realidades. ¿A quién de ellos les podía interesar Michael Jackson o 4 Non Blondes? Ni siquiera sabían quiénes eran. Y yo, ¿qué estoy haciendo por ellos? ¿Debería hacer algo por ellos? Lo único que sabía en ese entonces es que sentía la imperiosa necesidad de hacer algo. La calle —la verdadera calle— se filtraba cada día en mi psique. Me impregnaba con sus olores, sus sonidos, sus silencios, sus dolores..., pero aún no estaba listo para entenderlo. No sabía cómo eso funcionaba en la televisión, o mejor dicho, no sé si la televisión funcionaba para ellos. Lo cierto es que con el paso de los días, la calle crecía dentro de mí. Ya estaba infectado de realidad. El virus estaba en mí y llegó el momento en que me perdí en esa realidad. Desde los más recónditos y oscuros lugares llevé sus voces a los medios. Lo bizarro, lo terrible, lo sádico, lo enfermo, el abandono, la indiferencia: el lado más oscuro del ser humano quedó expuesto a la luz pública. Pero fueron muchos años más tarde cuando por fin viví la calle, lo que irónicamente me despertó mientras yo la recorría con toda la superficialidad de lo que hacía en el momento.

Fernando y miembros del grupo musical mexicano
Café Tacuba, 1992.

LA SUSTITUTA

Llegaron los días de los famosos *castings*. Ahí se presentaron amigas mías que invité a probar suerte frente a una cámara y que tenían ganas de hacerlo. Algunas que ya me habían acompañado más de una vez en el estudio para explicarles cómo funcionaba el programa. No me cansé de darles las herramientas necesarias para que fueran todo un éxito y para que no se sintieran inseguras; pero debo confesarlo, en la mayoría de los casos, todo era un fraude. Solo querían salir en la tele. No querían ni sabían hacer televisión. Torpes, insulsas, mediocres y más perdidas que un náufrago en altamar. Por supuesto, no olvidemos que mi referencia era Griselda. Con tales estándares cada vez me interesé menos en buscar a alguien que me acompañara. Lincoln llegó a desesperarse también con estas chicas, incluso más de una vez me comentó:

—Pues bueno, si la vieja es tonta ni modo, pero por lo menos que esté buena. ¿Ya qué más podemos hacer?

Así probaron varias —muchas— hasta que ya ni siquiera recuerdo cómo o por qué apareció una niña rubia de pelo rizado, delgada, muy simpática y sin ninguna experiencia en los medios. Es más, ya no era ninguna niña, por el contrario, era madre y estaba divorciada, pero aun así era muy joven. La Güera, así me referiré a ella. El caso es que hicimos el *casting* y de inmediato me di cuenta de su nerviosismo frente a la cámara. Traté de darle todo el apoyo y el respaldo para que no se sintiera mal. Ella se sonreía, se ponía roja, me preguntaba qué era lo que debía decir y sus manos temblaban, pero su actitud era muy simpática. De hecho, nos tenía a todos riéndonos por las reacciones tan extrañas que le provocaban los nervios. Su cara tenía el color de un tomate, cosa que era mucho más evidente, ya que su piel era muy blanca. Se dio el conteo regresivo, para iniciar la grabación de prueba, y justo cuando el Pillo estaba en el conteo, la Güera levantó su mano y dijo:

—Espérame, espérame tantito, por favor.

Se produjo un pequeño silencio y todos al unísono soltamos la carcajada.

—¿Qué pasa? —le pregunté.

—Es que no sé... los nervios me están matando.

Entre risas la tranquilizamos y después se inició de nuevo el conteo regresivo. Esta vez el Pillo logró llegar al uno y dio la señal de entrada. Me presenté y al ver que ella se quedaba callada, solo atiné a presentarla, para ayudarla a salir de lo que yo llamo el pánico de los quince segundos. Después de presentarla, ella, mirando a la cámara, se sonrió, levantó su mano derecha y dijo: «Hola», seguido de una carcajada que contagió a cada uno de nosotros. Esa era la Güera. Una mujer sonriente y nerviosa que con su agradable personalidad e intensas carcajadas se ganaba la simpatía de la gente. Sin duda tenía ángel y mucho carisma, a diferencia de las demás que habían pasado por el estudio. Ella destacaba con su personalidad positiva y su inteligente risa que la sacaba de cualquier aprieto. Ese sin duda sería su sello característico. Además, era imposible no reírse si ella lo hacía. Todo parecía indicar que sería mi próxima compañera. Al menos ese día, salimos del estudio riéndonos y no con caras largas, lamentándonos por el tiempo perdido en una prueba infructuosa. Total, el contenido se podía aprender y se notaba que ella tenía ganas, aunque ella lo negaba diciendo, «Es que no sé si esto es lo mío». Lo repetía muy seguido. Pero mi querida Güera, a mí nunca me engañaste, lo querías y lo querías mucho. Solo te morías de pánico de pensar que pudieras ser expuesta frente a la gente; pero eso nunca ocurrió.

Una vez más, el extraño mundo de la televisión me daba una lección, esta vez de la mano de una mujer, Griselda, quien era plena en contenidos, en control de tablas, en experiencia, en profesionalismo, en inteligencia y en características que la hacían hermosa como ser humano. De ella pasamos a la simpática Güera y nada más. ¡Qué contraste tan grande y tan fuerte! Y hasta cierto punto doloroso. De ahí que la carrera sea más sobre resistencia que otra cosa. A veces el talento sale sobrando. Triste pero cierto. Nada extraño para los que trabajamos en esto. Basta con unas lindas piernas y una cara de ángel para que se roben la atención del televidente o al menos eso es lo que han reflejado los famosos *ratings*. Así pues, no es de sorprender que la televisión de hoy en día tenga estereotipos fijos sobre quiénes pone en pantalla y por ello sea por lo que predominan las mujeres atractivas, lo que lleva a que se vea a la mujer como un objeto sexual. Claro, habrá quienes se quejen de este aspecto superficial de la televisión, pero somos nosotros mismos como público quienes les dictamos el camino a las grandes cadenas, no digo que todos, pero, sin duda alguna, la gran mayoría. De tal forma, no podemos quejarnos, porque si, por el contrario, favoreciéramos los programas con contenido, otra sería la historia. Claro que siempre todos tendrán una justificación, empezando por las «talentosas» y despampanantes mujeres que han tenido la suerte de haber nacido físicamente bien dotadas. Y es que algunos dicen que las revistas venden contenido, igual que los libros o los periódicos, y que la televisión vende imagen, es visual, así que se les debe ofrecer al público imágenes estéticamente agradables. Sí, es muy cierto y tienen toda la razón, pero ¿no se habla también en la televisión? ¿No se piensa también en la televisión? ¿No se ofrecen también información y contenido en la televisión? ¿Qué por el simple hecho de ser guapa y estar como decimos «bien buena» se les debe perdonar la superficialidad? Creo que esas serían las preguntas pertinentes que nuestros queridos colegas de la prensa deberían hacerles a esas mujeres, como continuación de su brillante explicación, y antes de que alguna de ustedes vaya a tacharme de sexista o machista, aclaro que esto va para ambos sexos, no solo para las mujeres. Aunque hay que aceptar que, al menos, en lo que a noticias se refiere, es más a la mujer a quien se vende como atractivo visual. Lo siento, no es mi decisión, para eso están los ejecutivos y productores. Para cualquier reclamo contacte a alguno de ellos, porque de verdad existen, y son los Maquiavelo que nunca dan la cara frente a millones de personas pero que nos pagan, para que nosotros seamos el rostro de muchas de sus «brillantes ideas», así el golpe no es tan duro o al menos no los señalarán en la calle como el idiota que se la pasa haciendo y diciendo babosadas en televisión. Eso sí, hay que aceptar que algunos de estos individuos, sin duda, son brillantes —y que conste que se les reconoce—, pero, otra cosa es cierta, son la minoría.

Estas eran algunas de las cosas que a mi corta edad y en mi recién empezada carrera pensaba y no acababa de aceptar. Seguía siendo el iluso e inocente joven que vivía con los valores del movimiento estudiantil del 68: rebelde, con el escudo del cambio en el pecho, con la intención de que las cosas se dejaran de hacer como se estaban haciendo, de hacer justicia y de terminar con el *statu quo*. Seguía siendo ese que, conforme pasaba el tiempo, más se sumergía en el mundo de la televisión y el que muchas veces fue masacrado y sometido por los titiriteros que mueven al «monstruo de las mil cabezas».

Así salía de mi inocencia. Era ultrajado por la brutal realidad cada vez que comparaba a mi Griselda con la Güera. No tenía ni tengo nada en contra de la segunda, solo mucho cariño, un buen recuerdo y muy buenos ratos; pero la verdad es la verdad. Al final, como lo habíamos anticipado, la decisión fue en favor de la Güera. Ella sería mi nueva compañera en el programa. Ahora nos tocaría descubrirnos poco a poco, y es que el tener una compañera de trabajo a la que le tienes que ver la cara todo el día y con la que vas a pasar más tiempo que con tu propia familia es prácticamente hablar de un matrimonio virtual. No siempre estás de acuerdo con todo: hay peleas y reconciliaciones. Pero los problemas personales se tienen que compartir, porque es inevitable que uno o el otro no se vea afectado por los estados de ánimo de su compañero. Porque la energía baja siempre se refleja y es la contraparte la que tiene que sacar a flote el navío. Así pues, nos hicimos amigos, con todo lo que eso implica. Sangre, sudor y lágrimas pasaron desapercibidos en muchas de las grabaciones que la gente vio desde sus casas sin sospechar todo lo que había detrás. La «caja idiota» solo muestra el resultado; nunca presenta los olores, sabores, tensiones, sentimientos, pensamientos... y si los hay es muy fácil editarlos. ¡Ojalá la vida fuera así! ¡Cuántas cosas editaríamos de nuestros pasados!, ¿no creen?

El tiempo pasó y el juez habló: el público aprobaba a la pareja y nos dejaba entrar en sus hogares. Pero la dinámica del *show* cambió, ahora había menos contenido y cuando lo había mayormente me correspondía a mí. Así con esta fórmula de pareja dispareja, nuestros horizontes se ampliaron y pronto el programa empezó a verse a través de otros canales en el sureste de la república mexicana, hasta cubrir casi toda esa zona del territorio nacional. Esa expansión trajo consigo más patrocinadores, más invitaciones a otros estados y a otros eventos. Los beneficios afloraban con mucha más fuerza. Aparecían amigos de muchos lados, aquellos que te invitaban a salir y que decían preocuparse por ti, que estaban dispuestos a ayudarte cuando tú los necesitaras. Claro, ahora la nube irreal de ser querido nos rodeaba con mucha más intensidad y camuflada de «realismo».

LA VIDA SE ENCARGA

Como les adelanté hace un rato, algo muy interesante me estaba pasando: el programa y su nuevo formato empezaba a grabarse casi todo el tiempo en la calle o en lugares al aire libre y con la participación de las personas con quienes nos topábamos; pero cuando vi a mi gente, mi perspectiva cambió. Su actitud siempre sumisa, tímida y noble que aguantaba bromas pesadas sin siquiera reclamar, humildes y temerosos, con esos rostros de color indígena y fuertes líneas de expresión, con ropas gastadas, cabello negro, como la más oscura de las noches, donde tal vez se escondían sus preocupaciones, con una bolsa plástica en la mano, donde más de uno llevaba la comida del día para ellos o para su familia, de manos duras y con callos a causa del trabajo en el campo o en la construcción: gente que siempre estaba ahí. Esos que no sabían ni siquiera de qué artistas les hablábamos y tampoco les importaba conocerlos. Solo querían seguir su camino, con sus ojos siempre evasivos, como si tuvieran miedo de encontrarse con nuestras miradas de frente. Siempre amables, con ojos tristes y cansados. Pocos eran los que transmitían rebeldía, vigor y fuerza para el enfrentamiento. Humanos que día a día recorrían las calles de la pintoresca avenida central de Tuxtla Gutiérrez, indígenas o hijos de indígenas, mexicanos como yo. Muchas veces los encontrábamos hablando dialecto chamula.

Ahí estaba yo parado, al centro de la explanada central, una tarde gris con viento, mucho polvo y con una chamarra de piel negra, que en la espalda tenía la bandera de los Estados Unidos, mientras ellos caminaban a mi alrededor cubiertos por delgados suéteres y algunos tiritando de frío; otros sentados en alguna banca comiendo pan.

Micrófono en mano quedé helado, y no por la temperatura en el ambiente, no, era por el remordimiento y la vergüenza más grande que llegó a calarme hasta los huesos. Nunca me había detenido a pensar qué hacía yo por ellos. Mientras yo hablaba de música, ellos no tenían ni siquiera acceso a servicios de salud decentes, porque el dinero que ganaban no les permitía vivir dignamente. De la educación ni hablar, y la explotación a la que eran —y siguen siendo— sometidos era terrible. Mientras yo grababa mi insulso y superficial *show*, el Ejército Zapatista de Liberación Nacional veía correr la sangre de mis indios en la Selva Lacandona. En San Cristóbal de las Casas, ese fin de año, fue muy diferente. El primero de enero de 1994 el EZLN (Ejército Zapatista de Liberación Nacional) junto a un grupo de indígenas armados hizo un levantamiento en las siete cabeceras municipales de San Cristóbal de las Casas, además de otros puntos de la Selva Lacandona. En ese entonces se hizo pública su primera declaración y, para sorpresa de muchos, se abrió un nuevo capítulo en la historia de México. Le habían declarado la guerra al gobierno de

Grabación, desde la calle, del programa *Melomanía* en Villahermosa, Tabasco, 1994. Captura de video en formato VHS.

México anunciando sus intenciones de dirigirse hacia la capital del país. Así fue como mi conciencia explotó tan fuerte que me mandó a casa cabizbajo y un tanto deprimido. Me sentía hueco como una jícara sin agua. Reseco por falta de contenido y ávido de empezar a llenarme del líquido que generaba la problemática social de mi país fluida de racistas revanchistas opresivos de los que nunca me había percatado y de los que nunca se hablaba abiertamente en los medios. Así, con una bruma moral en mis adentros, llegué a la soledad de mi cuartito de azotea y me senté en el quicio de la puerta, cubierto por una noche tensa, con mucho silencio, sin el tráfico acostumbrado que daba vida a la ciudad ni el caos que se formaba en la glorieta de la fuente Mactumatza.

Esa noche no hubo dichos sonidos. Nada de música urbana o citadina. Había un silencio aplastante. A lo lejos solo se veían luces dentro de algunas casas y en otras los resplandores que proyectaban los cambios de imagen en los monitores de sus televisores. Chiapas estaba a la expectativa. Encendí un cigarro y puse mi mano en mi frente, como lamentando haberme integrado a las masas de una manera tardía, y como el burro que tocó la flauta por pura casualidad, solo por estar en el lugar preciso y en la fecha precisa. Mientras fumaba desesperadamente, cada bocanada de humo me sabía a una amarga y tensa espera. Algo pasaría. Los rumores que corrían por la calle y entre los habitantes de la ciudad capital (Tuxtla Gutiérrez) aseguraban que esa misma noche o en la madrugada los zapatistas entrarían armados a la ciudad para tomar el lugar por la fuerza. Aventé el cigarrillo cuando el calor de la colilla interrumpió mis reflexiones y me recordó que solo hasta ahí se podía fumar el «tubito de cáncer». Me tiré, sin cerrar la puerta, sobre la improvisada alfombra y mirando hacia el cielo, mi cabeza prácticamente afuera del cuarto y mi cuerpo adentro, me daba la oportunidad de vigilar a las estrellas y pedirles que no se escondieran, que todo estaría bien. Que no tuvieran miedo, que el miedo era mío. El miedo de no entender lo que pasaba: imágenes de revueltas sociales y casas destruidas, gente caminando por las calles con algunas pertenencias en las manos y con niños en brazos llorando, calles cubiertas por fumarolas y pequeños fuegos. Y como si fuera una película, esas imágenes me daban vuelta una y otra vez, en una repetición interminable. Sin darme cuenta caí dormido.

La noche me llevó hasta ese lugar en nuestras mentes en donde solo pasa lo que queremos o se vive lo que más tememos. Aturdido, sentí la luz del día en mi cara y un poco de viento que levantaba polvo. Pero ¿qué era eso?, ¿qué era ese ruido? No entendía qué pasaba. Trataba de encontrarle lógica a ese abrupto despertar. Mi cerebro trataba de conectarse para darme un pequeño momento de razón y desatar la lógica que me explicara qué era lo que estaba escuchando. Una vibración intensa en todo el cuarto aceleró mi ritmo cardíaco, ¿qué demonios estaba pasando? Por instinto, como cualquier animal que tiene miedo a lo desconocido, me incorporé y brinqué hacia el interior del cuarto. La vibración y el sonido ensordecedor continuaban, no paraban. No sé si por valor o por simple curiosidad, como los gatos, decidí salir y enfrentar lo que fuera que estaba pasando. Arriba, sobre mi cabeza, estaba el sonido y un viento intenso. Entre los rayos del sol se movía una mancha negra, «es un helicóptero, no... ¡son dos! ¡son tres!». Era una flotilla de helicópteros del Ejército mexicano que sobrevolaba la zona a una altura muy baja. Desde la azotea tenía buena vista de la avenida central; solo bastó un vistazo para darme cuenta de que las cosas se ponían feas. Tanquetas, camiones y *jeeps* del ejército circulaban por la avenida, y no se trataba de un desfile, se movían rápido y los soldados sostenían sus armas con tensión y listos para usarlas. Estábamos bajo la mirada de una especie de ley marcial. El control de las calles estaba tomado por los militares. Los cascos con las siglas PM (Policía Militar) dejaban más que claro quién mandaba ahora.

Los vecinos temerosos se asomaban por las ventanas. Algunos se atrevían a salir para ver parados desde las aceras lo que ocurría. Otros se plantaban con expresiones de estricta seriedad y quedaban blancos por la impresión, tal vez por imaginar lo que podría ocurrir. Permanecí varios minutos ahí parado, mirando y escuchando los sonidos de lo que podría haber sido la antesala de un enfrentamiento armado en la ciudad donde vivía. En segundos entendí que me encontraba expuesto a fuerzas que desconocía y a situaciones que solo había visto en las películas —solo que aquí no se podía editar nada—.

¿Qué hacía? ¿Hacia dónde podía correr? ¿Dónde podía esconderme? ¿O qué papel se suponía que uno jugara en esa revuelta? ¿A qué bando pertenecía yo? ¿Alguien me podría explicar? ¿Quiénes eran los buenos y quiénes eran los malos? Todos los involucrados eran mexicanos, unos más que otros, entonces, ¿en dónde encajaba yo? Algo era seguro, ni de broma encajaba en ese apartamento solo y sin nada para defenderme o comer. Tenía que irme de ahí, pero ¿a dónde? ¿Cuál era mi segundo lugar? Sí, sí tenía la respuesta, al lugar donde pasaba más tiempo después de mi refugio personal: el canal. «Tengo que ir al canal, tengo que llegar hasta allí. De alguna forma, tengo que llegar al canal, pero ¿en qué vehículo?». Estaba lejos. No tenía teléfono y mi compadre y mis amigos seguramente estarían encerrados a cal y canto con sus familias. Sin tomar nada y con la misma ropa del día anterior jalé la puerta de metal y cerré el cuarto de azotea. ¿Qué se podían llevar? Nada de valor y aunque hubiera cosas de valor qué me importaba. Nada más valioso que mi vida. Más vale decir que aquí corrió Fer que aquí murió.

Bajé las escaleras de caracol, que llevaban hasta el estacionamiento del complejo, y crucé sin mirar hacia ningún lado, solo hacia al frente, como si fuera a cruzar la meta. En la esquina pude ver la casa de mi novia. No sé si alguien me vio o si todos estaban pegados al televisor, pero nadie se percató de mi salida. Mi corazón latía con fuerza y sudaba copiosamente, mientras intensas descargas de adrenalina me recorrían el cuerpo erizando mi piel. «Sal hacia la izquierda», me repetía una y otra vez, porque a la derecha estaban pasando todos los soldados. «Ve hacia el lado contrario y de seguro logras llegar al libramiento. Igual, acaban de empezar a llegar, con suerte todavía no han cerrado los accesos de todas las calles o avenidas. Corre corre para que no pierdas tiempo. Tienes que llegar al canal antes de que algo pase. Una cuadra, dos cuadras...».

Algunas personas, desde sus ventanas, me veían pasar corriendo. Nada de carros, nada de gente. Eso estaba vacío. «¿Y ahora qué voy a hacer? ¿Regresar? ¡Ni por error! Aunque te tome todo el día caminando, pero tienes que llegar hasta al canal, ahí paras». Corría, respiraba, pensaba, temía, dudaba, llevaba una lucha interna, tanto física como psicológica, mientras escuchaba mi agitada respiración. Los zapatos me lastimaban a cada paso. Sabía que el roce estaba levantando ampollas y mi piel raspaba, pero créanme, en ese momento, era lo que menos me importaba.

Llegué al libramiento, la avenida que circunda la ciudad y conecta con la carretera, solo tenía que seguirla y ella me llevaría hasta las instalaciones del canal, mi último destino para resguardarme de lo que pudiera ocurrir. Mientras yo corría cuesta arriba, en sentido contrario circulaban vehículos militares. Caravanas interminables donde imperaba ese color verde opaco, deslavado, sucio pero imponente, sobre todo cuando sabes que los vehículos que lo exhiben llevan soldados sosteniendo fusiles de asalto y armas de alto calibre. Trataba de no mirarlos, de no enterarme que pasaban por mi lado, pero inevitablemente, en medio de lo que parecía un pueblo fantasma, un joven solo corriendo y sudando como un loco, con miedo en los ojos, llama la atención de cualquiera, incluidos los militares. En más de una ocasión crucé mi mirada con la de ellos, que era seria, fría, no me decía nada más; salvo que lo que estaba por ocurrir era muy serio. Pensaba en mis padres y hermanos, ¿qué estarían haciendo? ¿Estaban enterados de lo que pasaba? ¿Estarían preocupados por mí? «¿Cómo me comunico con ellos? No sé, Fernando, primero lo primero. Haz lo que tienes que hacer y después solucionamos. Llega, primero llega».

Fue un recorrido eterno. Mis pulmones no daban más; estaban por reventar. El latir de mi corazón se había mudado a mi cabeza, lo sentía golpearla fuertemente. Tenía que parar, pero no quería. No era el momento. Detenerme podía hacer la diferencia entre contar la anécdota o que yo fuera la anécdota, «Sí, lo vimos pasar como loco que lleva el diablo, pero iba justo hacia donde estaban los militares. Era lógico que acabara así». «No, eso no lo voy a permitir. ¡Aguanta, no seas llorón!». Mis ojos se despegaron por un momento del camino y ahí estaba; a lo lejos veía ese muro blanco que resguardaba el canal de televisión. En ese momento parecía una muralla que protegía un fuerte; era mi salvación. Estaba a punto de llegar y cuando lo hice llegué bañado en sudor. Toqué el timbre una y otra vez sin parar, pero nadie me respondía.

—¡*Hey*! ¡*Hey*!, soy Fernando —gritaba con lo poco que me quedaba de aliento—. Déjenme entrar.

Pero nadie respondía. Golpeaba la puerta con mi mano, mientras al mismo tiempo me recargaba en mis rodillas, tratando de recuperar mi respiración. Escurría sudor por todos lados. Más golpes al portón, más timbrazos y nada. Me asomaba por las orillas de lámina para ver si había movimiento en el interior y allí estaba el Volkswagen blanco que usaba el equipo de noticias y también la camioneta del Chief. Entonces, «¿por qué no me abren?», me preguntaba. De pronto, el sonido eléctrico que emitía el seguro de la puerta de entrada, que otros días me podría haber aturdido, ese día sonó como una orquesta sinfónica. Empujé con fuerza y, entre azote y azote, se abrió la puerta y corrí hasta las oficinas para buscar alguna explicación de lo que ocurría y lo que podía ocurrir. Buscaba información: la palabra mágica que desde ese día se convirtió en mi forma de vida. Por supuesto que estaba en el lugar correcto y más si el equipo de noticias estaba ahí. Ellos fueron a los primeros que vi. Entraban y salían frenéticamente mientras subían y bajaban cosas del Volkswagen. Se movían atropellándose por la puerta de la recepción, mientras tanto, yo recuperaba el aliento. Me sentía más seguro, pero no tranquilo. Al menos estaba con gente y no aislado en el cuartucho de azotea.

Con cuaderno en mano, lápiz y una mirada seria, reflexiva y analítica apareció la figura del señor Rodolfo García del Pino, corresponsal de Televisa y productor, director, reportero y chofer de Canal 5, como él mismo lo dijera años más tarde en una de sus últimas entrevistas, inconclusa, por cierto. Un periodista de a pie, cabal, hecho en la calle, forjado a la antigua, responsable, respetable, claro, balanceado, auténtico, guerrero y valiente para revelar la información que los demás no se atrevían, en pocas palabras, un diamante del periodismo: maestro y guía. Siempre estaba acompañado de su hijo Leo, quien también era su camarógrafo. Ahí estaba de pie leyendo sus notas. Siempre con un bolígrafo en el bolsillo de su camisa. Lideraba uno de los primeros equipos en poder llegar a la zona del conflicto armado y se conocía a Chiapas como la palma de su mano. Me acerqué —como buen novato— asustado, acelerado y completamente desinformado.

—Maestro, ¿qué pasa? —le pregunté abruptamente.

Me di cuenta de que lo distraje de su lectura, pero siempre sacó tiempo y consejos para mí. No sé por qué, pero fue gracias a él, a su gran regalo de vida, a su sabiduría, que se encendió la chispa en mi alma y cambió mi forma de pensar. El periodista y maestro despegó la vista de la hoja de papel que leía y me miró como si fuera un padre.

—Tranquilo, Fernando. Aquí estamos bien por el momento. Los zapatistas han declarado la guerra. Explotó el conflicto armado en Chiapas y los indígenas se han levantado en armas. Todo está pasando en la sierra y vienen hacia acá, pero el Ejército ya los está enfrentando: eso es lo que pasa.

Todo me lo dijo así, como si fuera un reportaje: tranquilo y sin expresión más allá del contenido.

—¿Tranquilo? Con todo respeto maestro, lo que menos estoy es tranquilo. Aunque le confieso que cuando usted estuvo cerca durante el conflicto, al menos siempre me sentí seguro.

Rodolfo García del Pino fue el primer periodista en entrevistar al Subcomandante Marcos. Entrevista que le dio la vuelta al mundo y que le permitió al movimiento armado comunicar el porqué de su lucha, lo que le dio un matiz y un sustento que provocó el apoyo de diferentes grupos en Europa, México y varias partes del mundo. Por si fuera poco, las primeras imágenes de la masacre y de los aviones de la fuerza aérea atacando a los «rebeldes» fueron de su hijo Leo. Ese era el tamaño de ese equipo —que sigue en Chiapas—, que nunca tuvo su espacio en los noticiarios nacionales, al que nunca le pagaron millones, ni usó trajes sastre a la medida, pero que, por el contrario, fue el sastre de la historia de México. El que proveyó la materia prima para que la historia conociera el trasfondo y los entretelones del México indígena y el movimiento armado. Fueron sus miembros los que se jugaron el pellejo con los encapuchados en la sierra: nadie más. Justo después de la explicación, me dijo:

—Nos vamos precisamente ahora hacia San Cristóbal de las Casas, ¿te animas?

No terminaba de recuperarme del *shock* en el que estaba y García del Pino me preguntaba que si me animaba a ir con ellos a la zona del conflicto. Ja, ¡qué pregunta era esa! Por un instante no entendí lo que había escuchado y solo atiné a decir:

—¿Que si qué?

Con una sonrisa en la cara me respondió:

—Sí, hombre, ¿que si te animas a venir con nosotros?

Me enderecé y me olvidé de la agitación provocada por el maratón y por la tensión que acababa de pasar y acepté tan tentadora y peligrosa invitación. Solo necesitaba la bendición del Chief para aventurarme en la primera cobertura de noticias de mi vida; y ¡qué cobertura! ¡Qué momento histórico en mi México! Doloroso, pero contundentemente realista, ¡brutal!

Corrí al interior del edificio para buscar a Lincoln y lo encontré con la mirada fija en la televisión viendo lo que se reportaba y con el teléfono en la mano, agitado, alterado, nervioso, apresurado o una mezcla de todas las anteriores.

—¡Chief!, ¡Chief! ¿Me dejas ir con los de noticias a la cobertura?

—¿Qué?

—Sí, a la cobertura. Se van ahora y me preguntó Rodolfo García del Pino que si me animaba.

—No, no sé. ¿Ya viste como está la cosa? Está muy peligroso. No creo que sea buena idea. Además, ¿qué vas a hacer tú ahí?

Buena pregunta, ¿qué iba yo a hacer? Bueno, solo ser testigo desde el lugar de los hechos de uno de los momentos históricos más importantes de México, solo eso —como si fuera poca cosa—. Pero tenía su punto, qué iba a hacer yo ahí, sino exponerme y quién sabe si exponer al equipo. Siempre he creído que el señor García del Pino tenía planes para mí en ese momento. No fue una invitación de cortesía. Era evidente que algo tenía pensado, que algo me pondría a hacer. De ninguna manera, alguien con su experiencia, me llevaría de turista a una zona de conflicto. Después de todo, en repetidas ocasiones, me había dicho que tenía madera, que le echara ganas, que iba a llegar lejos. Espero, maestro, que esté satisfecho con lo que he logrado.

En fin, el Chief pensó que no era lo mejor y me quedé en el canal. La verdad no discutí la decisión. Él sabía mucho mejor que yo lo que me convenía y le tenía mucha confianza.

De pie frente a las oficinas, y aún sintiendo un vacío en el estómago, de esos que te provoca el miedo a lo desconocido, vi partir el convoy de noticias. Bueno, el convoy eran dos Volkswagen blancos. Y entre el polvo que levantaban los vehículos, les dije adiós y me quedé un rato afuera.

Hoy sé que si ese día los hubiera acompañado habría sido testigo de una de las entrevistas más importantes de los últimos tiempos en la historia de la televisión mexicana. Ese fue el día en que Rodolfo García del Pino, su hijo Leo y el equipo que los acompañaba fueron encontrados en el camino por un grupo de encapuchados que los llevaron hasta el cuartel del Subcomandante Marcos; y por primera vez, el representante del movimiento armado hablaría frente a una cámara de televisión. ¡Vaya evento que me perdí! Pero lo cierto es que encontré tantas otras cosas que me hicieron ser quien soy ahora. La vida se encargó de quitarme la venda de mis ojos, y me mostró el camino para llevar a toda esa gente, con la que me topé algún día en las calles, a los medios. Solo tenía que aprender.

NO TODO ES COMO LO PINTAN

Al entrar de nuevo al canal, vi como los pocos que estaban ahí corrían de un lado a otro ocupados con cintas y papeles. No éramos muchos: tal vez cinco o seis, además del Chief. Abrí la puerta del control central y me senté en una de las sillas tratando de no estorbar a nadie. Desde ahí podía ver las señales de varias televisoras, además del material que se iba revisando, grabado por nuestro equipo de noticias. Entonces descubrí que no era la primera vez que salían, sino que ya habían estado grabando, al menos cerca del lugar, antes de que yo llegara a las instalaciones. Eran imágenes nada agradables y completamente desconocidas para mí. Imágenes que tal vez conocía de conflictos armados en otras partes del mundo, pero que siempre me habían parecido ajenas, lejanas y ahora ocurrían en mi patio. Ya yo había tenido una probadita con la llegada del Ejército mexicano a la ciudad capital y estas imágenes habían cobrado un significado diferente para mí. Ahí, en el cuarto del control maestro, mis ojos brincaban de un lado a otro, de monitor a monitor: comparando, hurgando y buscando. Era como un niño dentro de una dulcería: la cara de sorpresa y la indecisión de cuál de todas las imágenes a mi disposición quería ver. Eran muchos dulces para el hambre de conocimiento que tenía. Saber, saber más más más... Insaciable: así me sentía.

Era un privilegiado que tenía acceso a la fuente generadora de toda esa información que los demás verían más tarde en sus casas. Estaba frente a mí. Las señales de satélite iban y venían. Recibíamos, enviábamos, nos pedían... Todo era impresionante, confuso y claro a la misma vez. Pasaba el tiempo sin que le pusiera atención a las manecillas del reloj, no me interesaba, estaba en otra dimensión. Medía su paso con cada imagen y con cada gota de información.

Llegó la hora de los primeros noticiarios nacionales, la mayor parte del vídeo lo había suministrado el equipo de noticias de Canal 5: ¡nosotros!

Bueno, «nosotros» suena a manada, ya saben a quiénes me refiero. Abrí mis oídos y pegué los ojos a los monitores. Todos los noticiarios comenzaban con Chiapas y el conflicto armado. Era el primer día de 1994 y la historia se escribía minuto a minuto. Yo había estado cerca de ser uno de los encargados de llevar la tinta para hacerlo, pero me quedé –digamos– como un espectador con privilegios. México atravesaba una grave crisis financiera y había entrado en vigor el Tratado de Libre Comercio con Estados Unidos y Canadá. El presidente saliente era Carlos Salinas de Gortari y el entrante, el también priista, Ernesto Zedillo. Recuerdo haber visto imágenes en las que aparecían indígenas armados con palos, piedras y machetes enfrentándose al Ejército mexicano y me preguntaba, «¿Cómo es que con piedras, palos y machetes se piensa vencer a un ejército o será que el ejército no está para atacar, sino solo para contener a esos indígenas mexicanos?». Digo la pelea no sería nada pareja. Es cierto que había un grupo del EZLN que contaba con armas, pero de acuerdo con las imágenes que veía en bruto, dentro del canal, eran los menos. «¿Qué es esto?», me preguntaba. «Si veo indígenas levantados en armas, bueno, si es que a las piedras y a los palos se les pueden llamar armas, sería entonces por los machetes». Esto me decía, mientras trataba de justificar lo que veía en nuestros monitores y lo que transmitía la televisión nacional.

Uno de los equipos de noticias regresó. Ya habían pasado muchas horas desde que me había quedado con las ganas de acompañar a García del Pino a la zona de conflicto. Los vi entrar corriendo con varios casetes en las manos; los dejaron sobre uno de los escritorios del control maestro y le encargaron al operador que empezara a hacer copias y a enviar material. Recogieron otro montón de cintas y salieron corriendo para irse de nuevo hacia San Cristóbal de las Casas. Yo tenía muy buena relación con todos los que trabajaban en el canal, así que le dije al operador que si él quería lo podía ayudar a hacer las copias. Por supuesto que no era solo con la intención de ayudar, quería seguir viendo lo que ocurría en mi país, sin filtro. Las imágenes eran frescas, recién llegadas de la zona cero. El operador aceptó mi ofrecimiento y de inmediato tomé una de las cintas, la introduje en la reproductora e inicié el proceso para copiarla en la máquina adyacente. Mientras tanto, mis ojos no se despegaban del monitor. Entre el sonido ambiente de la grabación y el de la cinta corriendo en aquellas viejas máquinas de tres cuartos de pulgada, el impacto de las imágenes me dejaba mudo. Eran indígenas en masa frente a la iglesia de San Cristóbal de las Casas y soldados en los alrededores; de pronto disparos y una masa que chocaba contra la otra: caos total. Veía a algunos caer a la par que la cámara brincaba, como buscando refugio, al mismo tiempo que trataba de no perder el encuadre. Gritos, llantos, mujeres corriendo con niños en brazos... De nuevo la cámara se escondía detrás de lo que parecía una columna. No sé cuántos minutos pasaron. No podía moverme. Estaba paralizado, aterrado. No entendía lo que veía. No eran indígenas con armas. No veía a ninguno de ellos portando armas o disparando. El fuego solo venía de un lado: de los militares. ¿Por qué? ¿Era necesario? Mi pensamiento se vio interrumpido y es que de pronto la pantalla se fue a negro, es decir, no había más imagen. Esperé unos segundos y la cinta se detuvo. Había terminado. Pulsé el botón de alto y la saqué de la reproductora; el mismo procedimiento con la copia. Rotulé la cinta con el número uno, y apresuradamente tomé otra cinta más, la introduje en la máquina y pulsé reproducir mientras me aseguraba de que se estuviese copiando. En esta ocasión era una toma abierta, al parecer desde un cerro o una montaña de tamaño mediano. A la distancia no se veía nada, solo vegetación. Un minuto, dos, tres... y no pasaba nada, solo se movía un poco el encuadre de un lado a otro detrás de un matorral: unos pasos hacia adelante o hacia atrás. ¿Qué estaban grabando ahí? ¿Habrían dejado la cámara grabando sin darse cuenta? Poco a poco un sonido empezaba a captar mi atención. Era una especie de zumbido. Me acerqué a la máquina, tal vez estaba fallando, pero no, no era la máquina grabadora. Me acerqué entonces a la máquina que reproducía, pero tampoco. ¿De dónde venía ese sonido? Era el audio original de la cinta, pero un zumbido en medio de esa vegetación y con esas características no encajaba. La intensidad subía. Ya era claro que venía de la cinta, del audio original. ¡Un avión! Se escuchaba como un avión. No despegaba la vista de la pantalla tratando de ubicar la aeronave. Sin previo aviso, un avión del Ejército mexicano pasaba por medio de la pantalla seguido de otro. La cámara los seguía. Se iban haciendo pequeños a la distancia y de pronto regresaban. Crecían en la imagen. Algo caía de uno de ellos y no terminaba de preguntarme qué era eso cuando se escuchó un... *¡boom!* «¡Una bomba!... ¡Dos!... ¡Tres!... Pero ¿qué es esto? ¡No puedo creerlo! Están bombardeando. ¿Qué están bombardeando? ¡Dios!, ¿qué están bombardeando?».

Pequeñas flamas alcanzaban a verse entre las copas de los árboles cuando detonaban, después humo. «*¡Hey, hey!* ¡Vean esto! ¡Vean esto! ¡Están bombardeando!», les dije a los operadores, quienes de inmediato interrumpieron sus actividades y se acercaron al monitor, y, sin pensarlo dos veces, detuvieron la reproducción, olvidándose de la copia que hacían en ese momento.

De nuevo la imagen. «¡Bombas, en la sierra! ¡En la Selva Lacandona! ¿En dónde está pasando eso?». Nuestros rostros se tornaron tensos, pálidos, sin expresión. A uno de ellos se le llenó de agua su mirada. Estaba a punto del llanto.

—¿Qué pasa? ¿Qué pasa? —le pregunté exaltado y preocupado.

Atentos nos volteamos a ver en espera de su respuesta. Juro que vi y escuché su saliva bajar por su garganta, luego su pecho se infló por un largo suspiro.

—Están bombardeando una comunidad indígena —esa fue su respuesta.

Sentí un mareo. Mi cabeza explotó y sentí un sudor frío en mi frente mientras registraba el movimiento de uno de los operadores que se llevaba la mano a la cara. No sabía qué hacer..., qué decir..., qué esperar. Agaché la cabeza con mi mano en la frente mientras pensaba, «Ahí hay muertos. ¡Hay muertos! ¡Dios! Es una comunidad. Hay niños, mujeres, ancianos... no solo zapatistas. ¡No, no!, —discutía conmigo en silencio—. Eso no puede ser así. Solo deben estar armados los zapatistas, no pueden hacer algo así».

Me levanté de la silla, busqué mis cigarros, salí al estacionamiento y fumé sumergido en un trance. Buscaba sacar de mi cabeza las terribles suposiciones. No quería pensar más. No quería estar más ahí. Era muy difícil explicar lo que ocurría en mi interior: un vacío acompañado de rabia, impotencia, miedo, odio, coraje, dolor. Todo eso se agolpaba en mis neuronas y en mi alma, mientras mis ojos buscaban un rincón en el cielo que me diera sosiego y que me sacara de la pesadilla que vivía. Quería despertar y, sin saberlo, ese fue el día: el primer día de mi vida en el que estuve despierto.

Los rumores de que los zapatistas llegaban a la ciudad capital eran cada vez más fuertes. Había quien aseguraba que esa misma noche entrarían a la capital, por lo que, aún abrumado por lo que había visto, decidí salir del canal e irme a la casa de mi socio y pasar la noche ahí. Ya él me lo había ofrecido. De hecho, me fue a recoger y nos fuimos a toda prisa para poder ver los noticiarios nacionales. En medio del silencio que acompañó el trayecto hacia su casa, me preguntó qué me pasaba. Era raro que yo no estuviera hablando sobre aquel día.

—¿Dónde estabas? ¿Cómo llegaste al canal? ¿Por qué no me llamaste? ¿Qué te pasa?

Lo miré y le dije:

—Los están bombardeando.

—¿Qué? ¡Estás loco! ¿Dónde están bombardeando y a quiénes?

—Yo lo vi. Vi los aviones, vi las bombas. Las grabaron. Las grabaron García del Pino y su hijo Leo. Las vi. Estaba en el canal copiando las cintas. También les dispararon en San Cristóbal.

—¿Estás seguro?

—¡Que las vi! Te digo que vi las imágenes. Está todo grabado en cinta. ¿Cómo no voy a estar seguro?

—*Ok*, tranquilo. Ya vamos a llegar. De seguro que lo vemos en los noticiarios.

No se habló más en el camino. Las calles estaban vacías. Ya en su casa toda la familia estaba pegada al televisor. Se sentía la tensión en el ambiente. Los escuchaba a todos repetir los rumores, analizar la situación, planear qué hacer, llamar por teléfono a medio vecindario. ¡Un caos total! No entendía nada de lo que pasaba ahí. Solo los miraba y no hablaba. Quería saber a quién habían bombardeado, no me interesaba nada más.

Tomé un lugar en medio del caos y de ahí no me moví hasta que inició uno de los noticiarios nacionales. Recuerdo que había dos televisores en la sala: uno portátil y pequeño, que venía con radio incluido, y el principal. De principio a fin, la noticia era Chiapas. El Ejército Zapatista De Liberación Nacional, la Secretaría de Gobernación, la Secretaría de la Defensa Nacional, la Secretaría de Desarrollo Social y la Procuraduría General de la República negaban que lo del EZLN fuera un levantamiento indígena; y aseguraban que era una acción de profesionales, expertos en conducir actos de violencia y terrorismo de origen nacional y extranjero, que contaban con armas de alto poder y con sofisticados equipos de comunicación. De las bombas nada: ni imágenes ni mención. En ninguno de los noticiarios dijeron algo. No existieron, no se enteraron, no lo dijeron. De las imágenes de los soldados disparando contra indígenas, tampoco, ni un segundo al aire, nada. Estupefacto aventé el cojín que tenía en las piernas, abrí la puerta y prendí un cigarro. Así como se consumía el papel arroz, me consumía yo por dentro. No se trataba solo de lo que veía o no veía en la televisión, de lo que omitían, lo que no mostraban, sino de la pérdida de tiempo, de los años que había desperdiciado haciendo tonterías en un medio de comunicación, mientras mi pueblo sufría. Me tenía sin cuidado si los zapatistas llegaban a Tuxtla esa noche. ¡Qué llegaran! Los esperaba con gusto. Tenía muchas preguntas para ellos.

Esa noche no dormí. Esperé y esperé por su llegada, pero no ocurrió; tampoco al día siguiente ni los días subsecuentes. En los medios nacionales, solo los políticos hablaban sobre el asunto: la ONG, candidatos, religiosos, secretarios de estado, nada que me preocupara. Nada que no hubiese visto en la televisión de mi país desde que era un niño. Como de costumbre, las mismas voces, pero como bien dije alguna vez en ese programa de radio, «Siempre existe una luz en las sombras». Rodolfo García del Pino era esa luz. En ese noticiario local sí se veía todo. Ahí sí habían existido los bombardeos, sí habían visto los enfrentamientos de soldados contra indígenas pie a tierra, y los políticos no hablaban. Hablaban los insurgentes; el mismísimo Subcomandante Marcos; el obispo de San Cristóbal de las Casas; el defensor de los derechos humanos de los pueblos indígenas de México, Samuel Ruiz; los indígenas. Ahí pude escuchar a uno de ellos asegurando que se le había utilizado como escudo humano. Las cifras de muertos no tenían nada que ver con las cifras oficiales.

Rodolfo García del Pino hacía historia: mostraba lo que los demás no mostraban y les daba voz a quienes no eran escuchados. Y de pronto, el periodista local que solo conocían en Chiapas se convirtió en referente internacional, y en mi referente (hasta el día de hoy, maestro, hasta el día de hoy). Porque las cosas no siempre son como las pintan; pero para saberlo hay que estar ahí sin importar el riesgo. Ese fue el último día de mi vida inútil. Ese día murió Fernando y nació un ciudadano mexicano. Ese día se pintó de verde, blanco y rojo mi compromiso con el pueblo.

MORIR POR UNA CAUSA

En los meses subsecuentes, el drama de los indios chamulas y lacandones, además del Ejercito Zapatista de Liberación Nacional, continuó siendo el tema de interés nacional e internacional. Lo seguía de cerca —desde adentro— pegado al equipo de noticias del canal. Cada vez pasaba más tiempo con ellos, donde cualquier pretexto era bueno para acercarme a la oficina del señor García del Pino. Un saludo era suficiente para preguntarle sobre los desarrollos y las omisiones. Él me dedicaba lo más que podía de su tiempo: siempre atento, siempre paciente. Y yo ya no hacía *Melomanía* con la misma pasión; aunque el programa se había vuelto más popular y más rentable. Teníamos patrocinadores fijos y grabábamos en exclusiva para la discoteca de moda en la que yo era el gerente general. Teníamos presentaciones en diferentes eventos, grabábamos en otros estados de la república, entrevistábamos a los roqueros del momento: Alex Lora, La Lupita, Santa Sabina, Víctimas del Doctor Cerebro y también a artistas pop como Alejandra Guzmán, Benny Ibarra, Garibaldi y Gloria Trevi. Incluso llegué a ser presentador de eventos masivos. En uno de ellos tuve el honor de compartir y presentar a la banda Toto con Bobby Kimball. El dinero era mucho más, ahora podía comprar ropa y tomar taxi. Había dejado de caminar por ahorrar centavos, aunque seguía viviendo en el cuarto de azotea; pero no era igual, ya no percibía la realidad de la misma forma, ya no quería seguir siendo superficial.

Sin querer, más de una vez me encontré entrevistando a algún vendedor en cualquier esquina, y mis preguntas ya no eran sobre música y tampoco había bromas de por medio. Los escuchaba, los dejaba contar lo que quisieran y cuando finalizaba la jornada, me lamentaba por no haberles dado más espacio o por no haberles dedicado el programa solo a ellos. Noche a noche durante varios meses me pregunté, «Y ahora, ¿qué vas a hacer, muchachito? ¿Seguirás perdiendo el tiempo? ¿Seguirás siendo un espectador de lo que ocurre en tu país? ¿Serás uno más de los que se voltea hacia al lado para ignorar esa mano que pide ayuda o comida?». Cuando estaba al aire, la respuesta me acompañaba todo el tiempo: «No quiero más esto, quiero hacer algo». Pero al mismo tiempo no quería perder lo que había logrado. Tendría que decirle adiós a lo que con tanto sacrificio había alcanzado y después, ¿qué? No iba a terminar en el noticiario local, porque, aunque siempre tuve el apoyo del Chief y del señor García del Pino, estoy casi seguro de que no querían que el muchachito de *Melomanía* se pusiera de pronto una corbata y se sentara a dar noticias. Habría que hacer borrón y cuenta nueva. No podía ser dentro del mismo canal. ¿Tendría las agallas para hacerlo o preferiría quedarme en mi zona de confort? ¿De qué tamaño es tu compromiso, es real o es solo una falsa postura intelectual? Fueron muchos días los que pasé debatiendo esas interrogantes en mi interior, pero por más escenarios que me planteaba, la única opción me ubicaba fuera de *Melomanía*, fuera del canal y fuera de Chiapas y, por ende, en el único lugar al que podía llegar: al Distrito Federal. A la capital, donde estaban mis padres, los que nunca estuvieron de acuerdo con mi estancia en Chiapas, los que de seguro me dirían: «Ya ves, te lo dijimos». Aunque ya para ese entonces mi madre había certificado mi profesión, es decir, para ella ya no se trataba más de un juego, sino de una carrera real que su hijo había decidido perseguir. Mi padre era mucho más difícil de convencer, y cómo no, creo que para un brillante médico veterinario zootecnista, con maestrías y doctorados y reconocido a nivel internacional, pensar en programas de videos o de radio no podía parecer otra cosa que no fuera un juego. Luego pasarían muchos años para que mi viejo, finalmente, un día me acreditara como un profesional. Al menos podía decir que en casa tendría un 50% de apoyo, ¿no? La disyuntiva era complicada y arriesgada, pero las grandes decisiones siempre van acompañadas de grandes riesgos. Yo había tomado ya algunas decisiones en mi vida, que, en su momento, fueron —no grandes— enormes para mi edad y que me habían llevado a buen puerto o al menos a las metas que me había propuesto. Aunque, honestamente, esta vez no tenía muy claro el horizonte. Por el contrario, había mucha neblina. Si hubiese sido Cristóbal Colón de seguro la decisión hubiera provocado un motín y, de una u otra forma, así me pasó a mí también. El querer ir a descubrir ese nuevo mundo me provocó un motín emocional. Pateando una piedra fue como tomé la decisión –literalmente pateando una piedra–. La vi rodar y quedarse estática. La volví a patear y cayó en el césped. Por último, después de una fuerte patada fue a parar con un montón de piedras. Ya no estaba sola. Había llegado con sus compañeras, pero lo había logrado a patadas. Me tocaba a mí ser esa piedra que necesitaba una nueva patada para salir de donde estaba. Así que me planté de frente al destino y le dije: «Patea a ver dónde caigo esta vez».

Llamé a mi padre para consultarle mi decisión y tener una charla con él. No me encontraba nada bien. Más bien creo que me encontraba muy mal. Tenía tanto que dejar y después tanto que escalar. Estaba triste, pero sabía que era necesario, y lo que pretendía ser una llamada de consulta, se convirtió en un grito de auxilio, «Ven por mí, padre. No sé si puedo hacerlo solo». Esa fue la traducción de lo que hablé con él y mi viejo lo entendió a la perfección. Vendría por mí y yo tendría que despedirme. Todo fue rápido, doloroso y definitivo. Al Chief solo le dije que quería volar más alto y que en el canal no tenía más cielo para hacerlo. No fue nada emotivo, bueno, en apariencia, porque estoy seguro de que internamente las emociones se desbordaban. Creo que él ya lo veía venir y lo deseaba. Quería lo mejor para mí. Después de todo, era su descubrimiento y su creación. Era su muchacho, él que le podía dar más satisfacciones creciendo y no estancándose. Por supuesto que él me apoyó. También tuve mi momento con el maestro: una breve charla que incluso se grabó para ser parte de mi programa de despedida y que por ahí debo tener. Recuerdo sus palabras: «que tenía madera»; su frase favorita. Nunca lo dudó, siempre insistió en que iba a llegar lejos. Con Ricardo todo fue menos complicado. Nunca fuimos tan apegados, aunque sí hubo cierto aprecio. Con el que sí no tenía armadura para protegerme del golpe sentimental que se avecinaba era con el Pillo. ¿Cómo se lo diría? No quería hacerlo. Ahora te confieso, estimado amigo, que pensé en irme sin decirte nada; pero creo que no me lo hubieras perdonado nunca. Así que te encaré y por primera vez compartimos lágrimas, y con Marquitos –tu asistente– también. Gracias, señores. Fue un honor compartir con ustedes y también haber podido jalar cables varias veces y cargar la casetera. A la Güera solo le dediqué unas palabras de despedida. Con ella no tenía la misma relación que con la Gricha. Eso sí, lloró y de corazón. Al menos yo me quedé con esa impresión; y si no fue así, déjame morir engañado.

Así pues, uno a uno fue despidiéndose, no sin antes torturarme con el programa de despedida que grabamos ahí, en el control maestro. La última toma corrió como si fuera en vivo, y por más que pregunté cuál era la última canción, nunca quisieron decírmelo, fue la sorpresa del día. Les dije adiós a todos esos melómanos que una vez creyeron en nuestra idea y que estuvieron ahí desde el primer día; y a los muchos más que se

Reconocimiento a Fernando por su labor como conductor a nivel estatal del certamen Nuestra Belleza Tabasco, 1994.

sumaron a lo largo del camino. Aún hoy, a través de las redes sociales, de vez en cuando me lo recuerdan. El último vídeo fue el de una canción que hasta hoy me provoca un enorme sentimiento y que me transporta hasta ese día: *Sin ti* de Benny Ibarra. Me mataron, me desarmé, bajé todas mis defensas y rompí en llanto. Dejaba atrás muchos sueños cumplidos, muchos amigos, muchos dolores, hambre, cansancio; pero, sobre todo, experiencias, alegrías, risas, aventuras, sorpresas, aprendizaje y muchos compromisos. Pero lo más significativo es que dejaba el cadáver de un adolescente insulso, iluso, irresponsable, neófito, superficial y desapegado. Ese día fue el funeral de quien un día fui.

Carta de recomendación por su conducción del certamen Nuestra Belleza Chiapas transmitido por Televisa, la cadena más importante de México, 1994.

REINVENTARSE O MORIR

Llegó en el momento justo. Ahí estaba mi viejo conmigo, en la barra del hotel, una noche antes de partir, sumergido entre las dudas y los temores de su hijo, en los resquemores y las incógnitas. Me veía sufrir, pero también veía mi metamorfosis. Me escuchaba diferente, me miraba diferente, era paciente y estaba preocupado. Me quería de pie, aunque me sabía débil, pero al mismo tiempo respetaba mi decisión, con el sacrificio que eso representaba y tal vez, un poco también, con la esperanza de que me enfocara en otras cosas y le diera otro rumbo a mi vida. Además, con la tranquilidad de tenerme de vuelta en casa. No sé cuánto tiempo estuvimos ahí (lo único que sé es que fuiste mi salvavidas, creo que no hubiera podido irme sin tu apoyo).

Pasado el drama, ya estaba de vuelta en México. Toqué algunas puertas de la televisión nacional, pero ninguna se abrió. La única que me dejó ver un poco —muy poco— de luz se abrió hacia el lado histriónico con una oferta en la actuación. La verdad a mí eso no me ilusionaba ni un poquito. Yo tenía la mirada puesta en un objetivo muy claro. Además, le tenía y le tengo mucho respeto a la profesión, siendo mi madre actriz y habiendo mis hermanos estudiado la carrera. Los contactos que un día hice en Puerto Arista con Fernando Changueroti y Kate del Castillo me llevaron a una grabación en uno de los foros de Televisa, en donde Kate grababa una de sus telenovelas en aquel entonces, si no me equivoco era *Muchachitas*. Fue una buena experiencia y le estoy muy agradecido por ese momento especial. Años después, su hermana Verónica y yo nos haríamos muy buenos amigos; hasta el sol de hoy lo somos.

Lo que viví en la Ciudad de México, en ese entonces, fue una época de transición, en la que también tuve la oportunidad de vivir el triunfo y el avance de mi querido Marco Antonio Regil, con quien compartí créditos en uno de los certámenes Nuestra Belleza Tabasco. Y es que olvidé contarles que, en su momento, el Chief me logró colar en dos de esos eventos que fueron transmitidos a nivel nacional: Nuestra Belleza Chiapas y este último que les mencionaba con Marco Antonio. Por cierto, en Nuestra Belleza Chiapas compartí créditos con la periodista Marintia Escobedo y con Luis Magaña, el Sabañón Tataglia, como le decía, quien en esa ocasión me salvó el pellejo. Y es que para la conducción del evento necesitaba ir de esmoquin y yo no tenía de dónde sacar uno; apenas contaba con el traje negro que me regalaron mis padres y que usaba para todas las ocasiones formales. Para hacerles el cuento corto, debido a que no tenía un traje de etiqueta, estuve a punto de quedar fuera de la grabación del evento, la que nada más y nada menos sería mi primera aparición en televisión nacional. En ese momento, en el que ya casi me había dado por vencido, con la única esperanza de que apareciera un hada madrina, como en el cuento de *La Cenicienta* (midiendo las comparaciones, tampoco se pasen de simpáticos), Luis me miró fijamente y me dijo:

—No te preocupes, Sabañón, que esto lo arreglamos. Diles que te esperen lo más que puedan; yo ya vengo.

Fernando en la conducción del evento Nuestra Belleza Chiapas,1994.
Captura de video en formato VHS.

Ahí me quedé convenciendo a la producción de que me dieran unos minutos más, que todo se arreglaría, y cuando ya estaban prácticamente dándome las gracias por mi participación, apareció Luis jadeando por la puerta y con un esmoquin en sus manos. Era suyo. Había ido hasta su casa para que yo no quedara fuera de la grabación. Por supuesto que nuestras tallas eran muy diferentes, así que con mucho cariño y muchos alfileres logramos que no se me cayera; pero aún así parecía Tin Tan o Resortes. La decisión fue entonces, «Te dejas el pantalón del traje, te pones solo la parte de arriba y te quedas detrás del pódium para que no se vea nada». Y así fue, gracias al Chief, al Sabañón Tataglia y a Rafael Baldwin (que en paz descanse). Gracias, Rafael, en donde quiera que estés, por esas dos oportunidades.

Creo que todos esos detalles no los conocen mis padres, pero ahora espero que los lean y se rían un poco como lo hago yo. Y es que ese tiempo con ellos en México no fue precisamente de recuerdos ni de pláticas sobre lo que había dejado en Chiapas; eso era lo que menos quería. Especialmente cuando no atinaba una con las puertas que tocaba y cuando la familia se encontraba en una etapa de transición, ya que en ese entonces mi padre había decidido que se mudarían a la ciudad de Aguascalientes, en el bajío mexicano, para comenzar un negocio familiar. Se trataba de una distribuidora de medicinas veterinarias para toda la zona y en la que el viejo quería que todos trabajáramos. Así que, con ese panorama, tampoco me apliqué mucho en la búsqueda de esa oportunidad en México. Creo que fue un período en el que descansaba un poco de la batalla de la que había salido: del agua fría, del hambre, del cuarto de azotea y, por supuesto, de las hormigas. Me tomaba las cosas con un poco de calma. No me torturaba mucho en encontrar algo en la capital del país. Mi instinto me decía que no era el momento y había que hacerle caso a ese reflejo animal que todos tenemos, sobre todo cuando se trata de supervivencia. Estaba tranquilo y quería irme con la familia, no necesariamente a trabajar en el negocio, lo iba a hacer, pero algo me decía que se trataba de algo temporal. Estaba seguro de que encontraría algo para mí. Además, estaría más cerca de la Ciudad de México y tal vez, por la cercanía, alguien me daría la oportunidad definitiva y sería más fácil llamar la atención de los monstruos mediáticos del país.

Agüitas, como le decimos de cariño a Aguascalientes, era más bien una ciudad tranquila y pequeña. No pasaba mucho, a excepción de la internacionalmente conocida Feria de San Marcos y, por supuesto, de sus fiestas taurinas. Las corridas de toros tienen un fuerte arraigo en esa zona del país. Nunca he comulgado con la práctica de esa suerte, pero tampoco soy un enemigo de aquellos que la ven con buenos ojos. Yo solo le haría algunos ajustes: si el toro sale desnudo al ruedo para enfrentarse al torero, sería más justo que el matador saliera igual, ¿no? Tal y como Dios lo trajo al mundo. En fin, en esa bella ciudad encontraría, sin saberlo, lo que nunca habría imaginado, y al mismo tiempo pasaría una de las etapas familiares más difíciles de mi vida. En ese momento me dedicaba de lleno a trabajar con mi padre en el nuevo negocio. Yo era una especie de administrador de almacén y me encargaba de contabilizar las existencias y de hacer los pedidos necesarios para cumplir con la demanda de decenas de diferentes medicinas; además de calcular costos y proyectar la partida mensual, de acuerdo con la demanda. No fueron muchos los meses que trabajé con mi padre y es que por más recomendaciones que le hacía y por más cálculos, proyecciones y cifras que le presentara, él siempre terminaba haciendo lo que quería. Y aunque éramos una sociedad anónima, en la que firmamos ante un notario mi padre, mi madre y yo, lo que sí no eran anónimas, sino todo lo contrario, eran las manías de mi viejo. Me desanimé mucho al ver que en realidad no servía de nada que yo estuviera ahí. No hacía ninguna diferencia si trabajaba con él o no. Hubo muchos roces y tensiones, así que un día decidí hablar con él y renuncié. ¡Qué risa me da ahora! «¡Renuncio!». ¡Qué ingenuo! No había nada a que renunciar. Tenía que aportar al ingreso de la casa. Había que pagar cuentas y yo no podía ser solo un gasto más y mucho menos cuando ya había demostrado que podía sobrevivir por mis propios medios. Así que mi padre aceptó «la renuncia» y aprovechó para sentenciarme: o conseguía trabajo para pagar parte de los gastos o no tenía dónde vivir, así de fácil. «Tú decides», me dijo. Por supuesto que era una cuestión de ego, lo fácil hubiese sido pedir ser recontratado, ja, ja, ja. Pero siempre he sido testarudo —por suerte— y mi decisión estaba tomada, por ningún motivo regresaría a trabajar en el negocio de mis padres. Cerré el capítulo y me encomendé a todos los santos para encontrar algo.

Mi primo Víctor vivía en la misma ciudad con sus padres y sus hermanas (su padre es el hermano de mi mamá) y fue a través de él que tanto mis hermanos como yo empezamos a conectarnos con gente de nuestra edad y a construir poco a poco una vida social. Simpático, vivaracho, con un gran don de gente, pero sobre todo con una facilidad de palabra que caía bien a todo el mundo y los hacía caer en sus redes. Víctor fue nuestro guía para navegar por las costumbres del lugar y entre la gente con más influencia del estado. Sabiendo mi situación en casa, en ese entonces, no dudé un instante en contarle a mi primo que necesitaba conseguir trabajo y que mi intención era conseguir algo en los medios de comunicación. Le dije que ya tenía experiencia y que venía de hacerlo por algunos años. Él estaba perfectamente enterado de mi desempeño, sobre todo por los dos ínfimos éxitos nacionales que había conseguido. Con mucho desenfado, me aseguró que conocía al hijo del gobernador, quien me podía recomendar con el director de Canal 6 de Aguascalientes. «¡Perfecto!», pensé. Habrá que ver quién es y qué posibilidades realmente existen dentro de todo esto. Estaba muy entusiasmado. Seguía buscando mi camino y ahora ya no era un don nadie —bueno, al menos eso pensaba—. Tenía cartas de recomendación de la agencia de publicidad en la que había trabajado con Víctor Rendón, no solo como creativo, sino también como locutor comercial de la agencia en la que fui socio con Alberto y quebró; pero eso no tenía por qué saberlo nadie. Y la más importante de todas, de acuerdo con la intención, la carta de XHDY-TV Canal 5, en la que el Chief asentaba que había sido presentador, creativo, productor y todo lo que se les ocurra agregar. Así que me quedé atento y en espera de que se lograra el contacto. No pasó mucho tiempo para que Víctor me trajera noticias y llegaron en el momento justo, porque la presión por parte de mi padre estaba ya muy densa. Tenía sí o sí que empezar a trabajar y a aportar dinero, al menos para cubrir mis gastos, entiéndase: mi porcentaje de luz, cualquier llamada telefónica, alimentos y demás gastos fijos.

Mi primo me pasó un recado del hijo del gobernador en turno, su nombre, Gustavo Granados, quien hasta el momento en el que escribí este libro era diputado local del PRI (el Partido Revolucionario Institucional). La instrucción era presentarme el siguiente lunes a las nueve de la mañana

Campaña de televisión para el INEGI (Instituto Nacional de Estadística
y Geografía de México), 1996.

con el director del canal, Ramón Papadopoulus, quien tenía el cargo oficial de director de radio y televisión de Aguascalientes. Sí, era un canal del Gobierno del Estado, pero era lo que había, y, a esas alturas del partido, tenía que jugar en el equipo que me diera la oportunidad. Además, yo no tenía muy claro el tema de la libre expresión dentro y fuera de los canales oficiales.

Una vez más la incertidumbre, la cama, el techo y mis sueños para con el futuro hacían sus numeritos conmigo. Nuevamente llegaba el planteamiento: la acostumbrada anticipación en la que analizaba los posibles escenarios. Los vivía mentalmente, los solucionaba y los almacenaba para hacer uso de cualquiera de ellos a la mañana siguiente. Mi madre entusiasmada con la noticia y mi padre, bueno, muy ocupado con el negocio, y creo que de nuevo desencantado por mi insistencia con los medios de comunicación. Así, ese día salí en dirección a RYTA (radio y televisión de Aguascalientes), y una vez más —como en antaño— a pie. Afortunadamente, quedaba muy cerca de mi casa y ya a las nueve en punto estaba frente a la puerta de la oficina del licenciado Papadopoulus. En esa ocasión estaba mucho más tranquilo; no había punto de comparación con aquel muchachito en Chiapas. Mi emoción no era tan grande y mi nerviosismo se había reducido al mínimo, lo que sí tenía era más ansiedad por resolver la incógnita. Creo que el sentirme capaz y un tanto experimentado, tanto en radio como en televisión, me daba la seguridad necesaria para no tener todas esas ráfagas emocionales que antes me invadían y con las que tenía que batallar para lograr enfocarme. A esta cierta seguridad se sumaba la presión de que tenía que volver a casa con la noticia de haber conseguido un trabajo y así quitarme de encima la presión de mi exjefe (o sea, de mi padre). En aquel momento de mi vida, la apariencia no me preocupaba. Venía de jugar con ella y de explotarla: mientras más estrafalario mejor para mi imagen en el programa de videos. Después de todo, ¿qué tenía de malo tener el pelo largo, una arracada en el oído y vestir una camiseta de alguno de los grupos de *heavy metal* de la época? Bueno, para mí no tenía nada de malo, pero creo que no era igual para todos, porque la cara con la que me miraba la recepcionista decía otra cosa. Aunque ya tenía mi experiencia con las recepcionistas cuando no era nadie. Además, venía recomendado por el hijo del gobernador.

Me senté cómodamente a esperar por mi entrada a la oficina del licenciado, mientras veía el monitor en el que se transmitía la señal del canal. Justo en ese momento estaba al aire una rubia que presentaba noticias, pero no tuve tiempo de prestarle mucha atención, porque enseguida la puerta de madera con alto relieve, parecida a la de las haciendas o a las de los jefes en las oficinas de gobierno, se abrió y de ahí salió el licenciado. Por el movimiento de sus ojos, me parecía que buscaba al «recomendado»; pero no lo vio. Al menos esa fue la impresión que me dio, porque después de mirarme de arriba abajo –y no de forma muy agradable– se dirigió a su secretaria y le preguntó: «¿Dónde está el de Gustavo?». Con una suave sonrisa y señalando con la mirada hacia mí, dijo: «Él es, licenciado». Ja, ja, ja. «Sí, ¡sorpresa! Soy yo, licenciado», eso pensé. ¿Qué, no era obvio? Solo estaba yo en la recepción, no había nadie más. Con una mirada sorpresiva, movió sus tupidos bigotes negros, frunció el ceño y, como haciéndome un favor, me dijo: «Bueno, ándale pasa». Ya había empezado con el pie izquierdo y no había ni abierto la boca. En ese momento, a lo único que le apostaba era a que al explicarle lo que había hecho en Chiapas entendiera el porqué de mi apariencia. Así que lo primero que hice, además de agradecerle su tiempo, fue entregarle el fólder con cartas de recomendación, el mismo que tomó y dejó a un lado, sin ver siquiera su contenido.

–Tú vienes de parte de Gustavo, ¿verdad?

–Sí, licenciado, así es.

–Él me dijo que eran muy buenos amigos, por eso te recibo.

¿Muy buenos amigos? Ni siquiera le había visto la cara. Es más, no había cruzado palabra en mi vida con el tal Gustavo, pero por supuesto que al licenciado le confirmé la gran amistad que me unía a él, y cómo no si era lo único que me separaba de la oficina y de la calle: «la recomendación», esta me mantenía aún con vida en esta reunión.

«Me dicen que vienes de Chiapas, ¿qué hacías allá?». Le expliqué que era presentador y productor de un programa de videos, además de locutor comercial; que sabía editar, musicalizar y que también podía operar cámaras y producir radio. Apenas iniciaba mi exposición de capacidades cuando abruptamente me interrumpió para preguntarme si había hecho noticias. ¿En serio, noticias? Pero es que no ve como estoy vestido. Con el largo de mi pelo, mi edad y mi vestimenta creo que era lo último que se le podría ocurrir a alguien, a menos que tuviera una amplia imaginación. Aunque prefiero creer, por el bien de todos en esta lectura, que el licenciado era un visionario. Sí, creo que eso es lo que mejor nos queda a todos. Desconcertado respondí que no, que nunca, aunque siempre tuve mucho contacto con el equipo de noticias. De mi experiencia con el Ejercito Zapatista de Liberación Nacional ni pensarlo, este señor trabajaba para un canal gubernamental y no sabía cómo se lo iba a tomar, así que me lo callé. Se suscitó un silencio incómodo y su respuesta enseguida rompió con todos mis esquemas y con todos los escenarios que me había planteado, analizado y solucionado la noche anterior. Nunca me habría imaginado la propuesta, aunque era algo que yo deseaba. La había visto muy lejana y por muchas razones, pero como si un genio me hubiese concedido mis deseos, me acercaba a lo que más anhelaba. Lo escuché y no le creía. Parecía estar muy cerca. El licenciado me dijo:

—Hagamos algo, vas y te cortas el pelo, te quitas ese arete y te pones un traje y mañana te espero y hacemos una prueba para el noticiario, ¿te parece?

Balbuceé un poco y respondí con todo el desconcierto que me asaltaba.

—Por supuesto que sí.

—Muy bien, entonces nos vemos mañana a la misma hora. Buen día y mucho gusto.

Eso dijo mientras se levantaba de su silla mostrándome el camino hacia la salida. Salí de la oficina totalmente desconcertado. ¿Qué era lo que ese hombre había visto en mí? ¿Qué le hacía pensar que alguien con mi apariencia podría ser un buen presentador de noticias? No era que me desagradara la idea, por el contrario, era la meta con la que había salido de Chiapas: involucrarme en el mundo de las noticias. Esa fue la razón por la que había dejado todo en el sur de mi país.

«¡Qué suerte! ¡Qué coincidencia!», pensaba mientras regresaba a casa, pero no podía cantar victoria, aún tenía que cambiar mi apariencia, y quién sabe si al verme con la «nueva imagen» que me había pedido seguiría pensando igual. Al llegar a casa, lo primero que hice fue pasar reporte de lo acontecido a mi padre, para calmar un poco los ánimos, y, por supuesto, para darle alguna alegría a mi madre, que sabía cuánto deseaba hacer de los medios mi forma de vida. En esa ocasión, me pareció que la noticia fue recibida de forma diferente, ya que se trataba de noticias y no de programas insulsos. No es que mi viejo hubiera pensado finalmente que se trataba de la mejor decisión. Él no entendía lo que se hacía en los medios. Estaba acostumbrado a otro tipo de trabajo. Aquel que implicaba esfuerzo físico, sudor, campo y animales y él no podía imaginar que estos elementos se encontraran en la radio o en la televisión. Aunque debo decir que los cuatro elementos que antes mencioné también se encuentran en los medios de comunicación.

La peluquería quedaba a unas cuadras de mi casa, así que me apresuré para llevar a cabo mi primera asignación: corte de pelo. «¿Cómo lo quiere, joven?». ¿Cómo lo quería? Lo quería para hacer noticiarios; y esa fue mi respuesta con una interrogativa: «¿Has visto como lo usan los que dan noticias?, así lo quiero». El peluquero me miró raro y solo atinó a decirme, «¡Ah!, cortito entonces». Por supuesto que mientras él cortaba mi pelo, mi mente ya se había trasladado a los noticiarios nacionales. Sentía la necesidad de mucha información. La referencia más cercana que tenía con respecto a noticias había sido durante el conflicto armado en Chiapas, y, por supuesto, a las innumerables veces que había pasado observando al maestro García del Pino haciendo el noticiario. Sería radical el cambio de actitud frente a la cámara, diametralmente opuesto a lo que yo manejaba con toda confianza. Ahora se requería seriedad, claridad en los textos, postura erguida y que fuera pulcro y culto. Tenía un poco más de quince horas para entender y adoptar la dinámica o al menos acercarme al trabajo en cuestión. Sabía que podía ser un buen reportero, ya había hecho reportajes para la radio con las investigaciones sobre suicidio, chavos banda y demás que me habían encomendado, pero era trabajo en la calle, no al frente de una cámara en el estudio. Me esforzaba por ubicarme ahí, mentalmente en el estudio, con un escritorio de por medio y la cámara, pero me costaba mucho trabajo, dudaba de mí. Creía que era mejor llegar al día siguiente y proponerle que me contratara como reportero de calle: ese era mi fuerte. La calle era mi aliada, la conocía muy bien. ¿Qué hacía?

Por lo pronto, salir corriendo de la peluquería para llegar a casa y ver todos los noticiarios y programas que se acercaran a ese formato.

Al llegar a casa, me senté frente al televisor y de inmediato inicié una búsqueda con el control remoto. Navegaba por los canales de televisión y me detenía un momento cuando algún programa me llamaba la atención; pero no era lo que buscaba. Aún no era la hora de los noticiarios nacionales, sin embargo, en mi búsqueda me topé con un programa muy popular en México en aquella época. Era un programa de denuncia y labores sociales. Tenía altísimos niveles de audiencia y su presentador tenía un estilo muy particular: era duro, concreto, respetable, íntegro, confiable, comprometido, de palabra, al menos eso era lo que proyectaba. Sus gestos, intenciones, tono de voz y lenguaje no verbal eran coherentes con el formato y sin duda «llenaba el cuadro». Así se dice en televisión cuando el presentador tiene el peso para ser el eje central y capturar la atención del televidente. Decidí ver el programa de principio a fin y analizaba segundo a segundo. Era muy interesante ver cómo el conductor se permitía mostrar enojo en la pantalla y, en ocasiones, verlo rozar el límite aceptable, sin cruzar la línea de tolerancia con el televidente. Como parte del formato, había varios corresponsales en diferentes puntos y él siempre se proyectaba y se percibía como el general a cargo del batallón. Otra de las características en las que me fijé era en su manejo de la información. Estaba bien informado sobre todo lo que hablaba. Conocía hasta el más mínimo detalle y lo daba a conocer sin quitar la vista de la cámara que lo enfocaba. «¡Qué memoria!», decía yo. «¿Cómo hace eso? ¿Cómo lo hace?». Pocas veces lo vi bajar la mirada para consultar alguno de los papeles que tenía sobre su escritorio. ¡Uf!, recordar los nombres de todos los corresponsales, toda la información y, encima de todo eso, hacía pequeñas entrevistas con los protagonistas de las historias. «Mis respetos», decía yo, al tiempo que me iba haciendo cada vez más pequeño en relación con mis aspiraciones. Mentalmente, lo que antes se levantaba como un muro de ladrillos frente a mí para lograr mi objetivo, ahora se empezaba a levantar más como un sólido muro de concreto. ¿Qué haría? Aún tenía la esperanza de que las habilidades aprendidas y desarrolladas me alcanzaran para acercarme al puesto.

Caminé como zombi por la casa de un lado al otro. Subía y bajaba las escaleras inmerso en mis pensamientos, y, como si mi mente fuera una reproductora de vídeo, repetía una y otra vez los momentos más importantes de lo que acababa de ver en televisión. Balbuceaba repitiendo algunos de los segmentos y me adueñaba de ellos. Hacía la transferencia a Fernando en el mismo estudio, en vivo, y adoptaba la responsabilidad, en pocas palabras, me situaba virtualmente como el presentador del espacio e intentaba desde mi trinchera reproducir segundo a segundo lo que había visto. Por supuesto haciendo los ajustes pertinentes, tampoco se trataba de ser un imitador. Mis padres y mis hermanos me miraban extrañados, intrigados. «Y este, ¿qué hace?». Mientras, yo me encontraba en ese túnel de concentración que un día descubrí, cuando logré conectarme solo con el micrófono, ignorando cualquier otra cosa a mi alrededor.

Entre ensayos y frustración, por varias fallas que detectaba en mi desempeño, llegó la noche, y mi padre con un café en la mano se sentó frente al televisor, eso me indicaba que era la hora de los noticiarios. ¡Qué descubrimiento! Era la primera vez en toda mi vida que tomaba consciencia de esa costumbre de mi viejo. Siempre se sentaba a ver los noticiarios y nunca antes me había percatado de ese detalle. Era sumamente importante lo que ocurriría al día siguiente. El reto representaba aún más de lo que pensaba. Esa podía ser la llave que abriera la puerta para que él —mi padre— me percibiera de forma diferente, para ganarme su respeto como profesional de los medios y para que me tomara en serio. No solo se trataba de seguir en la búsqueda de mi futuro, estaba también en juego mi futuro con él; con el más estricto e íntegro de los profesionales que he conocido en toda mi vida. Este detalle era un extra que me motivaba en esa ocasión, y, por supuesto, la densidad del motivo se elevaba al cuadrado. Era el umbral para hacer algo por mi gente, por mi país, por mi familia y, sobre todo, por la relación con mi padre. Me senté junto a él en el piso y vi de reojo que me miraba con extrañeza. Nunca me había sentado a ver el noticiario con él, y justo antes de que se iniciara la emisión opinó: «Ahora sí pareces gente decente con el pelo corto». Íbamos por buen camino.

Luces, cámara y acción. Comenzaba a sonar la música institucional de uno de los noticiarios nacionales y al mismo tiempo se activaba mi visión de túnel y mi cerebro se convertía en una grabadora, computadora y todos los «ora» que se les ocurra. La animación de entrada: una toma abierta, el presentador leyendo unas hojas –o al menos eso parecía–, cambio de cámara y tiro cerrado a las buenas noches.

Examinaba el noticiario nota tras nota. Tonos, matices, actitud, mirada, postura era una esponja que absorbía la mayor cantidad de información posible y cuando llegó el primer corte comercial dije, «Papá, ¿lo puedes pasar al otro noticiario, al de la competencia?». Mi viejo no dijo nada, tomó el control remoto y cambió de canal. Ahí había otro presentador, otro estilo, mismo formato, misma actitud, misma postura, misma dinámica, mismo casi todo. «Mmm... no son tan diferentes el uno del otro. Tal vez el tono de voz. Uno gritaba, el otro no, pero fuera de eso, todo era casi igual. Eran réplicas con diferentes trajes. Tomé el control remoto y cambié de nuevo al noticiario inicial. «Sí, efectivamente no veo mucha diferencia. Eso es monótono. El trabajo del presentador no es gran cosa», pensaba, es decir, no es que fuera poca cosa, era simplemente que no veía nada diferente en la forma como presentaban las noticias. Algo no me convencía. Era como una ausencia de autenticidad, de personalidad, de identidad. ¡Sí! Esa era la palabra: identidad. Ese sello único, inigualable, irrepetible, como huella digital, eso era lo que faltaba. Aunque me daba cuenta de que sus estilos eran diferentes, al mismo tiempo no lo eran del todo. Estaban acartonados. El distintivo de uno era el volumen de su voz al presentar y el del otro, la seriedad con la que iniciaba el noticiario. Fuera de eso, lo que marcaba la real diferencia eran los contenidos, los reporteros, los que hacían las historias y caminaban las calles –de nuevo las calles–. Tenía entonces dos opciones: como ya les había dicho, la primera de ellas era ofrecer mis servicios como reportero, a ver si lo aceptaba el licenciado, y la segunda, encontrar una fórmula en la que no fuera solo un cartón a cuadro. Pero ¿cómo lograrlo? El análisis se lo dejaría al techo y a la cama de mi habitación, como siempre lo hacía. Creo que hasta el día de hoy no he entendido que lo que se debe hacer es dormir. Ahí estaba por millonésima vez, con la mirada clavada en el techo, iluminado por la tenue luz del alumbrado público, que se encontraba frente a mi ventana. En realidad, no miraba al techo, era solo una forma de fijar mis ojos para poder reproducir algunas imágenes capturadas durante el día o para crear mis propios escenarios. La película de esa noche en mi cine privado era *Fernando en la silla*. Un estudio oscuro, solo con una luz que apuntaba hacia mí, y que venía de detrás de un escritorio, y la cámara. Esos eran todos los elementos de la superproducción.

—Tres, dos, uno... ¿Qué tal?, buenas noches. Les saluda Fernando López. Hoy el Gobierno del Estado... Otra vez. Tres, dos, uno... ¿Qué tal, cómo están? Buenas noches y gracias por acompañarnos. Les saluda Fernando López. Vamos a los titulares. No, no. Una vez más. Tres, dos, uno... Soy Fernando López y estas son las noticias... Demasiado seco y acartonado. ¿Qué puedo ofrecer que no se haya visto ya? Espera, espera ¿y si logras ser un poco más auténtico... más tú, sin dejar de ser serio? ¿Cómo sería? A ver. Tres, dos, uno... Buenas noches les saluda Fernando López, bienvenido al noticiario. Les tengo buenas y malas noticias, pero créanme todas son importantes. Por ejemplo... (corren titulares). Me gustó, sí, sí, sí me gustó. Creo que es más personal, es más cercano. Y el resto del noticiario, ¿qué harás? Pues, ya veremos sobre la marcha. Buenas noches.

Salió el sol, mente en blanco, baño, café... «Corre que llegas tarde», así inició ese día que me colocaría en la universidad más estricta y amplia sobre periodismo y producción. Antes de salir, entró una llamada de mi primo para preguntarme que si pasaba por mí y me llevaba al canal. La oferta me caía de maravilla y, además, me daba un pequeño respiro para iniciar mi proceso de preparación, el mismo que utilizo hoy en día en cada proyecto y en el día a día. De nuevo me imaginaba en el estudio listo para arrancar el noticiario. La luz y la cámara frente a mí, nada más. Repasaba mis líneas casuales, las que según yo eran más personales y más cercanas a la teleaudiencia. Inevitablemente, mi mecanismo de supervivencia comenzaba su proceso. Mi pulso se aceleraba. Sentía mariposas en el estómago. Para muchos lo que sería nerviosismo. Para mí es que mis sentidos están en alerta y es justo lo que se necesita en estos casos.

Ya ataviado con el único traje negro que tenía, camisa y corbata, como me lo indicó el licenciado, subí al carro de mi primo, le di las gracias y le pedí que se las extendiera a Gustavo. No recuerdo haber hablado mucho con él en el camino. Creo que estaba demasiado ocupado preparándome para lo que me esperaba. Más rápido de lo que hubiera querido, llegamos al canal. Me bajé del auto y con un «¡buena suerte!», Víctor me despidió. Cuando entré al pasillo principal, y justo cuando me acercaba a la recepción de la oficina principal, vi salir agitado al director general con quien tenía la cita. Parecía que se dirigía a la redacción cuando se percató de mi presencia y me pidió que lo siguiera. Él siempre fue —como diríamos en México— muy mandón. No preguntaba, siempre te decía qué hacer. Por supuesto, lo seguí entre escritorios, máquinas de escribir y mucha gente que me miraba con un signo de interrogación en sus rostros. El licenciado llamó a un joven, el cual me dio la impresión de ser uno de sus brazos derechos o su «IBM» (nombre que se les confiere a los mandaderos y que, dada su fonética, obtiene su origen del inicio de la frase «y veme a traer esto»), y le dio instrucciones para que me hiciera una prueba en el estudio de noticias, que me grabara y que luego le avisara cuando todo estuviera listo. Eso fue todo. ¡Ah! y una observación, «Cambias mucho con el pelo corto». El único comentario directo que recibí esa mañana por parte de Ramón. El encargado de hacerme la prueba fue muy amable. Me pidió que esperara un momento y me dio un fajo de papeles. Los miré. Eran guiones del noticiario. Muchos, demasiados, pero tenía la esperanza de que me diera el tiempo suficiente como para estudiarlos y aprendérmelos. ¡Qué iluso! Me quería aprender todo un noticiario antes de grabar. Caminamos hacia el estudio y una vez allí divisé luces, cámaras extrañas, cada una con un espejo al frente, escritorios, una penumbra (propia de las luces que puntualmente iluminan solo sectores) y un techo alto —muy alto— con decenas de luces. Me quedé perplejo. El equipo y las dimensiones superaban por mucho aquel espacio en Canal 5 de Chiapas. Estaba a otro nivel, al menos en ese momento fue lo que pensé, ya luego los años me dejarían saber que ese estudio seguía siendo un lugar pequeño. Pero lo importante para mí era pasar la prueba, lo que me aseguraría un puesto en un canal con mayor alcance a nivel nacional. Claro que, a nivel humano, hoy sé que nada se compara con lo vivido en Chiapas, lo que supone una de las grandes añoranzas de mi vida. Eran tan dignos, honestos, respetuosos, humildes e integrados... un equipo ¡irrepetible!

El joven que me acompañaba me pidió que lo esperara. Ese era el momento oportuno para estudiar los guiones, así que me senté en el escritorio y acomodé los papeles para irme acostumbrando al entorno e ir familiarizándome con los elementos a mi alrededor. De inmediato, me puse a leer una hoja tras otra hasta terminar el fajo completo. Ahora ya tenía conocimiento del contenido, en términos generales, solo faltaba memorizarlos. Muy concentrado —como si fuera lo único que existía en el mundo— leía y repetía. Y cuando olvidaba alguna parte, golpeaba de nuevo la hoja con la mirada y continuaba. Y es que el señor García del Pino, convenientemente, me había enseñado una técnica de lectura para no estar con la vista pegada al papel y poder permanecer la mayor parte del tiempo mirando hacia la cámara. Se trataba de poder captar con un golpe de vista, al menos, tres líneas del guion y decirlas en cámara. Esta forma de apoyarse en el guion escrito era muy efectiva. Nada fácil, pero efectiva, ya que la percepción de quien estaba al otro lado de la cámara era que el presentador ya sabía la información; y cada ojeada parecía una breve consulta sobre algún dato en específico y no daba la sensación de que se estuviera leyendo todo el contenido. Ya tenía varias líneas memorizadas y cuando alguna palabra se me olvidaba, la sustituía por otra que no afectara en nada el sentido de la nota. Aún me faltaba mucho texto por aprender y me sentía muy presionado. Necesitaba al menos media hora más para saber de memoria el total de notas que me habían entregado, y, como maldición, justo cuando calculaba el tiempo aproximado que me tomaría aprenderme el resto, la voz de este joven me interrumpió:

—¡Listo, Fernando! Por favor colócate el micrófono que está ahí en el escritorio y comenzamos cuando quieras.

«¿Cuándo quiera? Pues... ¿qué te parece en media hora, para que me pueda aprender todo lo que me dieron?», eso fue lo que pensé. Pero como siempre, no quería ceder terreno ni parecer un novato y me dije, «Bueno pues, aplica la técnica y a ver cómo te va». Me coloqué el micrófono, me acomodé en la silla, la subí y la bajé hasta conseguir una elevación cómoda, en la que pudiera apoyar mi codo sobre el escritorio; pero todo se sentía extraño. Todo estaba como fabricado. Era como de mentira: la silla, mis posiciones, el set... Por supuesto era un estudio de televisión con todos los fierros, no como al que yo estaba acostumbrado. Pues bien, el escenario lo conformaban un camarógrafo, detrás de la cámara, el joven que me acompañó al inicio y una tercera persona que estaba parada a un lado de la cámara y que me observaba con mucha atención. «¿Este quién es?», me preguntaba. «¿Por qué me mira tan fijamente? ¿Y qué hace parado al lado de la cámara a la que voy a dirigirme?». ¡Qué incómoda situación! «Visión de túnel recuerda, visión de túnel», me dije y recordé a Pedro diciéndome, «Solo están el micrófono y tú».

—Estoy listo. ¿Qué quieres que haga?

—La presentación del noticiario, al menos el primer segmento hasta anunciar el corte comercial.

Esa fue la indicación.

—Bien, cuando quieran —dije.

Miré hacia lo poco que se dejaba ver del camarógrafo, detrás de la cámara gigante, en busca de su mano para ver el acostumbrado conteo regresivo, cuando de repente el sujeto que estaba a un lado, y del que aún no sabía por qué estaba ahí, gritó:

—Prevenidos en cinco, cuatro, tres...

¡Qué brinco pegué yo cuando lo escuché! Ahora me provoca mucha risa, pero en su momento me dio una vergüenza terrible. Todavía no había empezado y yo ya había brincado en la silla. Entre risas y un poco de pena, pedí perdón y les dije:

—¿Podemos volver a empezar? Es que me asustó el conteo.

¿Me asustó el conteo? ¿Así o más novato? ¿Qué barbaridad había dicho? ¿Qué se podía esperar de alguien que se asustaba con el conteo? Que, por cierto, venía de quien más tarde descubriera era el jefe de piso o *floor manager* y quien tenía por función, precisamente, llevar conteos, además de advertir a los presentadores y señalar las cámaras. Ese era el misterioso personaje. ¡Vaya, vaya! Una persona solo para eso. ¡Increíble!

Después de ese bochornoso incidente y de unas cuantas miradas intercambiadas entre los presentes, como poniendo en duda que pudiera hacerlo o que tuviera la experiencia necesaria, reiniciamos el conteo. Di la bienvenida que había ensayado la noche anterior y empecé a cruzar el umbral de los quince segundos. Tenía que superarlos, porque ya la pierna, aunque apoyada en la silla, me empezaba a brincar sin control.

Corrieron los titulares y caímos en la primera nota. Mi pulso volvía a su normalidad: había superado los terribles quince. La primera nota la hice de memoria, con dos o tres cambios en la redacción, con palabras coloquiales y un tono de voz controlado y formal; pero más relajado que el promedio o el que se acostumbraba a usar en los medios nacionales. Ya estaba en sintonía. Pasamos a la segunda historia de memoria y de pronto se me olvidó el resto del guion. «No importa, así sobre la marcha sin que se note, un golpe de vista, tres líneas... continúa. Sigue lo mismo. Otro golpe de vista y tres líneas más. Estás haciéndolo bien. Llevas más tiempo en cámara que en el papel. ¡Bien hecho!». De repente alguien gritó:

—¡Corte!

«¿Qué pasó? ¿Qué demonios hice mal? ¿Por qué cortamos? A ver, repasa, repasa, ¿qué hiciste mal? ¿Habrá sido el tono? No, de seguro fue la actitud. Tienes que ser más serio, más de cartón... ¿qué sería?». Lo siguiente que escuché fue:

—¿Por qué estás leyendo?

Grabación de noticias para Canal 6 de Aguascalientes, 1996. Captura de video en formato VHS.

—Es que no me dio tiempo de memorizarlo todo, pero solo estoy guiándome para no equivocarme —respondí asustado.

—¿Memorizar? ¿Qué te quieres aprender todo el guion de memoria?

—Pues lo más que pudiera, pero es que no me dio tiempo.

A mi respuesta les siguieron unas carcajadas de los tres: camarógrafo, *floor manager* y mi amable guía.

—No, no. Eres muy bueno, pero no tienes que memorizarte nada. A ver, déjame ver.

Entonces, ¿qué pretendía que hiciera? No podía leer, no tenía que memorizarme nada y entonces qué... ¿mímica o cómo?

—¡Ah!, con razón —dijo el *floor manager*—. Perdona, es que el *prompter* estaba apagado.

«¿El qué? ¿Con qué se come eso?». ¡Clic! A un lado de la cámara se prendió un pequeño foco rojo y de pronto en el extraño espejo que se encontraba frente a la cámara aparecieron letras. «¿Letras? ¿En la cámara? Pero ¡qué locura es esta! ¿A quién se le ocurrió? ¡Letras iluminadas en la cámara! ¿No me digan que todo lo voy a leer ahí? ¡Qué vagancia! Esto es lo más fácil del mundo», pensé. Nunca en mi corta trayectoria (si se le podía llamar así) había utilizado un aparato como ese. Siempre había confiado en mi memoria o en mi capacidad de improvisación. Entonces, ¿se supone que tan solo lea? El alivio que experimenté aún no lo puedo explicar. Era lo más parecido a quitarte una piedra de los hombros; pero al mismo tiempo fue un desencanto. Había descubierto que lo que yo percibía como las memorias privilegiadas de los «grandes» en los medios, no eran otra cosa que el espejito ese. Bueno pues, para mí esto sería pan comido y debo confesar que un poco aburrido también.

—Cuando quieran señores; estoy listo.

—¡Tres, dos...!

Hasta mi nombre estaba escrito en la pantallita esa para que no se me fuera a olvidar y es que no es broma, pero he visto a más de uno en televisión nacional decir que son otros (ja, ja, ja) y no los que deben ser.

Inicié la lectura con toda comodidad y ahora usaba toda esa energía para cuidar mi entonación, mis posturas, expresiones, pausas, matices y actitudes. Y, por si fuera poco, la pantalla con los guiones se movía sola y a mi ritmo. Como mantequilla en pan lo dije todo de corrido. De principio a fin sin un solo error. Relajado, seguro y fresco y sin caer en la imagen de cartón. Traté de decir las noticias de forma hablada y no leerlas, a eso se le llama lectura de primera intención, donde se trata de interpretar lo escrito de la forma más natural y asemejarlo a una charla de la vida real. Así traté de hacerlo, como si estuviera platicando, contando, narrando... no leyendo las noticias. Creo que mi desempeño fue todo un éxito, porque en cuanto finalicé hubo un silencio, y el dedo pulgar de mi *floor manager* apuntaba hacia arriba, mientras me miraba con admiración. Acto seguido, mi guía y encargado me dijo:

—¡Excelente! ¿Cuántas veces lo habías hecho? Eres muy bueno para leer el *teleprompter*. Nunca se notó que estuvieras leyendo. Era como si lo supieras todo, como si estuvieras platicando.

—Esta fue mi primera vez —le respondí orgulloso.

—Tengo que enseñarle la cinta al licenciado —dijo.

Pensé que ya me podía ir a casa y que me avisarían en la semana, así que les di las gracias a todos y me despedí.

—Espera, espera, ¿a dónde vas? No te puedes ir. Le voy a enseñar la cinta al licenciado ahora mismo.

Vaya, vaya, ¡qué premura! ¿No podía esperar? ¿Tenía que ser ya? Parece que lo hice bien, pues sí, creo que lo hice bien. Me quedé de pie en la redacción, en la salida del estudio, en donde era asediado por las miradas curiosas de unos cuantos, mientras me tomaba el tiempo de revisar el lugar. Me llamó mucho la atención la altura de los techos en las oficinas, por supuesto que había una razón para ello y es que las instalaciones formaban parte de lo que antes había sido una hacienda. En esas estaba, perdiendo la vista en los detalles arquitectónicos o, si prefieren, evadiendo las miradas de los demás, para disimular el nerviosismo ante la interrogante de qué pasaría después de que el jefe viera mi prueba en vídeo.

No pasó mucho tiempo para que la puerta de la oficina del licenciado se abriera. Se asomó mi guía y con una seña me dio a entender que pasara. Así lo hice. El licenciado estaba en medio de una llamada y ni siquiera se volteó a mirarme. Yo no sabía qué pasaba, pero el muchacho que estaba al pie del escritorio sonreía en señal de que todo estaba bien. La llamada telefónica finalizó y el bigote, de quien sería mi futuro jefe, apuntó en mi dirección, mientras su mano me invitaba a tomar asiento. Mi guía salió de la oficina dejándome solo con quien, sin saber, daría el silbatazo de inicio en esta carrera en la que hoy he pasado más de la mitad de mi existencia.

Frío, seco y como si por cada palabra suya se tuviera que pagar cuota, el licenciado me preguntó directamente cuándo podía empezar. Sin perder un segundo le respondí, «Cuando usted quiera». Como era de esperarse, cometí el primero de los errores que cometen los novatos: dejé ver mi desesperación por trabajar, sin antes acordar los temas de sueldo, prestaciones, horarios... en fin, de todas esas cosas que se deben hablar cuando es evidente que hay un amplio interés por tu trabajo; pero eso era parte del aprendizaje. Me tomó muchos años aprender a valorar, en términos económicos, mis capacidades y conocimientos. Creo que, hasta la fecha, aunque soy mejor, aún, aún no sé venderme. Para eso existen los agentes.

En fin, las siguientes palabras fueron las que más de una vez ya había escuchado: «No tenemos mucho presupuesto, pero puedes aprender mucho. Es muy poco dinero el que te puedo ofrecer». ¿En serio? ¡Qué novedad! Ya sabía que ese enunciado venía por ahí. No importa el nivel profesional que se tenga, siempre escuchamos lo mismo. Creo que sí hay una constante, y no solo en el negocio de las comunicaciones, y es que nunca hay suficiente presupuesto. Al menos a mí nunca me han dicho, «Fernando, tenemos el dinero que quieras, pide». Sería genial, pero es irreal.

La propuesta era comenzar en el noticiario de la noche y es que, a diferencia de lo que ocurre en el ámbito nacional, el noticiario principal era el matutino y no el vespertino. Así que en ese horario no se corría tanto riesgo con el novato, o sea conmigo. Por supuesto acepté la corta y pobre negociación. El objetivo era entrar y ya lo había conseguido. Una vez dentro vería la forma de crecer.

Al fin podía llegar a casa con la frente en alto: tenía trabajo. Estaba oficialmente contratado por Canal 6 de Aguascalientes y ¡en un noticiario! «¿Cambiará la percepción en casa? ¿Dejará mi padre de pensar que se trataba de un juego o de una pérdida de tiempo?». Ya lo descubriría al llegar, pero antes de salir de las instalaciones —como buena empresa de comunicaciones—, la información ya había corrido como pólvora por los pasillos, mientras yo «negociaba» (o regalaba) mi contratación. Ya el «radio pasillo» había anunciado, de forma clandestina, que el foráneo que había llegado estaba contratado y que se sumaría a las ya establecidas y conocidas caras de noticias de la cadena. No me malinterpreten, era un gran logro y todo un honor, pero al mismo tiempo no es que fuera la cadena de noticias más reconocida de México, de la región, del estado o de la ciudad, no, era el canal de noticias del Gobierno del Estado, en otras palabras, lo que se traduciría en una línea editorial impuesta. Televisión propagandística de logros y avances del Estado, de los servicios sociales, de la imagen del gobernador y un mecanismo de apoyo político al partido en el poder, etc. La única diferencia importante era que el presupuesto no era tan pobre. Bueno, el mío sí, pero en términos de recursos, de estudios y demás herramientas no lo era. Porque ese gobierno en particular entendía la importancia y el alcance de los medios de comunicación y la necesidad de tener esa plataforma de su lado para la construcción de una imagen, además del balance para enfrentar a la prensa libre y sus críticas o reportes adversos sobre el gobierno. Una práctica nada nueva hoy en día, pero en aquella época era un gobierno revolucionario en ese sentido. Me atrevería a decir que un poco adelantado a su tiempo. No buscaba pactar con los medios privados como se hacía a nivel nacional, no, mejor manejaba su propio frente mediático.

Así pues, conocí los diferentes estudios y a algunos de los compañeros con los que compartiría durante mi estancia en Canal 6. El encargado de darme el *tour* y de presentarme ante el resto de mis compañeros fue el mismo joven que me acompañó durante mi prueba de cámara. El recorrido fue sumamente incómodo, porque la actitud de aquellos a quienes conocía era más que de gusto de incredulidad, de duda, de resistencia a aceptar que estuviera ahí porque sabía del negocio. En términos generales, la percepción era que había ingresado por recomendación de algún político influyente y, con toda justicia, no estaban equivocados. Pero una cosa no necesariamente significaba la otra, es decir, sí me había recomendado alguien vinculado al gobierno, con influencia en las altas esferas, pero también sabía del negocio. Para ser honesto, fueron pocas las bienvenidas sinceras que recibí. Creo que también había un pequeño factor de temor, por el hecho de que mi llegada pudiera representar la salida de alguien. Afortunadamente, eso no ocurrió y digo afortunadamente porque eso hubiese hecho mi vida miserable.

La estructura del edificio, como ya lo había notado antes, era la de una exhacienda, por lo que la disposición de salas de edición, oficinas y producciones resultaba extraña. Eran habitaciones preparadas para funcionar como espacios de trabajo. Me imagino que lo que una vez fuera la sala del lugar ahora serían los estudios. Creo que donde estaban dos de los principales: uno del noticiero matutino y otro del vespertino. Además, había un teatro estudio maravilloso, al menos para mí lo era. En cuanto a equipo y tecnología, todo era más grande y mejor de lo que yo conocía. También había muchas más personas trabajando, más islas de edición; no solo una cabina que funcionaba también como cuarto de control. Definitivamente estaba a otro nivel. Además, para sorpresa mía, justo al lado derecho de la entrada, había otras oficinas en las que estaba la división de radio, y desde ahí se transmitía en vivo. ¡Genial!, había radio. Mi pasión más grande. En algún momento tenía que poner un pie allí: lo intentaría. Una vez más, el panorama se ampliaba. En mis pensamientos ya planeaba tomar por asalto al canal y adueñarme de los espacios, por pequeños que fueran. Era la única forma de seguir creciendo.

Después del recorrido y de llenar no sé cuántos documentos para mi contratación, prestaciones y formas de pago se me asignó mi horario y día de inicio en el noticiero vespertino. Salí hacia mi casa con la sensación de que las cosas cambiarían para bien y consciente de que tenía un gran reto. No me preocupaba mucho lo que tenía que hacer en términos del noticiario. Mi primer objetivo era convencer a todos los incrédulos que había conocido y, sobre todo, a dos o tres que, incluso, después de revisarme de arriba a abajo con su mirada, se rieron de mí. Les demostraría que no era ningún improvisado y que su primera impresión era equivocada. ¡Y vaya que tuve que convencer! Pero el precio valió la pena, y quienes al inicio fueron mis más grandes críticos, después se convirtieron en mis más grandes aliados y amigos.

Cuando llegué a casa, la seguridad con la que había entrado por la puerta se estrelló de inmediato con la incredulidad de mi padre sobre cuán serio podía ser trabajar en la «tele». Volví a chocar con ese muro que nos dividía. Después de todo, era un hombre de trabajo duro, de sudor, de tierra, de campo. Mi padre siempre entendió el trabajo como algo físico y no concebía el trabajo en el mundo de las ideas y las palabras. Después de todo, cualquiera podía hacerlo: hablar. Era algo que no entendía, porque él, además de ser ese hombre que creía en el esfuerzo físico, era un gran intelectual con maestrías, doctorados y una cultura general impresionante. Todo cambió con el paso de los años y con los logros de lo que ahora puedo llamar mi carrera. Él entendía que estudiara comunicaciones, pero no entendía que mi trabajo fuera comunicar. ¡Vaya dilema! Yo no sabía cómo explicárselo.

El acontecimiento de mi contratación en Canal 6 no pasó desapercibido, pero tampoco fue motivo de celebración, por el contrario, fue como un cheque de garantía para ayudar con los gastos de la casa, pagar mis llamadas telefónicas, etc. Así que mal no cayó. Al parecer, mi madre estaba demasiado ocupada lidiando con la economía de la casa y con el negocio de mi padre, quien tuvo a bien hacernos socios a todos en la casa. Así que, con estas condiciones y con mis dos hermanos, aún muy jóvenes, la que cargaba con todos los encuentros y desencuentros del negocio familiar era mi madre. Yo me desconecté hasta donde pude y me dediqué a lo mío: las comunicaciones.

ENTRE LA ESPADA Y LA PARED

Llegó mi debut en el noticiario vespertino y por supuesto que en esas primeras emisiones no estuve solo. Nadie en su sano juicio arriesgaría su espacio al aire con un foráneo recién contratado, así que ese día me acompañó a quien llamaré Ivette. Ella siempre fue amable y muy profesional conmigo: algunas veces un poco impersonal y otras veces fría, pero de ninguna manera grosera. Era su forma de no establecer ningún tipo de vínculo amistoso conmigo —eso creo—, o tal vez era por la diferencia de edades: yo era muy joven y nuestras visiones eran completamente diferentes. Eso poco a poco se fue extremando, pero no solo con ella, sino también con el canal, sus contenidos, intereses y línea editorial.

La primera emisión fue como un paseo por el parque, todo estaba ya escrito por el redactor a cargo. En mi caso, escribir no era uno de los requisitos o, mejor dicho, no estaba autorizado para escribir las notas. Sí tenía que leerlas todas antes de salir al aire y si pensaba que algo debía cambiarse tenía que comunicárselo al redactor, quien era el responsable de la nota, en pocas palabras, no podía «meter mano» en los contenidos. Ivette, por su parte, tenía un poco más de participación, no mucha, pero al menos un poco más en cuanto a contenido. Las primeras semanas, Ivette fue mi compañera de escritorio, pero eso no duró mucho, porque para serlo tendría que cumplir con doble turno, ya que ella también era la presentadora del noticiario matutino: el noticiario estelar. Así que, de un día para otro, me anunciaron que ella ya no estaría más conmigo y que tendría que hacer el programa de noticias yo solo, cosa que, honestamente, no me inquietó, por el contrario, fue algo que tomé como un mérito. Me había ganado la confianza de los jefes y, por fin, me habían concedido la responsabilidad.

Pasaron las horas, los guiones e innumerables noticias, ninguna de ellas que hoy recuerde con interés. No quiero decir con esto que las noticias no me interesaban, por el contrario, pasaba los días pegado a los canales nacionales leyendo periódicos y escuchando la radio; pero ya no era el mismo novato de años atrás y era claro y evidente que los noticiarios del canal eran una agencia de noticias del Gobierno Estatal. No había nada negativo, todo eran logros y algunas noticias nacionales que eran las principales. De vez en cuando, aparecía alguna con tintes políticos y que, casualmente, involucraba a la oposición. Yo lo tenía muy claro: no pensaba quedarme ahí. No iban a coartar la libre expresión, la libre prensa, no en mí al menos; pero como dicen por ahí «de héroes están llenos los panteones». Así que tenía que desarrollar una estrategia y ver hacia dónde me podía mover dentro del mismo Canal 6 o fuera. La pregunta era: ¿Cómo? ¡Si no pasaba nada! Sin embargo, no tuve que esperar mucho para que algo sucediera. De nuevo, la suerte me sonreía. Resulta que dentro de la estructura del departamento de noticias, el Gobierno del Estado contaba con un presentador asignado, que le haría todas las entrevistas al gobernador. Nadie más que no fuera esa persona podía sentarse a hacerle una entrevista a él. Casualmente, la asignada era Ivette. Las entrevistas con el jefe del Ejecutivo estatal ya estaban, en su mayoría, pautadas en el calendario de todo el año. Sin embargo, en esa ocasión, por alguna razón de carácter urgente, el equipo de prensa del gobierno decidió que se tenía que hacer una entrevista de emergencia. Para mi suerte, Ivette estaba de vacaciones, ya que no estaba en agenda una entrevista para esas fechas, así que ella, con toda tranquilidad, se aventuró a salir del país. No había manera de que ella llegara a Aguascalientes para cumplir con el cometido, por lo cual, de inmediato, me convertí en la mejor opción. Era una magnífica oportunidad para destacarme, pero al mismo tiempo significaba un gran riesgo. Ya había tenido la oportunidad de ver cómo se llevaban a cabo las entrevistas y lo que vi no era de mi agrado. La dinámica y el interés de las preguntas dejaban ver claramente que habían sido convenidas con anterioridad, y yo no podía prestarme a algo así. Mi ética, mi dignidad, mis principios, mi compromiso, mis valores y —por qué no decirlo— mi ego no me lo permitían. De nuevo, la vida me había puesto frente a una encrucijada que podría cambiar mi vida. Tenía dos opciones: ir con la corriente o ir como salmón —que siempre he sido— en contra de ella, porque encontrar un punto medio no era fácil o en el momento no lo veía como una opción. Desde luego, aún no me habían explicado cómo se tenía que manejar una entrevista con el señor gobernador o qué era lo que esperaban de la misma; no obstante, no tardaron mucho en hacerlo. Me llamaron a la junta. El motivo era, en efecto, mi próxima entrevista con el mandatario estatal. Estaba entre la espada y la pared. Me sospechaba que no habría mucho espacio para moverme, pero primero quise escuchar el planteamiento de mi jefe y director del canal. A diferencia de otras reuniones, en esta estuvo presente un «trajeado», así les llamo a esos hombres del gobierno, que parece que duermen con el traje puesto, porque nunca se les ve con otra ropa (es un término que adopté de mi buen amigo roquero Ricky Luis). En fin, ahí estaba yo con el bigote más temido de Canal 6 y el trajeado, que resultó ser el secretario de prensa del Gobierno estatal. La junta fue sencilla y corta. «Sí, señor Fernando. Aquí tienes la lista de preguntas que le estarás haciendo al gobernador. Ni más ni menos. Es muy fácil, solo las tienes que seguir, escuchar la respuesta del señor gobernador y pasar a la siguiente».

«*¡Boom!* ¿Que qué?», dije yo para mis adentros. «¿De verdad estos piensan que yo me voy a prestar para ese jueguito? ¿Creen que no tengo cerebro para pensar en lo que debo preguntar en una entrevista o que voy a dejar que violen brutalmente la libre expresión que he venido buscando defender y por la que he decidido embarcarme en esta batalla? ¡Nunca! Nunca le fallaría así a mis indios ni a mis maestros de vida... ni a mí mismo. ¡Nunca! Que sea joven no quiere decir que sea un bruto o un vendido. Tengo pocas opciones», reflexionaba. «Puedo dejar que pasen por encima de mis principios y así mantener mi empleo o puedo defender la causa y quedarme de nuevo en la calle».

En fracciones de segundos pasó todo eso por mi cabeza y, de un momento a otro, aterricé nuevamente en la oficina para reencontrarme con las miradas de ambos personajes que escudriñaban la mía, que se había perdido momentáneamente. Deben entender que para ellos era una cuestión de seguridad estatal. Extendí mi mano —en señal de aceptación— para que me entregaran las preguntas y les dije que no había ningún problema, que las estudiaría y que podían estar seguros de que todas esas preguntas se le harían al mandatario. Claro, lo que no les dije es que habría preguntas

4º INF.//CONGRESO DEL EDO.

CUESTIONARIO PARA ENTREVISTA AL GOBERNADOR DEL ESTADO LIC. OTTO GRANADOS ROLDAN

LORENA:
1.- COMO VE A NUESTRO ESTADO DESPUES DE 4 AÑOS DE ESTARLO GOBERNANDO.

FERNANDO:
2.- CONTINUARA SIENDO PRIORITARIO PARA SU GOBIERNO LA ATENCION A LA NIÑEZ.

LORENA:
3.- LIC. GRANADOS, CUAL ES SU ESTADO DE ANIMO ANTE LA INMINENTE APERTURA DE UNA DE SUS OBRAS MAS ANHELADAS.

FERNANDO:
4.- PESE A LA CRISIS ECONOMICA QUE VIVIMOS, AGUASCALIENTES CONTINUA AVANZANDO, A QUE ATRIBUYE USTED ESTO Y POR OTRO LADO CONSIDERA USTED QUE NUESTRA ECONOMIA DEBE DE VOLVER A SER PROTECCIONISTA O POR EL CONTRARIO JUZGA USTED NECESARIO UNA APERTURA AUN MAYOR.

LORENA:
5.- DE QUE FORMA LOGRA USTED CONTROLAR USTED SUS DIFERENTES ESTADOS DE ANIMO Y MANTENERSE SIEMPRE CON EL MEJOR DE LOS ANIMOS PARA DESEMPEÑAR SU TRABAJO.

FERNANDO:
6.- EN SU VIDA PRIVADA COMO LE HACE PARA QUE AL LLEGAR A SU CASA DEJE LOS PROBLEMAS EN LA PUERTA Y QUE ESTO NO INTERFIERA EN SU RELACION FAMILIAR

LORENA:
7.- EN SU ESCASO TIEMPO LIBRE. APARTE DE LEER, ESCUCHAR MUSICA, IR AL CINE, EN FIN, DISCULPE LA PREGUNTA TIENE

Borrador suministrado por el Gobierno del Estado para entrevistar al gobernador, Otto Granados Roldán, para el Noticiero de Canal 6 de Aguascalientes, 1996.

de seguimiento, que no estaban incluidas, y que esas corrían por mi cuenta. Entre sonrisas y buenas tardes, la reunión culminó y salí de la oficina. Me sentía insultado y engañado por los políticos de mi país y, una vez más, con la firme convicción de que, si me iban a echar de la estación, valdría la pena haber defendido la verdad y no haberme doblegado ante el poder y la necesidad. Afortunadamente, a la última nunca le había temido, porque la conocía muy bien; pero al poder —ese poder— sería la primera vez que lo enfrentaría.

No tuve que pensar, reflexionar o calcular nada; la decisión estaba tomada y me sentía digno, íntegro por lo que había resuelto. Me armé de coraje y esperé el día, no sin antes leer con atención todas las preguntas que había en esa lista, tal y como lo había prometido, y de, además, hacer una investigación a través de los medios impresos independientes sobre los temas que formaban parte de ese cuestionario. De ahí saldrían las demás preguntas que no estaban incluidas y que no se habían programado. Hoy, mientras escribo estas líneas, me doy cuenta de que esa fue la primera entrevista que le hice a un político de alto rango. Nunca antes me había sentado ante uno de estos seres que manejan la palabra y el arte de responder sin respuesta. ¿Estaría listo para no ser devorado por el dragón? Solo estaba armado con la verdad como escudo y una espada que esgrimiría con palabras, información e imparcialidad. Ya vería el resultado de mi primera defensa a la libre expresión en el mundo oscuro de la política.

La entrevista sería en vivo porque el «gober» tenía un evento y no se podía grabar. ¡Mejor imposible! No había manera de que me editaran o de que buscaran no sacar la entrevista al aire. Lo único que sí podían hacer era sacarme del canal; afortunadamente, eso no ocurrió. Me citaron en el estudio una hora antes. Allí había varios hombres del Cuerpo de Seguridad del Estado y trajeados que se multiplicaban, según se aproximaba la hora de la entrevista. Yo, mientras tanto, permanecía sentado en la silla que se me había dispuesto para la entrevista y, desde ahí, revisaba con calma las hojas que se me habían dado, contrastando esa información con lo que yo había investigado a través de otros medios. No estaba nervioso. Estaba concentrado, sólido, cerrado a cualquier influencia externa, como fuera el caso —en más de una ocasión— de diferentes personas que se acercaron a mí, en una especie de acoso, y se turnaban para recordarme que no podía salirme del guion preestablecido, y que tuviera cuidado de agregar algo, porque el gobernador se podía molestar. Me decían que confiaban en mí y que, si lo hacía bien, seguramente, me iba a ir maravilloso en el futuro próximo, etc. Tantas fueron las «recomendaciones» o advertencias (para llamarlas por su nombre), que llegué al punto en el que ya ni siquiera las escuchaba, solo respondía que sí a todo. Pero no había manera de que me hicieran cambiar de opinión. Estaba listo para enfrentar lo que viniera, aunque era arriesgado —muy arriesgado— enfrentar al dragón en su propio terreno.

De todo eso, una cosa sí aprendí: puede haber jefes, directores, productores, presidentes, vicepresidentes... quien se les ocurra y sin importar el cargo, título nobiliario o poder económico o político, el único dueño de esos minutos, de ese aire, como le llamamos a la transmisión en vivo, el dueño único y todopoderoso era yo. Nadie puede cambiar eso. Todos los que se creen que mandan, nunca deben olvidar que la última palabra es nuestra, de aquellos que damos la cara ante las masas. Con este nuevo discernimiento, que me afincaba aún más, noté que el ruido de las voces se empezaba a apagar y que la mayoría de los allí presentes se alineaban en una especie de pasillo humano, todos mirando hacia la puerta. Era el anuncio inevitable de que había llegado el mandatario y de que el duelo estaba por comenzar.

Directo y sin escalas, el gobernador hizo su entrada al estudio. No se detuvo para darle un saludo de mano a nadie, solo asentía con la cabeza en un remedo de saludo, o lo que yo interpreto como un «sí, ya te vi». Por supuesto, yo me levanté de mi asiento, al igual que lo haría con cualquier otro invitado. A mí sí me dio la mano y me preguntó:

—Fernando, ¿verdad?

—Así es, señor —le respondí. Él tomó asiento de inmediato y en unos segundos ya estaban dos miembros del *staff* colocándole el micrófono. Tan pronto terminaron, se alejaron. El estudio estaba lleno y se cerraron las puertas y él mismo preguntó:

—¿Estamos listos?

Por supuesto que estaban listos. El *floor manager* le dijo:

—Cuando usted quiera, señor gobernador.

Se giró hacia mí y con una gran sonrisa me dijo:

—Bien pues, iniciemos entonces.

—Tres, dos...

—Esta noche me acompaña el gobernador del estado en una entrevista exclusiva para Canal 6. Bienvenido, gobernador.

—Gracias, Fernando. Un gusto saludarte y saludar a nuestra amable audiencia. Siempre es un gusto poder dirigirme directamente a todos ustedes.

Casi de forma inmediata vi que tenía un perfecto manejo del medio. Se sabía desenvolver, vender, proyectar y se veía cómodo. No le inquietaban las cámaras. De lo que sí no estaba seguro era de si su actitud se debía al amparo que recibía de una entrevista arreglada y cuidada o si era porque el entorno le era conocido o el conjunto de ambas. Ni tardo ni perezoso lancé la primera de las preguntas que había en la lista. No recuerdo cuántas eran, lo importante era que ya no había vuelta atrás, la entrevista ya había iniciado.

Nunca medí las consecuencias que mi desobediencia podría haberme acarreado. Ese día pude haber salido de ese estudio, no solo despedido, sino también esposado; pero era un riesgo que estaba dispuesto a tomar. Tal vez esa inocencia o ignorancia fueron una bendición en ese momento, porque me mantuvieron firme en mis convicciones. Escuché atentamente su respuesta, y al menos en esa primera ocasión, sus explicaciones coincidieron con todo lo que había investigado sobre el tema, por lo que decidí dar paso a la segunda pregunta, sin agregar ninguna de las mías. Fue entonces, mientras respondía, que me di cuenta de que la información que me daba no estaba completa: omitía partes importantes y no aclaraba puntos clave. Yo solo esperaba a que finalizara con su respuesta, porque en esta ocasión no habría escapatoria: vendría la pregunta incómoda o una de tantas de las preguntas extras, no contempladas, sorpresivas, rebeldes pero, sobre todo, íntegras y representativas de la libre expresión que yo había formulado. Además, es una obligación que tiene cualquier político de rendirle cuentas a su jefe: el pueblo, quien los ha puesto donde están y quien les paga el sueldo.

El teatro montado se terminaría en segundos. Estábamos en vivo y no había forma de detenerme. Yo era el amo y señor de los minutos y segundos.

Mi poder era mayor que el del mismo gobernador —un pequeño detalle que no habían tomado en cuenta—. Una última frase sobre el tema y, al instante, una sonrisa que duró muy poco, porque de inmediato, y completamente fuera del guion, lancé mi primera interrogante. Ahí estaba yo ejerciendo mi derecho a la libre expresión, estableciendo mis valores y dejando claro que no era un títere y que no me vendería. Era una declaración contundente. El mandatario me miró con seriedad y con el ceño fruncido y casi de forma imperceptible y con cara de jugador de póker centró toda su atención a lo que yo decía. Yo estaba de espaldas al lugar donde se encontraba todo su gabinete, pero, en milésimas de segundo, pude ver que el político miraba a alguien, como queriendo entender qué pasaba. Fui breve y concreto con mi interpretación; él también fue breve. Enseguida, con la misma sonrisa y actitud, me respondió de una forma que, con mi corta experiencia, califiqué como satisfactoria. El resto del tiempo corrió con las preguntas acordadas y con otros de mis agregados. El rostro del gobernador no cambió durante la hora completa que duró la entrevista. Lo cierto es que, a diferencia de los primeros cinco minutos, el resto del tiempo, logré captar toda su atención. No solo respondía para salir del paso: pensaba, reflexionaba y hacía breves pausas. Era todo un ejercicio intelectual. Se podía sentir una especie de goma en el ambiente estirándose de un lado al otro, con el riesgo de que en cualquier momento se rompiera, pero nunca llegamos hasta ahí.

Me advirtieron que quedaba un minuto para la despedida, al que yo traducía como el tiempo que me restaba para perder el control y el poder del momento. Sabía que, al terminar esos sesenta segundos, tendría, tal vez, que ser yo quien ahora fuera sujeto del poder que representaba mi entrevistado. Sin opción para detener el tiempo, llegamos al final y salimos del aire. Tensión... se sentía mucha tensión. Nadie hacía un ruido en el estudio. El tiempo estaba congelado y el gobernador me miraba fijamente. No decía nada y yo trataba de sostenerle la mirada cuando, sin esperarlo, me extendió su mano y me dijo:

—Muy bien, Fernando. Muy bien. Me gustó tu entrevista. Era importante hacerlo así.

¡Vaya sorpresa! O ¡qué inteligencia la de ese hombre! Que, por cierto, resultó ser el padre del desconocido que me había recomendado para trabajar ahí, y que para todos en el canal era un gran amigo y para el que me habían asignado la tarea que yo no había cumplido.

Tras las palabras del gobernador, creo que de nuevo los presentes se atrevieron a respirar y, entre murmullos, a comentar. Me despedí de él y lo observé caminar hasta la puerta, en la que lo esperaba el secretario de Comunicaciones, quien no desaprovechó la oportunidad para dedicarme una mirada fulminante. Asimismo, mi jefe, con señas y muy amenazante, sentenció:

—Hablamos mañana.

¿Mañana? ¿Tendré un mañana aquí? Yo más bien daba por terminada mi fugaz carrera en el periodismo local y más aún en Canal 6; pero me sentía liberado, orgulloso, digno, íntegro, respetado. Me sentía maravilloso y limpio por dentro. Eran otras sensaciones, otros valores, otras prioridades y, por primera vez, sentía que había hecho algo por mi gente, por mi país... por mí. Ese «mañana» no importaba. Cualquier cosa que trajera consigo estaba más que dispuesto y orgulloso a enfrentarla.

Como reza el dicho: «A todos nos llega nuestra hora» y la mía llegó puntual. Mi reunión con el director del canal estaba por comenzar, como de costumbre. Antes de entrar a la amplia oficina tuve que esperar unos minutos en la recepción; esta vez un poco más de lo normal. Mientras estuve ahí, me pude percatar de que el teléfono sonaba copiosamente y de que la recepcionista, con tensión en su rostro, le pasaba de inmediato todas las llamadas que recibía a nuestro jefe. Era evidente que algo importante ocurría. Supongo que algo tendría que ver conmigo y la temeraria entrevista de la noche anterior. El flujo de llamadas de pronto paró y fue entonces cuando se me indicó que sería recibido. No sabía qué esperar, pero sí sabía que lo que fuera sería bien recibido.

Ahí estaba Ramón de pie, detrás de su oficina, con su acostumbrada expresión seria. Sus ojos, enmarcados por tupidas cejas, se clavaban en mí.

—Siéntate —me dijo—. ¿Por qué hiciste lo que hiciste anoche? ¿Es que no fuimos claros con las instrucciones? Explícame.

—Bueno, creo que las preguntas que hice se tenían que hacer. No podíamos ser tan obvios omitiendo información que ya es de conocimiento público. ¿Qué credibilidad podría tener el gobernador si no se le cuestionaba sobre esos temas, no crees?

Por supuesto que dirigí mi enfoque en torno a la imagen del gobernador. No estaba mintiendo, pero, además, era que entrar en un debate sobre la libre expresión y la búsqueda de la verdad con alguien que estaba de acuerdo con limitarse hacer las preguntas que se le indicaban, no tenía mucho sentido. Era evidente que esa no era su causa y que no le interesaba para nada. Así que pensé que esa era mi mejor salida. Si con algo me podía defender, esa era la única opción. Una breve pausa... y Jorge me respondió:

—Pues, no lo creo. Lo único que tengo claro es que no seguiste las órdenes que se te dieron, eso es lo que creo. Y creo que lo que debería hacer es despedirte por ese motivo, si no fuera porque...

Vaya, vaya, había algo de intriga, «si no fuera porque...». ¿Cuál sería ese porqué?

—Si no fuera porque parece que el gobernador opina igual que tú.

«¿El gobernador opina igual que yo? ¿Escuché bien?». Ahora mi salvavidas era la misma persona a quien había puesto en aprietos y, no me malinterpreten, debemos entender que esa era mi primera entrevista con un político de alto nivel, o con cualquier político. Era la primera, y si bien ya tenía algo de escuela y de consejos aprendidos, además del instinto, tengo que ser honesto, apenas estaba saliendo del cascarón ante estos poderes y estos personajes, así que mis habilidades no eran las que ahora conocen ustedes. Aún no había madurado, periodísticamente hablando, en ese ramo: el de la política y el de las entrevistas a políticos. Así que mis preguntas, aunque no pertenecían al guion preestablecido, tampoco es que fueran bombas nucleares. Eran importantes, pero nada que le pudiera costar el puesto o la imagen a mi invitado, quien siendo el hombre inteligente que era —o es—, se había dado cuenta de que, más que otra cosa, le podía sacar provecho a lo ocurrido. Se estaba dando lugar a una apertura —en el mismísimo canal del gobierno— de libre prensa, de no censura, de transparencia. Había muchas cosas positivas que sacar de mi desobediencia y atrevimiento. Correrme, tal vez hubiera acarreado otro tipo de problemas que sí lo hubieran comprometido. Me había jugado el todo por el todo en una primera y posible última apuesta en la que defendía mis ideales y sentaba las bases de mis principios periodísticos.

Todo indicaba que había ganado la partida. En efecto, así lo comprobé, porque después de que mi jefe me dijera que parecía que el gobernador opinaba igual que yo, el tono de la reunión cambió y solo me advirtió que no lo volviera a hacer sin avisarle. Obviamente que lo volvería a hacer y que no le avisaría. Su petición era completamente absurda, pero creo que solo se trataba de un procedimiento burocrático. El caso fue que había salido triunfante y fortalecido de esa situación. Para decir más, después de este hecho, mi carrera tuvo un giro maravilloso en Canal 6. No tenía fronteras y me convertí en una especie de consentido. Me imagino que por recomendación del mismo gobernador o yo qué sé; pero como si tuviera una llave mágica en mi poder, de esas que vemos en algunas películas, como en *Las crónicas de Narnia*, la puerta que tocaba se abría.

Me cambiaron de noticiario al del horario estelar con Ivette, y me dieron mi propio programa de radio con acceso al teatro estudio para que produjera un programa, que se convertiría en la catapulta del lanzamiento de otros proyectos. *Punto joven* era el nombre de este experimento. Así que como ven, el mañana existe cuando se está seguro de lo que se hace y se hace con responsabilidad, integridad, valores, principios y, sobre todo, con honestidad. Lo que pensé que sería un futuro con nubarrones se había convertido en uno con el más hermoso y maravilloso de los climas. Primer objetivo cumplido: había tomado por asalto a Canal 6, claro con mi trabajo. Cuando pensamos que estamos entre la espada y la pared, en realidad, lo que estamos haciendo es empuñando la espada contra la pared, nuestro único obstáculo.

Fernando en una toma del programa *Punto joven,* conducido y producido por él, 1996. Captura de video en formato VHS.

Programas de radio y televisión producidos y conducidos por
Fernando del Rincón para Canal 6 de Aguascalientes, 1996.
Capturas de video en formato VHS.

TODO A PULMÓN

Me embarqué entonces en un navío con muchos camarotes, a los cuales ahora tenía acceso. Como ya les dije, además del noticiario estelar, con el que no tenía nada que ver en términos de producción, iniciaba *Punto joven*. Era un programa de análisis y debate que se grababa con audiencia en el teatro estudio del canal, que tendría capacidad como para unas doscientas personas. En este programa, yo estaba a cargo de todo: idea creativa, producción, edición, musicalización, imagen y demás menesteres propios de un producto televisivo, en pocas palabras, hacía de todo. Una situación que, aunque era tediosa y agotadora, ahora agradezco, porque me permitió conocer todos los eslabones del organigrama productivo y hoy nadie puede decirme qué se hace, cómo se hace o si se está haciendo bien o mal. Al presente, puedo jactarme que sé desde jalar cables en el estudio hasta salir al aire con el producto. Conozco cada paso al cien por ciento.

Punto joven era mi espacio más preciado, porque tenía toda la libertad en cuanto a temas, estilo, invitados, reportajes, diseño de imagen gráfica... todo era decisión mía y de mi equipo. Ja, ja, ja de «mi equipo». Mi equipo era un buen amigo llamado Alfonso a quien apodábamos el Coyote, no porque tuviera que ver con alguna actividad ilícita en la frontera, no, era porque sus facciones se asemejaban precisamente a este cuadrúpedo. Era un buen amigo y colega: leal, trabajador, muy callado y muy inteligente. Siempre estuvo conmigo durante mi estancia en Canal 6. Nunca se echó para atrás, a pesar de la falta de un empleo fijo y de dinero. Fue mi Sancho Panza en radio y en televisión. Muchos fueron los molinos de viento que juntos enfrentamos, hasta que la vida nos separó. Hoy no sé nada de él, pero espero que esté en el lugar que le corresponde. Es un hombre brillante y sería un desperdicio que sus capacidades se hubieran desaprovechado. Juntos conseguimos grandes triunfos, reímos mucho, aprendimos más e hicimos y deshicimos.

Varias amigas de mis hermanos y mías nos ayudaban para conseguir al público cuando el programa no era conocido. Normalmente eran, como dicen por ahí, los amigos de mis amigas los que llenaban ese estudio. Nuestro director, quien siempre nos apoyó y quien, en alguna ocasión, nos salvó de varias novatadas que invariablemente cometíamos, se aseguraba de hacer tomas cerradas en la audiencia, para que diera la sensación

INSTITUTO " MOTOLINIA " BACHILLERATO
CLAVE : IM920616UAA
DOMICILIO : ALAMEDA   No. 131

Aguascalientes ,Ags.8 de enero 1 997

Lic. Alfonso Rodríguez
Conductor del Programa :"Para Servir a Usted"
Presente

        Nos es muy grato dirigirnos a Ud.
para hacerle patente nuestro agradecimiento
por el apoyo incondicional que brindó a la
Asociación de Alumnos del Instituto Motolinia
en uno de sus interesantes programas "Línea
Abierta" que se transmite por"Radio Expresión
Total" 1320 y " Punto Joven en el Canal 6 de
RYTA.

        Reconocemos en usted a un amigo de
las causas nobles y sobre todo de los jóvenes
de Aguascalientes.

ATENTAMENTE
" VERITAS SCIENTIA ET DISCIPLINA "

Lic. Esperanza Ramos Rodríguez Ignacio López Amayo
....
DIRECTORA   PTE.SOC.ALUMNOS

BACHILLERATO MOTOLINIA
INCORPORADO A LA U.A.A.
CLAVE
IM-920616-UAA
AGUASCALIENTES, AGS.

Reconocimiento otorgado a Fernando por el bachillerato Motolinia de la Universidad Autónoma de Aguascalientes, 1997.

de que el lugar estaba lleno. El problema era que había días en los que tenía que hacerles la toma a las mismas personas porque no había más: cinco o seis, eso era todo. No sabíamos si iba a funcionar nuestro experimento, pero le poníamos todas las ganas.

Un día, a alguien se le ocurrió una idea genial, que no recuerdo a quién fue, en la que proponía hacer del programa de radio una extensión del programa de televisión, es decir, como al finalizar uno iniciaba el otro, extendíamos el tema de la pantalla a la radio. Una idea que nos funcionó muy bien. En ese espacio aprendí el arte de la entrevista. Navegamos por todos los ámbitos: de lo social a lo político, a los derechos humanos, a la economía mundial y de ahí al calentamiento global y temas como los mensajes en la música, los derechos de la comunidad lésbico-gay, el aborto, la iglesia… y todo lo que se puedan imaginar tuvo espacio en nuestro *Punto joven*. Y, claro, con ese mismo enfoque juvenil: el de nuestras cabecitas locas, que en esa época no acaban de rendirse al mundo de los adultos (aún la mía no se rinde). Nuestras perspectivas eran siempre diferentes y el ángulo con el que abordábamos los temas era fresco, original y nunca trillado. Evitábamos a toda costa acercarnos a los estereotipos, a lo establecido. Nos provocaba náuseas y nos parecía deleznable. Éramos alérgicos y, hasta el sol de hoy, sigo siendo alérgico al *statu quo*.

Bajo esos principios, recibíamos invitados de todos los niveles, de todos los ámbitos y de todas las edades (parte y contraparte). Aunque hubo ediciones muy intensas, nunca hicimos del programa un circo, pero sí más de un invitado llegó a perder los estribos, a levantarse e irse del teatro. Por supuesto que, aunque no nos alegraba —por desgracia o por fortuna (como lo quieran ver)— estas situaciones nos ponían en la calle, de boca en boca y le daban publicidad al programa, de lo que de vez en cuando pasaba en ese estudio. Y lo que en un principio fuera necesario dejó de serlo. La gente llegaba sola. Convocábamos a la gente por radio para que asistiera a las grabaciones. Empezábamos a incluir personalidades y figuras públicas nacionales. Muchas de ellas se daban cita por invitación del Gobierno del Estado, para presentarse en la Feria Nacional de San Marcos, y nosotros aprovechábamos esa coyuntura.

Recuerdo programas que se volvieron clásicos y muy populares, como en el que se presentó el debate en pro y en contra del aborto. Las pasiones se encendieron gravemente ese día, en el que uno de los invitados se levantó lanzando improperios contra una de las invitadas, mientras la audiencia, que normalmente era muy callada, le chiflaba y prácticamente lo corría del teatro. O aquel en el que hablamos de los derechos de la mujer, cuando recién se había llevado a cabo la Cumbre Mundial sobre la Mujer en Beijing y en Mar del Plata, y directo desde esos lugares llegaban dos de mis invitadas con ideas revolucionarias y un tanto escandalosas para la época y para la sociedad aguascalentense, que era más bien conservadora. También recuerdo una de las primeras entrevistas a mi muy querido amigo y colega Jaime Maussan, quien de ser un periodista que investigaba sobre temas sumamente espinosos decidió, en un punto de su carrera, convertirse en investigador del fenómeno ovni. Era fascinante escucharlo y la cantidad de videos, fotografías y testimonios que compartió conmigo hicieron de ese programa otro de los más comentados. Por cierto, mi estimado Jaime, aún conservo los documentos clasificados sacados del Proyecto Libro Azul de la NASA que ese día me confiaste. Por su parte, el programa sobre el *rock* y su influencia en los jóvenes y los mensajes ocultos que algunos atribuían a grupos y solistas, y que en esa época generaban tanta controversia, fue uno de los *top-rated* (de los más populares). De hecho, tuvimos que hacer una serie de cuatro programas consecutivos a petición de la audiencia. Con respecto a los problemas sociales, el maltrato

Estudio del programa de debate *Punto joven* de Canal 6 en Aguascalientes, 1996.
Captura de video en formato VHS.

infantil nos llevó a develar un doloroso caso que, debido a nuestro trabajo, tuvo como consecuencia, el encarcelamiento de un padre abusador. La depresión y el suicidio nos llevaron a conocer a varios jóvenes con conducta suicida y, según una de nuestras panelistas, a salvarles la vida, solo por el simple hecho de haberles demostrado interés sobre sus conflictos. Logramos inclusive sentar a chavos banda en un mismo panel con niños fresas (hijos de papi), para contrastar sus mundos, sus vidas, sus metas y sus sueños: intensos momentos conmovedores. Este también fue uno de esos programas que terminó siendo una serie de varios y es que en Aguascalientes o Agüitas, en esa época, pululaban las pandillas. Era un problema vigente e intenso. No obstante, se puede decir, que de esos programas nació una especie de tregua y de trabajo en conjunto entre varios de los niños fresas y chavos banda. Y así podría recordar muchos más. Lo cierto es que le llegábamos a la gente, sacudíamos conciencias y planteábamos escenarios que para muchos eran imposibles, además de que yo hacía los reportajes de introducción en la calle.

Ese programa fue muy exitoso, aunque el sueldo seguía siendo miserable; pero me daba para mantener un poco tranquilo a mi padre. La riqueza estaba en todo lo que habíamos aprendido y logrado. Nos iba tan bien, que, a nivel local, nuestros números rebasaban, en la mayoría de las ocasiones, a las televisoras nacionales. Hecho que, en poco tiempo, junto a otros factores y principalmente a una suerte enorme, me sacaría del canal y le daría a mi vida un vuelco que nunca —ni en mis sueños más salvajes— había imaginado.

Como consecuencia de todas esas experiencias, activistas, intelectuales y organizaciones no gubernamentales me tomaban en cuenta y empezaban a incluirme e invitarme a participar de sus proyectos. Por supuesto que al mismo tiempo encontraban un espacio a través de mi programa de radio o televisión para exponer sus plataformas. Nunca fue un intercambio. Ni todos los que me invitaban a sus organizaciones tuvieron acceso a mis espacios. Era algo orgánico. Y es que había muchas ideas que valían la pena, no solo para ser conocidas, sino también analizadas. Los *think tanks* o laboratorios de ideas ya formaban parte de mi vida y yo de las de ellos.

En esa etapa, conocí a una magnífica periodista con la que tuve una especie de relación, que nunca lo fue (algo difícil de explicar), pero que siempre fue un goce mayúsculo. Ella (a quien no mencionaré, por muchas razones, pero sobre todo por quién es ahora) me llevó de la mano hacia el tema de la defensa de los derechos de la mujer. Fui parte importante de la creación de su fundación con la que soñó toda la vida. Esa institución les ofrecía resguardo temporal y asesoría legal, médica, psicológica, laboral, además de programas de reinserción a la vida productiva a mujeres víctimas de violencia doméstica. Estuve sumido hasta los huesos en ese proyecto desde el momento en que se consiguió la casa, que haría las veces de oficina, albergue, centro de atención y de todo lo contemplado, hasta su nacimiento como tal. Siempre tendré presente las horas que ella y yo le dedicamos a barrer cada rincón, a limpiar cada espacio, a pintar, a reparar y a restaurar el lugar hasta convertirlo en algo digno y funcional para los altruistas fines con que se había concebido. Financiamientos con diferentes orígenes, todos legales e incluso con algunas partidas gubernamentales, le dieron la oportunidad de existir. Es uno de esos grandes logros que no se presumen, pero que los llevas contigo cada día de tu vida (gracias a ti, por ese regalo de vida). El formar parte de ese sueño sentó las bases para yo sustentar y reafirmar mi necesidad de querer ir más allá de la figura pública y aprovechar mi posición para ayudar a nuestra gente. Muchos años después de eso, ella y yo terminaríamos trabajando juntos en televisión, no como pareja a cuadro, pero sí como parte del mismo programa. Y aún después de, tal vez, una década, la fundación seguía en pie y había crecido. No sé si siga siendo así, pero espero que sí.

CUANDO EL VIENTO HABLA

Muchas cosas habían crecido dentro de mí: nuevos mundos productivos, comprometidos, con causas importantes me habían absorbido o seducido. Formaba parte de una nueva sociedad, de un México consciente de la falta de verdaderos mexicanos y patriotas —y no patrioteros connacionales— con propuesta, con conciencia social y causas concretas. Me sentía plenamente identificado, aunque yo no tenía una causa específica pero sí, tal vez, una causa general: la de un México mejor. Postura que me daba cierta flexibilidad para entender cada una de estas particulares propuestas. Y aunque todo parecía marchar viento en popa, a excepción del dinero, que percibía en otro frente, la tormenta estaba por estallar. Nubarrones negros, cargados de rayos, centellas y mucha lluvia se cernían sobre mi familia. Brevemente, y por respeto a mis padres y a mis hermanos, me ahorraré los detalles. Solo les diré que la familia se dividió por algunos años. Mi madre se mudaba a la Ciudad de México y mi padre se quedaba en Aguascalientes. Mis hermanos y yo nos quedaríamos en casa de mi padre, no porque estuviéramos a favor de uno o del otro, sino porque así lo quería mi madre. Entre otras cosas, ella quería retomar uno de sus sueños: la actuación. Con ese golpe emocional y una baja moral terrible, en las vidas de todos nosotros, me refugié aún más en el trabajo. Mientras la fecha de la Feria de San Marcos se acercaba, me ofrecieron ser el maestro de ceremonias de la coronación de la reina de la feria. Eso era un privilegio para quienes trabajábamos en los medios de comunicación; era en sí una distinción importante. Así que de buena gana, acepté el compromiso, aunque sin ningún ánimo de festejar, por las razones que ya conocen.

El resto de mis días, los pasaba dentro de los estudios de televisión, las cabinas de edición, la cabina de radio y en la calle, en donde continuaba haciendo mis reportajes, que cada vez se acercaban más al estilo documental. Evolucionaba a otros niveles como productor creativo y periodista y ya me empezaba a sentir «apretado» dentro de Canal 6. No veía avenidas de crecimiento y mucho menos un incremento económico. Mi jefe siempre lo dejó claro: no habría más por un buen rato. A eso se sumaba la intensificación de las cuotas que había que cubrir en casa por gastos y servicios. Desde la partida de mi madre, mi padre se volvió más radical en esa y otras esferas. Él lo estaba pasando muy mal y nosotros pagábamos parte de los platos rotos. Era comprensible, así lo veía yo en ese momento y así lo sigo viendo. Siempre te entendí, viejo. Con ese caldo de cultivo emocional en el que nadaba, estaba seguro de que la mejor medicina sería un cambio otra vez. «Pero y esta vez: ¿a dónde?», me preguntaba. La opción no era otra, ya era tiempo de enfrentar al monstruo: la Ciudad de México tenía que ser mi próxima parada. Eso si quería lograr algo y finalmente hacer de esto una carrera que no solo me diera las herramientas, y seamos honestos, sino el dinero también para poder vivir del oficio. La capital del país era mi única opción. El problema era que no tenía contactos. No sabía a quién llamar. Siempre pensé que alguien me descubriría en Aguascalientes, más aún cuando los números de nuestro *Punto joven* se colocaban frecuentemente por encima de la programación de las cadenas nacionales, iluso. ¿A quién le importaba una plaza tan pequeña? ¿Qué preocupación podría tener un canal nacional por un horario perdido en el pequeño estado? La respuesta ya la saben: no les importaba nada. No existía para ellos. Solo existía ahí en Canal 6 y en las calles de Aguascalientes, en las fundaciones, en las organizaciones no gubernamentales, en las buenas ideas, en las buenas causas y en las buenas intenciones; pero en la vida real, para comer no basta con buenas intenciones. No se come a base de intelectualidad y mucho menos se logra avanzar o crecer con esas buenas intenciones si no hay dinero que soporte el esquema. Es una realidad inevitable, contundente, aplastante y humillante, hasta cierto punto; pero es el sistema y nos doblega en muchas ocasiones por necesidad.

Anclado en esa realidad, y sin opciones, la primera estupidez que se me ocurrió fue llamar a ese programa de televisión que antes de convertirme en presentador de noticias me había dado una guía. Mi intención, inocentemente, era poder hablar con el presentador de dicho programa nacional,

292

para ver si me daba una oportunidad como reportero. Pero no fue una, sino decenas de llamadas las que hice. Las telefonistas ya me conocían y me llamaban por mi nombre. Ellas me aseguraban que habían pasado mi mensaje, pero nunca logré mi cometido: fui ignorado por completo. En cada una de esas llamadas yo apostaba mi futuro y colocaba toda mi esperanza para estrellarme una y otra vez con la insoportable levedad de no ser nadie en la industria. Hasta que llegó el día en que me cansé. No sabía qué más hacer y decidí ponerme una fecha. Si para mi próximo cumpleaños, que sería en aproximadamente seis meses, no lograba trabajar, en lo que fuera, en un canal nacional enterraría mi sueño. Entregaría las armas y me rendiría ante la vida para dedicarme a las comunicaciones, pero en el ramo empresarial. Me aplicaría en la comunicación organizacional para tener un sueldo digno. Ya estaba cansado de nunca tener un centavo, de siempre estar regateando con mi padre para poder quedarme con algunos billetes en la bolsa. También porque me encontraba en una relación formal, que cada día se volvía más seria, y no tenía nada que ofrecer, sumado a que tenía que viajar todos los fines de semana, por más de siete horas en camión, para poder ver a mi novia que no vivía en Aguascalientes. Ya no había vuelta de hoja... era mi última palabra. El cuadro no era para nada alentador. Ustedes mismos lo acaban de corroborar, sin embargo, he de confesarles que mi sexto sentido, mi presentimiento, mi instinto, mi ángel de la guarda, o como le quieran llamar, me decía que algo ocurriría. Lo sentía en el viento cada vez que estaba de pie en la Plaza San Marcos, a un lado del canal, y en donde normalmente veía el atardecer enmarcado por la Plaza de Toros y por los arcos que se perdían en una caprichosa perspectiva generando una sensación de infinito. Ahí soplaba un viento templado, una brisa que me provocaba calma, paz, sosiego y algo que no lograba entender: una sensación sumamente extraña y que me ha acompañado en los momentos más difíciles de mi vida. En efecto, por un conjunto de hechos, completamente fortuitos, todo cambió. Mi madre, antes de irse a la Ciudad de México, convenientemente, me pidió o se llevó (no recuerdo bien) mi hoja de vida (mi currículum) y todas las cartas de recomendación y reconocimientos que había recibido, principalmente de mis trabajos en Chiapas. No había ninguna intención en concreto o una razón específica por la que lo hubiera hecho, simplemente, se los llevó porque quiso. Y en una de sus tantas visitas a uno de los canales nacionales decidió entregárselo a alguien (que hasta el día de hoy sigue siendo un misterio, porque ni ella misma se acuerda a quién fue). Al tiempo en que ella hacía eso, yo estaba pelando cables, es decir, con mucho trabajo —como siempre— y sin un peso.

Me preparaba para el fin de semana, ya que se daría inicio oficial a la feria con la coronación de la reina y, como les había dicho, yo era el presentador designado. Afinaba detalles con los organizadores, con el comité, con los coreógrafos y con todos los involucrados y trataba de familiarizarme con los rostros y nombres de las participantes; pero mi mente estaba en otro sitio. Me encontraba en un laberinto sin salida cuando, de la nada, me llamaron por teléfono a casa de mi padre de uno de los canales nacionales. «¿¡Uno de los canales nacionales!?». Cuando tomé la llamada era la voz tersa, un tanto grave, de una mujer. Debo decir que era una voz muy sensual, tanto que me parecía que todo se trataba de una broma. Por unos segundos pensé que sería una de las travesuras coordinadas por mi primo Víctor con mis hermanos. El asunto era para invitarme a hacer un *casting* para uno de sus noticieros estelares, según la mujer les había llegado mi currículum y estaban interesados en darme una oportunidad antes de cerrar las pruebas. Completamente incrédulo, pregunté que para cuándo sería (la llamada se dio miércoles), ella me dijo que para jueves o viernes, porque el viernes se cerraba la ventana. Me dio el nombre del noticiario, el cual por supuesto ya había visto. Lo que no me quedaba claro era que el programa ya tenía una pareja de presentadores bien establecida, por lo que no entendía el porqué de un *casting* abierto. La explicación fue raquítica, solo se debía a que habría cambios, no más. Yo seguía pensando que era una broma. Aquello era demasiada coincidencia. Faltaban pocos meses para mi cumpleaños, dos meses si mal no recuerdo, y esa era la fecha límite que yo mismo me había puesto. Además, en ese momento, yo no tenía idea de lo que mi madre había hecho con mi hoja de vida, así que no relacioné el incidente con ella. Todo parecía una broma de mal gusto, por lo que no quise caer en el juego, pero tampoco arriesgarme a rechazar una oportunidad de ese tamaño. La persona que me llamó estaba enterada de que trabajaba para Canal 6, así que decidí responder debidamente, entonces le dije que no podía tomar la decisión en ese momento, porque tenía que organizar mis programas y ver la forma de conseguir un permiso para ausentarme. Razonablemente, esta mujer me dijo que entendía y que me llamaría al día siguiente para saber qué había pasado. Le agradecí y colgué. Si era una broma seguramente no llamaría de nuevo con el mismo cuento; y si era algo serio seguramente le daría seguimiento. Me quedé con la duda, que, con toda honestidad, me tenía sin cuidado. Era solo una duda entre miles que rebotaban en mis neuronas.

Estaba muy desganado y decepcionado de mí y de mi loca carrera, que parecía no llevarme hasta mi meta y la que estaba en cuenta regresiva. Sentía que había perdido el tiempo, que mis valiosos años no habían servido de nada. Fue tan poca la importancia que le di a esa llamada, que ni siquiera la compartí con alguien. No fue sino hasta el día siguiente que el teléfono sonó y escuché la misma voz sensual que lo tomé en serio. Era jueves y, en efecto, me llamó de nuevo. No era broma. Era lo que me había dicho el viento. Después de preguntarme que si la recordaba —como si fuera fácil de olvidar para alguien que tiene centradas todas sus esperanzas de construir una vida y hacer valer tantos años de sacrificio en esa pequeña oportunidad— volví de nuevo a ese estado fisiológico que había experimentado años atrás en Chiapas, cuando por primera vez me presenté ante una cámara pero fingía estar tranquilo. Ya sabía cómo controlar mi fachada y no había manera de que le hiciera saber lo desesperado que estaba y lo importante que era para mí. La vida me había enseñado que poner al tanto a la gente de tu necesidad, tu angustia, tu desesperanza no era necesariamente bueno, así que con un tono relajado —como una muestra de que estaba seguro de lo que valía— cuando me sugirió que saliera lo antes posible, para poder llegar al día siguiente (viernes) y no perderme la oportunidad, le respondí que no podía, que si acaso el lunes, porque el fin de semana tenía que presentar el evento de coronación de la reina de la Feria Internacional de San Marcos. Se hizo un breve silencio en el teléfono y cuando volvió a hablar pude percibir una sonrisa como de sorpresa (ya saben que el tono de voz cambia cuando una persona está sonriendo). Lo siguiente que escuché fue algo así:

—¿Sí entiendes que esta podría ser la oportunidad de tu vida para entrar a un noticiario en televisión nacional?

Mi respuesta fue coherente y profesional.

—Por supuesto que lo entiendo, pero también tengo que cumplir con el trabajo que tengo ahora, porque si falto a él y regreso de allá sin éxito, ¿en dónde voy a trabajar?

De nuevo un corto silencio y una respuesta lapidaria.

—Bueno pues, suerte entonces con tu evento el fin de semana.

Se acabó. Eso fue todo. «¿Hice lo correcto o acabo de tirar a la basura la única oportunidad que me quedaba? ¿Me gasté todas mis vidas como en los videojuegos o logré comerme una vida extra? Pero ¿quién demonios se piensan que son?». Mi respuesta era la correcta; la realidad. Si no cumplía con lo que tenía que hacer en Aguascalientes y me largaba a México con todos los huevos en una sola canasta y al final de cuentas solo regresaba con un «gracias, nosotros te hablamos», ¿qué iba a hacer? «¡Bah! Mejor no le doy más cabeza y que sea lo que sea». Estaba fastidiado pero seguro de que tenía que ser responsable con lo poco o mucho que tenía en ese momento. No tenía nada más: debía cuidarlo.

La mañana siguiente, mi atención estaba dirigida hacia todo lo que ocurriría el fin de semana: tarjetas de información de las participantes, nombres, edades, origen, etc., además de la historia de la feria, fechas, nombres de gobernadores... en fin, un sinnúmero de datos que tenía que ordenar, aprender y procesar. En esas estaba cuando el teléfono sonó. Prometo que ya ni siquiera recordaba lo ocurrido el día anterior con el bendito *casting* en la Ciudad de México. Para mi sorpresa, era de nuevo la mujer de la voz sensual, para decirme que había tenido mucha suerte, y que después de haber revisado con calma mi currículum, habían decidido darme hasta el lunes para que me presentara y que sería el último *casting* que harían. Me quedé de una sola pieza. La noticia me había tomado desprevenido por completo. Por supuesto que en esa ocasión le respondí que ahí estaría y que muchas gracias por la deferencia. Me dio los datos necesarios: la hora en que tenía que estar allí y el nombre de la persona de contacto, Azucena... Azucena Pimentel, mi bendita Azucena (ya les explicaré el porqué). Colgué y de inmediato programé mis siguientes acciones. Tenía que pedir permiso en el canal para ausentarme el lunes, solo el lunes. Si viajo de noche para regresar, llego de madrugada y me da tiempo de hacer el noticiario. Una llamada al jefe y a regañadientes me autorizó. No le quedaba de otra, porque aún no había tenido vacaciones. «¿Qué sigue?». Avisarle a mi madre lo que pasaba para quedarme con ella en su departamento. Lo mismo una llamada. Mi madre emocionada y feliz porque pronto estaría con ella y por la oportunidad. Ella juraba que esa era la buena, a lo que respondí:

—Más vale, porque me quedan menos de dos meses para lograrlo o seguir otro rumbo que me permita ofrecerle algo a mi novia.

Solo faltaban dos cosas: comunicárselo a mi padre y el dinero para los boletos del camión. ¡El dinero para los boletos del camión! Pequeño detalle. Estábamos a mitad de quincena y, por lo tanto, yo ya no tenía nada de dinero. Seguramente, si le explicaba a mi padre la situación y la importancia de esa oportunidad me acabaría prestando el dinero. ¡Ja!, error. Eso nunca ocurrió. Discutimos durante un rato sobre el tema económico y me negó el préstamo, porque yo no le había pagado un préstamo anterior. No hubo manera de hacerle entender que mi vida y la suya y la de todos podrían cambiar por completo, para bien y para siempre. Que le podría pagar veinte veces la deuda —y más que la deuda— si todo salía bien. Pero la respuesta siempre fue negativa porque la filosofía de mi viejo, y ahora la mía también, era que siempre hay que imaginar el peor escenario para poder solucionarlo si se presentaba. Total, si las cosas salían bien, no había por qué preocuparse. Lo que él veía era un préstamo que no le garantizaba nada, con la alta posibilidad de regresar sin lograr el cometido, motivo por el cual no habría billete para el muchacho. *¡Boom!* Estaba en serios problemas, ¿qué podía hacer? ¿Asaltar un banco? ¿Pedir un préstamo en la oficina? ¡Ja, ja, ja! Préstamo en la oficina, descartado. Es más, nunca lo pensé, ¡qué vergüenza! ¡Mi primo! ¡Sí, mi primo Víctor!, que tampoco nunca tenía dinero, pero quién sabe… tal vez.

Después del evento del sábado por la tarde, en el que cumplí como buen profesional, y luego de felicitar a la reina entrante de la mencionada feria, socializar con políticos, artistas, cantantes y demás personajes salí de ahí como alma que lleva el diablo en busca de mi primo. Ya era de noche y estaba por salir de fiesta, así que el mejor punto de encuentro era la discoteca. Claro, yo tenía una misión: conseguir el dinero para poder viajar y tentar una vez más al destino, en lo que parecía ser mi última oportunidad. Era tal mi urgencia, que ni siquiera pasé por mi casa para cambiarme el atuendo (que nada tenía que ver con el acostumbrado en los antros), pero con unos ajustes, seguramente no llamaría tanto la atención. Fuera corbata, un botón menos, camisa arremangada y fuera del pantalón, así me presenté en la puerta del local (donde no tuve problema para entrar) sin fijarme en quiénes estaban ahí. Mis ojos solo buscaban la cabeza amarillenta de mi primo. En ese momento, a diferencia de cualquier otro día, ninguna de las bellezas que estaba ahí me llamó la atención, y es que tenía veinticuatro horas o menos para conseguir el dinero del pasaje. Por fin, entre un grupo de personas reconocí al buen Víctor.

—Primo, me urge hablar contigo.

—Tranquilo, primo, tómate algo. Déjame y te presento a unas amigas.

—No, no, ningunas amigas, ningún trago, necesito que me ayudes. Es súper importante, me urge.

Mi tono de voz y mi cara, sumadas a la insistencia, lograron captar su atención. Caminamos hacia una esquina del lugar, en la que la música nos dejara comunicarnos, y, sin una pausa, le conté todo lo que había ocurrido: la llamada, el *casting*, televisión nacional, mi futuro, última oportunidad, dinero, pasaje, Ciudad de México, el lunes... Un telegrama que al principio él no le encontró ningún sentido. Poco a poco me pude hacer entender agregando los fragmentos faltantes de información. Él, muy solidario, reaccionó con felicidad e intensidad ante la noticia. Sé que él compartía el mismo entusiasmo por la gran ventana de oportunidad que se me presentaba. La conmoción ya era compartida, ya no estaba más solo en la misión. Como era costumbre, él no tenía el dinero suficiente para ayudarme, pero me prometió que lo conseguiríamos. Me pidió que me calmara, que por el momento no había mucho por hacer. Ya era tarde y estábamos en medio de un antro, por lo que me sugirió que me relajara y disfrutara por un rato del lugar. Le creí. Confié en él y no me falló. Todo se dio de forma natural, claro, pero con la ayuda de mucha astucia por su parte.

El lugar estaba rodeado de muchas caras conocidas, personas que había visto anteriormente en diferentes ocasiones: en fiestas, reuniones..., pero eran solo eso; conocidos, no amigos. Al menos no amigos míos, sí de Víctor y Víctor siempre estuvo muy bien conectado con el mundo de la socialité de Aguascalientes: con la gente de billete. Esa era su banda, la mía era la que siempre tenía un hoyo en la bolsa del pantalón. Y resultó que una de esas caras conocidas era la del hijo de una de las familias más adineradas de Agüitas. En par de segundos, Víctor nos había ubicado a ambos de tal forma que acabamos platicando. Él era una muy buena persona, pero la percepción que el resto tenía de él era que era un *nerd*. Era raro, tenía una visión diferente de las cosas y no era muy bien aceptado por sus congéneres, cosa a la que yo estaba acostumbrado. Era difícil tener prioridades y valores que muchos de esos jóvenes ni siquiera sabían que existían, así que nuestra plática fue cómoda y muy interesante. Esa noche, creo que fui un importante apoyo para él y, como mi estado mental no estaba para fiestas, él lo fue para mí también. Después de unas horas, me despedí de mi primo y del resto, y cuando me despedía de este amigo de mi primo, con el que estuve hablando toda la noche, me dijo:

—A ver si nos vemos mañana y te enseño lo que tengo hecho.

Se refería a música que él mismo hacía en su casa con un maravilloso equipo de última generación. No le puse mucha atención a la invitación, solo respondí por inercia.

—Sí, sí, seguro. Mañana nos vemos.

Me fui a casa, con un nudo en la garganta, viendo como los minutos pasaban y la hora cero se acercaba. Si en las próximas horas no conseguía ese dinero, podía perder cualquier posibilidad de llegar a los medios nacionales.

No sé cuántas horas dormí esa noche, sé que no fueron muchas, como si el estar despierto generara monedas o billetes por cada segundo con el ojo pelado. Nada había cambiado de la noche a la mañana, seguía en la misma situación: en cero, quebrado, con la confianza puesta en mi pariente al cien por ciento, así que lo llamé de inmediato.

—¿Qué vamos a hacer, primo? ¿Será que tu papá me presta el billete?

—¡Mi papá! No hombre ni de chiste, pero tranquilo que ya está arreglado.

¿En serio, ya lo había arreglado? ¿A qué hora? Resulta que cuando yo me fui del antro y él se quedó para seguir la fiesta, se tomó el tiempo de contarle mi historia a este, ahora amigo en común, con el que estuve platicando toda la noche. El mismo que me había invitado a su casa para escuchar sus producciones musicales, por lo que en cuanto estuviera listo, Víctor pasaría por mí para irnos a su casa. En dos horas ya estábamos ahí. Mi quijada se estrelló contra el suelo cuando vi la mansión en la que vivía. Era fastuosa y resultaba ofensiva e intimidante cuando no se estaba acostumbrado a esos niveles de riqueza. ¡Qué fácil la tienen algunos! ¡Qué complicaciones! La mía era tener unos cuantos pesos para subir a un camión y la de él unos cuantos amigos con quien compartir. Se juntaron el hambre y la necesidad, así entendía y me explicaba lo que ocurría. Pero tampoco se trataba de sacar ventaja de eso, la estrategia de Víctor era una obra de arte; pero mis principios no me permitían dar ese pequeño paso, no podía hacerlo. Estaría ahí porque quería y porque me había invitado, pero nada más. De ninguna manera me aprovecharía de las circunstancias. De todas formas, ya solo faltaban cinco horas para la hora cero. Si no abordaba un autobús con destino a la Ciudad de México, en las próximas cinco horas, no habría forma de que llegara al *casting*. Empezaba a resignarme, con dolor pero con dignidad.

Una empleada de servicio nos recibió en la puerta y nos preguntó a quién buscábamos.

—Sergio, venimos a ver a Sergio. Somos Víctor y Fernando.

—Por favor, pasen jóvenes. Un momentito.

Estábamos en una especie de recepción desde la que podía verse parte de la casa. Una sala inmensa, con muebles de madera dorada, de estilo rococó, adornos de cristal cortado, figuras de Lladró, cristales de lo que parecía una alberca techada, pisos de mármol brillantes, techos altos con el centro en forma de cúpula, con mucha luz natural, y al fondo a la izquierda, el inicio de un jardín que parecía no tener final. Como si la vida se burlara de mí, ahí estaba parado en medio de millones de pesos y yo no tenía ni para un bendito pasaje de camión, aunque fuera en tercera clase.

Mis ojos recorrían la opulencia del lugar con admiración y lástima. No lo envidiaba, solo me preguntaba por qué la riqueza estaba tan mal distribuida.

Digo para que me salpicara un poco y no estar en ese predicamento. Sergio apareció minutos después y su cara se iluminó al vernos. O quizá era un espejo de mi reacción al ver sus tesoros. Estoy casi seguro de que él nos veía con el mismo valor que nosotros veíamos su casa. No tuve que hacer ningún esfuerzo para saludarlo con honestidad y alegría; el tipo me caía muy bien. En realidad, teníamos química y compartíamos muchos puntos de vista, así que decidí disfrutar del momento y olvidarme de lo demás. Después de todo, tal vez había perdido una oportunidad de oro, pero había ganado un amigo y, siempre lo he dicho, no hay nada más valioso que una sincera amistad.

Ese día, la vida me puso una prueba enfrente demasiado tentadora: jugar al hipócrita para sacar provecho o andar por el camino correcto. Mi elección estaba hecha. Sergio nos llevó directo a su habitación por un largo pasillo con un ventanal que se extendía de principio a fin y con vista al jardín. Su intención era mostrarnos la música que hacía y el equipo que utilizaba. Mis orígenes en los medios me habían convertido en un melómano y la composición era un tema que me llamaba la atención profundamente. Su habitación, a diferencia del resto de la casa, era un poco oscura, no por falta de ventanas, pero porque él la mantenía así, gracias a unas inmensas cortinas oscuras que impedían el paso de los rayos del sol. Creo que era un reflejo de su sentir. Se veía emocionado con nuestra presencia, no de una forma normal, es decir, no como una persona que convive diariamente o comparte con sus amigos de forma regular, parecía que el hecho de que fuéramos a escuchar sus creaciones era todo un acontecimiento y ese mismo valor le dimos mi primo Víctor y yo.

Un largo teclado profesional conectado a unos audífonos y una computadora anunciaban que no se trataba de ningún *amateur*. Eran equipos que ni en los canales de televisión ni en las estaciones de radio donde había trabajado los había visto. Cabe mencionar que en esa época el uso del sintetizador estaba de moda, razón por la cual el nodo central de su instalación era ese aparato.

Después de ciertas aclaraciones sobre las influencias, las musas, los objetivos y el género de sus melodías escuchamos la primera de ellas. Yo la verdad no esperaba que fuera nada del otro mundo, pero no estaba seguro, así que, con atención y con ese sentido crítico que había desarrollado a través de los años, abrí mis oídos y me concentré en los sonidos. Cerré los ojos y, gradualmente, con cada acorde mi nivel de asombro crecía. Cada nota me sorprendía más. Era muy bueno. Lo que estaba escuchando era completamente profesional. Me parecía que estaba siendo testigo del nacimiento de un gran músico. ¡Genial! Mi piel se erizó de emoción. Estaba anonadado. Quería escucharla de nuevo. «Por favor, ponla de nuevo». Corrió la secuencia completa de nuevo y corroboraba que iba a ser todo un éxito. Su música era maravillosa, aunque me aseguró que todavía le faltaban varios arreglos y algunos retoques. Para mí estaba lista, al menos esa primera que había escuchado. Nos sumergimos un par de horas en sus creaciones y repasamos sus influencias, artistas que parecían tener una huella en sus pentagramas, en sus planes, en sus sueños, en sus intenciones de hacer de esa su forma de vida. Era como escucharme a mí mismo; con todos mis sueños guajiros. Cada uno en su espacio perseguía lo mismo, con la gran diferencia de los recursos a disposición, pero con las mismas ganas, pasión y entrega. Aunado a la falta de recursos, la percepción en casa de que se trataba de un juego más que de una carrera acentuaba nuestras diferencias. Pero al final teníamos muchas similitudes. Disfruté muchísimo ese mediodía y, a través de la música de Sergio, me olvidé por un momento de mis problemas. En ese estado mental me encontraba cuando, de la nada, Sergio preguntó:

—Oye, Fer. Me contó Víctor el rollo en el que estás metido. ¿Ya conseguiste el billete para poder irte? El *casting* es mañana, ¿no?

Su pregunta me sacó completamente de balance; no era algo que estuviera pensando en el momento y tampoco algo que quisiera recordar. Prefería seguir pasando las horas descubriendo su genialidad, en lugar de revolcarme en un tópico tan doloroso y frustrante, por lo que respondí cortante:

—No, no lo tengo. Ya valió, pero no importa, ya habrá otro chance.

Ansioso por terminar la plática, no abundé más. Pero mi nuevo amigo, sin ningún preámbulo, me invitó a no preocuparme y me ofreció su ayuda.

—*Relax*, yo te presto la lana y me la pagas cuando quieras.

Quedé en *shock* con la propuesta y al mismo tiempo me sentí fatal.

No quería dar una mala impresión. No quería que Sergio pensara que estábamos ahí por ese motivo. De hecho, había dejado el tema a un lado a los pocos minutos de entrar a su casa. Ya había eliminado esa opción. No era un interesado. Me preguntaba qué responder cuando casi por instinto o reflejo agradecí el gesto y me negué a aceptarlo.

—¿Cómo crees? ¿Quién sabe si me va a ir bien y si voy a tener el billete para pagarte pronto? Mejor no, pero gracias.

Mi estimado Sergio se sonrió e insistió:

—¿Y si te va bien? ¿Y si te vuelves famoso? Imagínate que yo pueda decir que tengo un amigo famoso y que está ahí gracias a que le compré los boletos del camión. De seguro, si la haces vas a tener mucha lana para pagarme, ¿no?

Balbuceé antes de responder, pero fui interrumpido de nuevo para escuchar:

—Si pudieras, ¿no lo harías tú por mí? Ya está, no manches. Espérame, ya vengo.

Me quedé sembrado en la alfombra de esa habitación, que de pronto tenía más luz de la que había percibido cuando llegamos. O será que se iluminó mi alma cuando sentí que había sido rescatado por quien menos lo esperaba y porque no había tenido que pedir nada, que mis valores y mi honestidad estaban intactos. De nuevo, mi mente generaba imágenes en las que, sentado frente a la cámara, en esa televisora nacional, hacía un *casting* único, cuando de repente Víctor me tomó por el hombro en señal de apoyo y como haciéndome saber que había cumplido lo prometido. De una extraña y sorpresiva forma, pero así había sido. Me había cumplido y siempre lo recordaré. Siempre tendrás mi agradecimiento por ese momento clave en mi vida; el cual hiciste posible. Mi vida no sería la que es ahora si no hubiesen estado ustedes dos ese domingo. Es increíble como el universo coordina, como una orquesta sinfónica, un sinnúmero de factores que, en su conjunto, resultan en oportunidades inexplicables. Si se atrasaba un segundo de cada acción o se cambiaba una palabra de cada diálogo, el resultado habría sido otro... La magia de la vida y sus misterios.

Sergio no solo regresó de inmediato con el dinero en la mano, sino que también tomó acción y me dijo: «Vámonos ya que hay que comprar los boletos. Chance y alcanzamos para antes de la medianoche; pero nos tenemos que ir ya, si no, no vamos a comprar nada». Desarmado por su buena voluntad y su real interés en ayudarme, como un zombi los seguí hasta la puerta y después al auto, mientras trataba de organizar mis siguientes pasos. No fueron muchos, más que avisarle a mi madre que llegaría muy temprano a su departamento y recoger dos o tres trapos, incluido mi traje, para la prueba. Ya el permiso para faltar el lunes en el trabajo lo tenía.

Parecía que habían pasado segundos cuando cayó la noche. Ya en la terminal de autobuses, entre luces amarillentas, una noche caliente y húmeda, un vacío en el estómago, incertidumbre y miedo a lo desconocido, no paraba de pensar en el compromiso que esto representaba. No quería fallarle a Sergio, a mi primo, a mis amigas Coquito y Paula, a mis hermanos, a mi padre, a mí... no quería fallarme a mí. Estos intentos tenían fecha de caducidad, yo mismo la había fijado, y por la cercanía con el próximo 18 de agosto, día de mi cumpleaños y fecha límite, este parecía ser el último intento que me quedaba.

Mientras el ruido de los motores de decenas de autobuses me envolvía en un extraño ambiente, mi mirada se centraba en esos dos seres humanos que lo habían hecho posible. No podía subirme al camión: quería hacer algo más que les dejara saber el inmenso valor de lo que habían hecho. En medio del ambiente amarillento, el zumbido de las máquinas, el calor y la humedad canalicé a través de mi mirada el sentimiento más grande que pude proyectar en agradecimiento a su benevolencia. Trataba de pronunciar palabras, a pesar del viento, así como él me habló una vez en esa explanada de la feria. Levanté la mano en señal de despedida y con pasos lentos subí por la escalerilla del autobús. Me perdí en la oscuridad del vehículo, entre rostros desconocidos, que con sus ojos me escudriñaban en medio de la penumbra, como si acabara de entrar a una dimensión desconocida; y así era.

En las próximas horas viajaría a través de un portal que me llevaría a enfrentarme con mi destino en la gran Ciudad de México: el gran monstruo de las mil cabezas, pero esa... esa es otra historia.

1. Con Rita Guerrero, vocalista del grupo de *rock* Santa Sabina en la Feria Chiapas, 1991.
2. Presentando un desfile de modas en el hotel Balún Canán en Tuxtla Gutiérrez, Chiapas, 1990.
3. Entrevistando a la cantante Stephanie Salas para su programa musical *Melomanía*, 1990.

En entrevista con el cantautor guatemalteco Ricardo Arjona, 1991.

Entregándole una figura hecha a mano del Subcomandante Marcos, líder del EZLN (Ejército Zapatista de liberación Nacional), a la cantante mexicana Gloria Trevi, 1994.

Junto a Bobby Kimball, vocalista de la agrupación americana Toto, 1990.

En otra entrevista con Stephanie Salas, 1992.

Entrevistando a la agrupación Garibaldi, cuando esta se había convertido
en todo un fenómeno musical, 1991.

Junto a Sergio Silva y Tony Méndez, el vocalista y el bajista de la banda mexicana Kerigma, 1993.

DEL RINCÓN A LOS MEDIOS

En el *backstage* de uno de los conciertos de Santa Sabina, 1991.

Con José Alonso, una de las principales figuras de la pantalla chica y del cine mexicano, 1990.

Fernando ante un público masivo cuando apenas comenzaba su carrera, 1992.

El primer autógrafo que dio Fernando siendo conductor del programa, *Melomanía*, 1991.

El roquero Alex Lora de la banda mexicana El Tri autografiando la camisa de Fernando, 1992.

Fernando y Griselda Pérez en una de las primeras entrevistas del programa musical *Melomanía* con el grupo Magneto, 1991.

Fernando y la Güera en la grabación de uno de los programas de *Melomanía* en la discoteca Daddy'O, de la cual Fernando era también el gerente general. Aquí con el Israel, el capitán de meseros, 1992.

Fernando y la Güera en entrevista con la banda Aleks Syntek
y la Gente Normal en el bar Baby Rock,1994.